高等学校酒店管理专业本科系列规划教材

酒店管理概论

JIUDIAN GUANLI GAILUN

◎主 编 马 勇

重庆大学出版社

内容简介

本书从酒店管理的基本理论入手,结合大量经典案例对相关知识进行了深入浅出的阐述,将理论性与科学性,实践性与可操作性紧密融合。在逻辑框架与内容的编排上,做了一些新的尝试。全书内容分为三部分,共 12 章,第一部分为基础理论部分,包含了第 1 章和第 2 章,主要是对酒店业及酒店管理的基本概念与相关理论的讨论;第二部分是本书的重点与核心部分,主要从管理的角度,对酒店管理的重要方面进行阐述,包含第 3 章至第 11 章,主要包括酒店的业务、组织、人力资源、市场营销、品牌、质量、设备、信息系统等的管理;最后一部分是关于酒店集团化发展的阐述。

本书兼顾课程设置与教学两方面,理论与实践相结合,既可作为高等学校旅游管理及酒店管理专业的教材,也能够作为酒店管理从业者的培训教材及参考用书。

图书在版编目(CIP)数据

酒店管理概论/马勇主编.—重庆:重庆大学出版社,2017.1(2023.8 重印)
高等学校酒店管理专业本科系列规划教材
ISBN 978-7-5689-0235-9

Ⅰ.①酒… Ⅱ.①马… Ⅲ.①饭店—商业企业管理—高等学校—教材 Ⅳ.①F719.2

中国版本图书馆 CIP 数据核字(2016)第 261339 号

高等学校酒店管理专业本科系列规划教材
酒店管理概论
主 编 马 勇
策划编辑:尚东亮
责任编辑:杨 敬 郝小玮 版式设计:尚东亮
责任校对:关德强 责任印制:张 策

*

重庆大学出版社出版发行
出版人:陈晓阳
社址:重庆市沙坪坝区大学城西路 21 号
邮编:401331
电话:(023) 88617190 88617185(中小学)
传真:(023) 88617186 88617166
网址:http://www.cqup.com.cn
邮箱:fxk@ cqup.com.cn(营销中心)
全国新华书店经销
重庆市远大印务有限公司印刷

*

开本:787mm×1092mm 1/16 印张:15.75 字数:373 千
2017 年 1 月第 1 版 2023 年 8 月第 5 次印刷
印数:10 001—11 500
ISBN 978-7-5689-0235-9 定价:39.00 元

编 委 会

总　序

　　旅游业已经发展成为全球市场经济中产业规模最大、发展势头最强的产业,其强劲的产业带动力受到全球众多国家的高度重视,促使众多区域将旅游业作为发展当地经济的支柱产业和先导产业。酒店业作为旅游业的三大支柱产业之一,在良好的旅游转型升级发展背景下,需要我们抓住旅游新常态机遇应对激烈的市场挑战。分析2000—2014年15年间的中国酒店统计数据,中国星级酒店客房总量以每年8.5%的复合年均增长率发展。酒店业在国际竞争国内化、国内竞争国际化的强竞争环境中,已从酒店间的竞争发展到酒店产业链与产业链之间、一个地区和另一个地区之间的线面竞争,酒店业发展总体呈现出酒店数量增长快,酒店主题多元化发展,酒店国际化程度高和融入科技元素实现智慧酒店的四大特征。为了更好地满足大众化酒店消费时代下的个性化需求,酒店集团开始转变酒店层次布局,更加注重差异化产品和独特品位酒店产品打造,转型升级酒店产品以应对市场化竞争。因此,酒店业发展应充分结合市场需求,实现新时代下酒店业的完美转型升级。

　　面对酒店业良好的发展态势,酒店人才的需求与培育已成为酒店业界和高校教育界亟待解决的问题,酒店人才培养成为高等院校的核心重点。从酒店管理本科人才培养情况来看,自2007年全国本科院校首次开设酒店管理专业,相对于旅游管理专业的开办而言起步较晚,但在这8年的发展中,特别是2012年教育部首次将酒店管理本科专业列入《普通高等学校本科专业目录(2012年)》以来,酒店管理本科教育得到快速发展,截至2014年全国开设酒店管理专业(不包含仅开设酒店管理专业方向)的本科院校就从2007年的4所上升到130所,人才培养规模紧跟行业发展速度。正是在我国酒店业逐步实现稳步转型发展和对酒店应用型人才需求的背景下,整合酒店教育资源,积极反映近几年来酒店管理本科教育教学与改革的新变化、新发展和新成果,为我国酒店业发展提供供需匹配的酒店人才支持,促进我国酒店管理教育进入稳定发展阶段。如此,规划出版一套具有前瞻性和新颖性的"高等学校酒店管理专业本科系列规划教材"已成为全国高等院校酒店教育的迫切需要和历史必然。

　　本套教材由教育部高等学校旅游管理类专业教学指导委员会副主任、国家"万人计划"教学名师、湖北大学旅游发展研究院马勇教授组织策划,担任编委会主任,自2012年启动选题调研与组织编写,历时3年多,汇聚全国一批知名酒店院校,定位于酒店产业发展人才需求层次较高的本科教育,根据教育部《旅游管理类本科专业(酒店管理专业)教学质量国家标准》,在对我国酒店教育人才培养方向、培养目标和教育特色等方面的把握以及对酒店发达国家酒店教育学习借鉴的基础上精心编撰而成的,具有较强的前瞻性、系统性和完整性。本套教材主要体现在以下四大特色:

　　第一,体系完整科学。本套教材围绕"融前沿、成体系、出精品"的核心理念展开,将酒店行业的新动态、新业态及管理职能、关系管理等都融于教材之中,将理论与实践相结合,实现多角度、多模块组合,形成完整的教材体系,出版精品之作。

第二,内容新颖前沿。本套教材尽可能地将当前国内外酒店产业发展的前沿理论和热点、焦点问题吸收进来以适应酒店业的现实发展需要,并突出酒店教育的中国特色。

第三,引用交叉融合。本套教材在保持本学科基本内容的基础上,注重处理好与相邻及交叉学科的关系,有重点、有关联地恰当引用其他相关学科的理论知识,以更广阔的视野来构建本学科的知识体系。

第四,作者队伍水平高。本套教材的作者很多都是中国酒店教育的知名专家,学历层次高、涉及领域广,包括诸多具有博士学位的经济学、管理学和工程学等多方面的专家和学者,并且还有酒店行业高水平的业界精英人士。我们力求通过邀请优秀知名的专业作者来保证所出教材拥有较高的水平。

在酒店教育新背景、新形势和新需求下,编写一套有特色、高质量的酒店管理专业教材是一项复杂的系统工程,需要专家学者、业界、出版社等的广泛支持与集思广益。本套教材在组织策划和编写出版过程中,得到了酒店业内专家、学者以及业界精英的广泛支持与积极参与,在此一并表示衷心的感谢!希望这套教材能够满足酒店本科教育新形势下的新要求,能够为中国酒店教育及教材建设的开拓创新贡献力量。

编委会

2015 年 3 月 5 日

前　言

　　大众度假时代的来临为中国旅游业的发展带来了广阔的前景,酒店业作为旅游业的三大支柱产业之一,也同样面临着非常良好的发展机遇。近年来,随着互联网技术的飞速发展和消费者需求的不断变化,酒店业的业态也发生着深刻的变革,各种新型的酒店如精品酒店、民宿、养老酒店、智慧酒店等不断涌现。快速发展的酒店业不仅需要更多的酒店管理人才,而且对现代酒店管理人才的素质能力也提出了更高的要求。中国酒店业要想在激烈的市场竞争中激流勇进,就必须充分重视酒店人才的培养和创新能力的提升。

　　为不断提升我国酒店管理人才的数量和质量、培养出更符合未来中国酒店业发展所需求的优秀人才,我们组织编写了本书,本书在编写过程中尽可能地融入了作者三十多年来在酒店管理教学方面所积累的理论与实践经验,并努力追求精益求精。由于酒店管理是一门实践应用性非常强的学科,因此本书在编写过程中结合了大量的实践案例,并在此基础上根据我国高等教育旅游管理专业的培养目标和专业设置要求,从全新的角度介绍了酒店管理的理论和方法,力求做到系统全面、深入浅出。全书共分为12章,第1章和第2章为基础理论部分,包括酒店业的概述与酒店管理的基本理论;第3章至第11章是酒店管理的具体内容,包括酒店的业务、组织、人力资源、市场营销、品牌、质量、设备、信息系统等;最后第12章着重探讨了酒店管理的集团化历程与创新发展趋势。

　　本书的最大特色在于将现实经典案例穿插于各章节中,在每一章我们都设置有学习目标、关键术语、开篇案例、知识点滴、案例分析、本章推荐阅读书目等栏目,不仅向学生展示了酒店管理的最新理论和案例,而且拓展了他们的知识面,使其理论学习充分与实践接轨。

　　本书由教育部旅游管理教学指导委员会副主任、中组部“万人计划”国家教学名师马勇教授担任主编。具体写作分工为:第1章、第2章由马勇、黄其新编写,第3章、第6章、第7章、第8章、第12章由马勇、李家乐编写,第4章、第5章由李丽霞、马勇编写,第11章由马勇、李莉编写,第9章、第10章由马勇、周宵编写,全书最终由马勇教授统稿和定稿。本书不仅可作为高等院校酒店管理专业教育教学的专业教材,也可作为酒店企业专业人才培养培训的参考用书。

　　由于时间和水平有限,书中难免存在一些不足之处,恳请广大读者批评指正,使本书更加丰富与完善。

编者

2016 年 9 月于湖北大学

目　录

第1章　酒店业导论 ··· 1

1.1　酒店基本概念与内涵 ··· 2

1.2　酒店业的发展史 ··· 6

1.3　酒店业的发展趋势 ··· 10

第2章　酒店管理概述 ··· 17

2.1　酒店管理概念与内涵 ··· 18

2.2　酒店管理理论溯源 ··· 23

2.3　酒店管理职能体系 ··· 29

第3章　酒店业务管理 ··· 38

3.1　酒店前厅业务管理 ··· 39

3.2　酒店客房业务管理 ··· 45

3.3　酒店餐饮业务管理 ··· 50

第4章　酒店组织管理 ··· 56

4.1　酒店组织管理 ··· 57

4.2　酒店组织设计 ··· 62

4.3　酒店组织制度 ··· 68

第5章　酒店顾客关系管理 ··· 75

5.1　酒店顾客关系管理概述 ·· 76

5.2　酒店顾客关系管理系统 ·· 80

5.3　酒店顾客关系管理的实施 ······································ 83

5.4　酒店顾客关系管理的保障 ······································ 88

第6章　酒店人力资源管理 ··· 93

6.1　酒店人力资源管理特色 ·· 94

6.2　酒店人力资源管理体系 ·· 97

6.3　酒店人力资源开发 ···················· 116

第7章　酒店市场营销 ···················· 121

7.1　酒店市场细分与目标市场选择 ·········· 122

7.2　酒店市场营销方法 ···················· 128

7.3　酒店市场营销策略 ···················· 133

第8章　酒店品牌塑造与维护 ·············· 141

8.1　酒店品牌发展概况 ···················· 142

8.2　酒店品牌战略体系 ···················· 148

8.3　酒店品牌塑造 ························ 153

8.4　酒店品牌维护 ························ 159

第9章　酒店质量管理 ···················· 163

9.1　酒店质量概述 ························ 164

9.2　酒店质量管理的内容 ·················· 169

9.3　酒店全面质量管理 ···················· 174

第10章　酒店设备与管理 ·················· 184

10.1　酒店设备配置 ······················ 185

10.2　酒店设备管理职能 ·················· 191

10.3　酒店设备管理流程 ·················· 195

第11章　酒店信息管理 ·················· 202

11.1　酒店信息系统 ······················ 203

11.2　酒店管理信息系统 ·················· 205

11.3　酒店信息系统的开发 ················ 210

11.4　酒店信息系统的安全维护 ············ 217

第12章　酒店集团化发展 ·················· 221

12.1　酒店集团化发展史 ·················· 222

12.2　国内外酒店集团发展现状 ············ 228

12.3　中国酒店集团化发展模式与创新 ······ 233

参考文献 ···························· 242

第1章　酒店业导论

【开篇案例】

中国酒店业发展离国际酒店业的距离

　　目前,华住酒店集团(以下简称"华住")在中国超过 280 个城市里已经拥有超过 1 900 家酒店,旗下 7 个品牌覆盖高端(禧玥、漫心)、中端和经济型(全季、星程、汉庭、怡莱、海友)市场。华住的人力资源战略最具有特色的一个是"人才辈出"战略,另一个是"人才发展体系"战略。

　　华住创立初期,发展速度比较快,公司的人力资源战略基本上属于拿来主义,"用之能战,战之能胜"即视为人才,就会被大胆使用。这种理念为华住早期的快速发展奠定了一个比较好的基础。

　　近年来,华住按照国际酒店发展惯例,横向扩张产业链,完成高端、中端、经济型酒店布局,至今已有 7 个品牌。这些品牌既有面向高端市场的,也有涉及中、低端市场的。这些业务模块出现以后,"华住"发现可用人才紧缺,所以,适时提出了"人才辈出"的战略。一方面,"华住"需要能跨部门、跨行业地找到更优秀的人才;另一方面,要求在自身的人才培养方面,做出一些突破性的工作。

　　中国酒店业的水平离国际酒店业水平究竟有多远? 中国酒店业距离国际酒店业的距离

和中国内地星级酒店距离米其林星级餐厅的距离,应该是差不多的。米其林星级评分是全世界最具权威性的饮食评分系统,第一颗星的颁发标准以餐厅食物的质量来决定,多出来的星星则视餐厅服务的质量、装潢、餐桌摆设、餐具的好坏、上菜的顺序以及酒窖的大小和质量来决定。当餐厅获得一颗星之后,要投资相当可观的金钱在人员训练、摆设和各种酒藏等方面,才可能获得第二颗或第三颗星星。对餐厅来说,获得或失去一颗星,可能为其营业额带来数以百万计的得益或损失。

米其林星级评比和中国酒店的星级评比有着极大的不同。米其林星级评比,它的进行完全是在酒店方未知的条件下进行匿名拜访,并且派不同的人多次拜访,而且这些评鉴员每年都要轮调评鉴的区域。这些评鉴员在秘密进行评鉴时,只有在用餐完成之后才会亮出身份,餐厅老板当然可以向他们问明评鉴情况,但是结果都会说好,当看到实际分数,餐厅老板一定大失所望,而且为了维持客观性,该评鉴员在若干年以内,一定不会再次出现在此餐厅中。同时,只有在所有评鉴员意见同意时才能被评上,一旦出现争议,则需要再次品评,一家餐厅能够被评上米其林星级餐厅,真的可谓是餐厅中的货真价实的佼佼者了。

中国酒店业的现状不容乐观。中国的各种评比往往流于形式,比如学校评比中,早早发文通知评比,于是开始各种改变,酒店业中也一样,往往都是通过一段时间的准备才会参加评选,这就缺乏了客观性,这种过于注重形式的评比,直接导致了中国酒店业问题层出不穷。当中国酒店业的星级评比能够上升到米其林星级评比的高度,中国酒店业与国际酒店业的距与便会大大缩短了。

(资料来源:搜狐媒体平台.中国酒店业发展离国际酒店业的距离. http://mt.sohu.com/20150717/n416977327.shtml)

当今社会属于服务社会,随着经济全球化和一体化进程的加快,服务经济的发展日新月异,酒店业的竞争也愈加激烈。进入 21 世纪,在各种环境的冲击下,酒店业生存愈加困难。酒店业的发展历程及其发展趋势,对于推动中国酒店业的健康发展具有十分重要的意义。

1.1 　 酒店基本概念与内涵

1.1.1 　 酒店的概念

人们出门在外时,都有寻求"旅途之家"以满足其休息和栖身的需求,这类专门为顾客提供临时性住宿服务的行业,通常称之为住宿业。在我国的现代日常用语体系中,酒店、宾馆、旅馆、旅店、旅社、旅舍、招待所等都是常见的住宿业称呼,它们之间主要的区别在于,酒店、宾馆一般指较高档的住宿业,其他称呼则指相对较低档的住宿业。为了论述的方便,本书统一使用"酒店"作为住宿业的称谓。

实际上,酒店除了能够为人们提供居住场所之外,一般还可提供饮食、购物、娱乐、安全保障等其他综合性服务。因此,它可以被视作是"短期房产租赁"和"旅行生活服务"的综合体。概括地讲,酒店就是以一定的建筑设施为平台,为人们提供住宿、饮食、购物、娱乐及其他服务,并由此取得收入的企业。

关于酒店的上述界定,突出了酒店的两大特性,即服务性与企业性。酒店的服务性体现在其产品的使用价值中包含有大量的服务性劳务价值,并且这种服务性劳务价值在其产品价值构成中占据主体地位,直接通过酒店员工向顾客提供的服务劳动实现。酒店的企业性则表现为它是依法自主经营、自负盈亏、独立核算的商品生产和销售的经济组织,追求市场中经济效益的最大化是酒店与其他类别企业的共性。

1.1.2 酒店的功能

酒店的服务水平是衡量一个国家或地区综合接待能力的重要标志之一,其数量规模和档次结构直接表征着该国家或地区的整体形象和经济发展水平。酒店的功能具体表现在以下4个方面。

1)酒店是国家创汇的重要基地

从竞争力的角度来讲,外汇收入能力毫无疑问应该成为国家竞争力指标体系中的核心要素之一。一些大型酒店大多具有涉外性质,其境外目标市场主要包括有较高社会地位或政治地位的知名人士和入境旅游者,他们一般具有较强的消费能力,涉外酒店通过为这类顾客提供各种高档服务,可以获取非常可观的外汇收入。

2)酒店是解决就业的重要部门

酒店业属于劳动密集型行业,具有很强的就业吸纳能力和产业关联带动能力,可以直接或间接地解决相当数量人员的就业问题,社会效益显著。根据有关机构测算,酒店业每增加一间客房,就可为社会提供1~3个直接就业岗位和3~5个间接就业机会。

3)酒店是旅游业发展的重要依托

酒店是旅游业发展不可或缺的物质基础,缺乏适量酒店的依托,任何一个地方要想发展旅游业都是不切实际的。作为旅游业"三大支柱"之一,酒店不仅是较为理想的食宿场所,它同时还能为广大游客提供娱乐、购物、保健、订票等多种服务,以满足现代旅游者日益多元化的需求。

4)酒店是多元交流的重要场所

酒店往往是文化、科学、技术交流和社会交往的中心。许多新闻发布会、学术研讨会、产品推介会等都会在酒店中举行,尤其是一些国际性的盛会,吸引着来自五湖四海的宾客到访,极大地促进了文化艺术和科学技术的交流;同时,酒店提供的优雅环境,如咖啡厅、茶坊和娱乐场所等也促进了社交活动的发展。

1.1.3 酒店的类型

酒店发展到一定时期必然会出现类型众多的局面,于是就产生了对其进行分类的需要。通过对酒店的分类,能够方便其市场定位,同时也有利于酒店产品的推销和在同类酒店之间进行比较。酒店通常有如下4种划分标准。

1)根据酒店特色和客人特点划分

①商务型酒店:指为那些从事企业活动的商务旅行者提供住宿、饮食服务和商业活动场

所及有关设施的酒店。

②度假型酒店:指为度假旅客提供住宿、餐饮、娱乐、休闲服务和各种交际活动场所的酒店。

③会议型酒店:指主要接待对象为各种会议团体的酒店。

④长住型酒店:指主要接待常住或长期居住的商务性、度假性客人或者家庭的酒店。

⑤汽车酒店:指设在公路旁,主要为自备汽车进行旅游的客人提供食宿等服务的酒店。

2)根据酒店计价方式划分

①欧式计价酒店:这种酒店的客房价格仅包括房租,不含食品、饮料等其他费用。世界上绝大多数酒店均属此类。

②美式计价酒店:这种酒店的客房价格包括房租和一日三餐的费用。目前,尚有一些地处偏远的度假型酒店仍属此类。

③修正美式计价酒店:这种酒店的客房价格包括房租和早餐以及午餐或晚餐的费用,以便宾客有较大的自由安排白天活动。

④欧陆式计价酒店:这种酒店的客房价格包括房租及一份简单的欧陆式早餐,即咖啡、面包和果汁。此类酒店一般不包括餐厅。

⑤百慕大式计价酒店:这种酒店的客房价格包括房租及美式早餐的费用。

3)根据酒店等级与档次划分

在国际上,一般将酒店分为五个等级,用星号"☆"(或字母"A")的数目来表示,称之为星级,星数越多表明酒店档次越高。

①一星级酒店:最低星级的酒店。设备简单,提供食、宿两项最基本的酒店产品,能满足旅客基本的旅行需要,设施和服务符合国际流行的基本水平。

②二星级酒店:较低星级的酒店。设备一般,除食宿基本设施外,还设有简单的小卖部、邮电、理发等便利设施,服务质量较好。

③三星级酒店:中等星级的酒店。设备齐全,有多种综合服务设施,服务质量较高。

④四星级酒店:较高星级的酒店。设备豪华,服务设施完善,服务项目健全,服务质量优秀。

⑤五星级酒店:最高星级的酒店。其设备、设施、服务项目设置和服务质量均达到世界酒店业的最高水平。

需要指出的是,即使国际上按照等级档次一般都将酒店划分为五个星级,但实际上并不存在一个统一通行的酒店等级"国际标准",各国都是根据自己的国情来制定酒店等级标准并进行星级评定。也有一些顶尖的酒店超越了"五星"的概念,如位于阿联酋迪拜的阿拉伯塔大酒店就享有"七星级"酒店的称誉。我国也在2003年颁布的《旅游酒店星级的划分与评定》(GB/T 14308—2003)国家标准中,在五星级酒店之上增设了最高等级的白金五星级酒店。

4)根据酒店经济性质划分

这是我国特有的一种旅游酒店分类方法,可分为国营经济酒店、私营经济酒店、联营经济酒店、股份制经济酒店、中外合资经济酒店、外商投资经济酒店、港澳台投资经济酒店等。

5）根据酒店规模大小划分

按照酒店的规模，即房间数量，可以将旅游酒店划分为大型、中型和小型酒店。通常地，大型酒店是指拥有 600 间以上客房的酒店，中型酒店是指拥有 300 至 600 间客房的酒店，而少于 300 间客房的酒店则为小型酒店。

【知识点滴】

欧陆式早餐和美式早餐

星级酒店中的西式早餐一般分为"欧陆式早餐"和"美式早餐"两种。欧陆式早餐也叫"简单早餐"，通常只包括咖啡或茶、黄油、果酱、面包和果汁。相比之下，美式早餐要丰富得多，它因而也被称作"复杂式早餐"或"全早餐"，除了与欧陆式早餐相同的项目之外，还包括英国式早餐中的煮黄豆、德式早餐中的香肠，还有麦片、谷物粥类、鸡蛋类、肉食类等食品。

此外，随着社会的变化与发展，酒店类型也日趋多元，"新常态"的提出，促进了经济型酒店的蓬勃发展，消费者需求的多元化趋势，使得主题酒店、民宿等类型的酒店越来越受到广大消费者的青睐。主题酒店是以某一特定的主题，来体现酒店的建筑风格和装饰艺术，体现特定文化氛围，让顾客获得富有个性的文化感受，与此同时，也将服务项目融入主题，以个性化的服务来取代刻板的服务，使顾客获得欢乐、知识与刺激。例如，柏列吉欧酒店（图 1.1），便是模仿意大利北部的同名小镇建成，有 3 000 个房间。在美国拉斯维加斯的金字塔酒店则以埃及金字塔为主题，以人面狮身像为外形，是世界上第三大度假酒店、第四大金字塔。民宿（图 1.2），是一种私人经营的小型家庭旅馆，通常房间不如商务旅馆来得多，也不一定有接待柜台与穿着制服的服务人员。与旅馆不同的是，民宿通常没有先进的网络订房系统、刷卡等服务。而清扫、订房、接待客人等，往往都是由主人与其家人负责。民宿也许没有高级奢华的设施，但它能让人体验当地风情、感受民宿主人的热情与服务，并体验有别于以往的生活，因此当下受到很多人的追捧。在我国很多地区，如台湾、云南都十分盛行原住民宿。酒店业竞争的不断加剧，也在不断丰富着酒店的类型。

图 1.1 主题酒店

图 1.2　民宿

1.2　酒店业的发展史

1.2.1　世界酒店业发展史

旅游和商务活动自古有之,酒店餐馆就应运而生。相传欧洲最初的食宿设施约始于古罗马时期,其发展进程经历了所谓古代客栈时期、大酒店时期、商业酒店时期等阶段,其间几经波折起落。第二次世界大战以后,欧美各地随着经济形势和旅游业的不断发展进入了新型酒店时期,并逐步形成了庞大独立的酒店行业。

1)古代客栈时期

由于社会的需要,为满足外出人们的吃、喝、睡等赖以生存的基本需要,千百年以前就出现了客栈和酒店。至中世纪后期,随着商业的发展,旅行和贸易兴起,外出的传教士、信徒、外交官吏、信使、商人等激增,对客栈的需求量大增。由于当时的交通方式主要是步行、骑马或乘坐驿车,因此,客栈大多设在古道边、车马道路边或是驿站附近。早期的英国客栈是人们聚会并相互交往、交流信息和落脚歇息的地方。最早的客栈设施简陋,仅提供基本食宿,无非是一幢大房子,内有几间房间,每个房间里摆了一些床,旅客们往往挤在一起睡,并没有什么更多的要求,当然,由于服务项目少,服务质量差,也确实没有什么可供消遣。到了 15世纪,有些客栈已拥有 20~30 间客房,有些比较好的客栈设有一个酒窖、一个食品室、一个厨房,为客人提供酒水和食品。还有一些客栈已开始注意周围环境状况,房屋前后辟有花园草

图 1.3　古代客栈

坪,客栈内有宴会厅和舞厅等,开始向多功能发展。总的来看,当时的客栈声誉差,被认为是赖以糊口谋生的低级行业。客人在客栈内缺乏安全感,诸如抢劫之类的不法事件时有发生(图1.3)。

2)大酒店时期

18世纪后期,随着工业化的进程加快和民众消费水平的提高,为方便贵族度假者和上层人物以及公务旅行者,酒店业有了较大的发展。在纽约,1794年建成的首都酒店,内有73套客房,这在当时无疑是颇具规模的。而堪称第一座现代化酒店的特里蒙特酒店于1829年在波士顿落成,为整个新兴的酒店行业确立了标准。该酒店不仅客房多,而且设施设备较为齐全,服务人员亦经过培训,客人有安全感。19世纪末20世纪初,美国出现了一些豪华酒店。这些酒店崇尚豪华和气派,布置高档的家具摆设,供应精美的食物。大酒店时期的酒店,具有规模大,设施豪华,服务正规,具有一定的接待仪式,讲究一定规格的礼貌、礼仪等特点。

3)商业酒店时期

20世纪开始不久,当时世界上最大的酒店业主埃尔斯沃斯·弥尔顿·斯塔特勒为适应旅行者的需要,在斯塔特勒酒店的每套客房都设有浴室,并制定统一的标准来管理他在各地开设的酒店,增加了不少方便客人的服务项目。20世纪20年代,酒店业得到了迅速发展,美国的大中小城市,纷纷通过各种途径集资兴建现代酒店,而且汽车酒店也在美国各地涌现。到20世纪30年代,由于经济大萧条,旅游业面临危机,酒店业亦不可避免地陷入困境。在兴旺时期开业的酒店,几乎尽数倒闭,酒店业受到极大挫折。商业酒店时期,汽车、火车、飞机等给交通带来很大便利,许多酒店设在城市中心,汽车酒店就设在公路边。这一时期的酒店,设施方便、舒适、清洁、安全。服务虽仍较为简单,但已日渐健全,经营方向开始以客人为中心,酒店的价格也趋向合理。

4)现代新型酒店时期

第二次世界大战结束后,由于经济繁荣,人们手里有钱,交通工具十分便利,从而引起了对酒店需求的剧增,一度处于困境的酒店业又开始复苏。1950年后开始出现世界范围的经济发展和人口增长,而工业化的进一步发展增加了人民大众的可支配收入,为外出旅游和享受酒店、餐馆服务创造了条件。至50年代末60年代初,旅游业和商务的发展趋势对传统酒店越来越不利,许多新型酒店大批出现。现代新型酒店时期,酒店面向大众旅游市场,许多酒店设在城市中心和旅游胜地,大型汽车酒店设在公路边和机场附近。这个时期,酒店的规模不断扩大,类型多样化,开发了各种类型的住宿设施,服务向综合性发展,酒店不但提供食、住,而且提供旅游、通信、商务、康乐、购物等多种服务,力求尽善尽美,酒店集团占据着越来越大的市场。

1.2.2 中国酒店业发展史

1)中国古代的客栈时期

(1)古老的旅馆——驿站

据历史记载,中国最古老的一种官方住宿设施是驿站。在古代,只有简陋的通信工具,统治者政令的下达,各级政府间公文的传递,以及各地区之间的书信往来等,都要靠专人递送。历代政府为了有效地实施统治,必须保持信息畅通,因此一直沿袭了这种驿传制度,与这种制度相适应的为信使提供的住宿设施应运而生,这便是闻名于世的中国古代驿站。从商代中期到清光绪二十二年(1896)止,驿站竟长存三千余年,这是中国最古老的旅馆。中国古代驿站在其存在的漫长岁月里,由于朝代的更迭、政令的变化、疆域的展缩以及交通的疏塞等原因,其存在的形式和名称都出现了复杂的情况。驿站虽然源于驿传交通制度,初创时的本意是专门接待信使的住宿设施,但后来却与其他公务人员和民间旅行者发生了千丝万缕的联系。驿站这一名称,有时专指其初创时的官方住宿设施,有时则又包括了民间旅舍。(图1.4)

图1.4 驿站

(2)中国早期的迎宾馆

我国很早就有了设在都城,用于招待宾客的迎宾馆。春秋时期的"诸侯馆"和战国时期的"传舍",可说是迎宾馆在先秦时期的表现形式。以后几乎历代都分别建有不同的规模的迎宾馆,并冠以各种不同的称谓。清末时,此类馆舍正式得名于"迎宾馆"。古代中华各族的代表和外国使者都曾在"迎宾馆"住过,它成为中外往来的窗口,人们从"迎宾馆"这个小小的窗口,可以看到政治、经济和文化交流的盛况。我国早期的迎宾馆在宾客的接待规格上,是以来宾的地位和官阶的高低及贡物数量的多少区分的。为了便于主宾对话,宾馆里有道事(翻译),为了料理好宾客的食宿生活,宾馆里有厨师和服务人员。此外,宾馆还有华丽的卧榻以及其他用具和设备。宾客到达建于都城的迎宾馆之前,为便于热情接待,在宾客到达的地方和通向都城的途中均设有地方馆舍,以供歇息。宾客到达迎宾馆后,更是受到隆重接待。如使团抵达时,还受到有关官员和士兵的列队欢迎。为了尊重宾客的风俗习惯,使他们的食宿生活愉快,迎宾馆在馆舍的建制上还实行"一国一馆"的制度。

(3)民间旅店和早期城市客店

①民间旅店的出现。古人对旅途中休憩食宿处所的泛称是"逆旅"。以后逆旅成为古人对旅馆的书面称谓。逆旅店奠定了基础。西周时期,投宿逆旅的人皆是当时的政界要人,补充了官办"馆舍"之不足。到了战国时期,中国古代的商品经济进入了一个突飞猛进的发展时期,工商业愈来愈多,进行远程贸易的商人已经多有所见。一些位于交通运输要道和商贸聚散的枢纽地点的城邑,逐渐发展为繁盛的商业中心,于是,民间旅店在发达的商业交通的推动下,进一步发展为遍布全国的大规模的旅店业了。

②早期城市客店。我国早期的城市还未与商业活动发生紧密联系,也就不可能有城市民间旅店的出现。后来,城邑内开始有了商业交换活动,这标志着兼有政治统治、军事防御

与经济活动三者功能的城市开始出现。随着商业交换活动的活跃和扩大,城市功能不断衍变。自汉代以后,不少城市逐渐发展为商业大都会,这导致了城市结构及其管理制度的变革,而中国古代的民间旅店,正是在这种历史背景下逐渐进入城市的。中国古代民间旅店在隋唐时虽然较多地在城市里面出现了,但是,却由于受封建政府坊市管理制度的约束而不能自由发展。在这种制度下开办的城市客店,不但使投宿者感到极大的不便,而且也束缚了客店业务的开展。到了北宋时期,随着商品经济的高涨,自古相沿的坊市制度终于被取消了,于是,包括客店在内的各种店铺,争先朝着街面开放,并散布于城郭各繁华地区。

2)中国近代酒店的兴起与发展

(1)外资经营的西式酒店

西式酒店是19世纪初外国资本侵入中国后兴建和经营的酒店的统称。这类酒店在建筑式样和风格上、设备设施、酒店内部装修、经营方式、服务对象等都与中国的传统客店不同,是中国近代酒店业中的外来成分。

①西式酒店在中国的出现。1840年第一次鸦片战争以后,随着《南京条约》《望厦条约》等一系列不平等条约的签订,西方列强纷纷侵入中国,设立租界地、划分势力范围,并在租界地和势力范围兴办银行、邮政、铁路和各种工矿企业,从而导致了西式酒店的出现。至1939年,在北京、上海、广州等23个城市中,已有外国资本建造和经营的西式酒店近80家。处于发展时期的欧美大酒店和商业旅馆的经营方式,也于同一时期,即19世纪中叶至20世纪被引进中国。

②西式酒店的建造与经营方式。与中国当时的传统型酒店相比,这些西式酒店规模宏大,装饰华丽,设备趋向豪华和舒适。内部有客房、餐厅、酒吧、舞厅、球房、理发室、会客室、小卖部、电梯等设施。客房内有电灯、电话、暖气,卫生间有冷热水等。西式酒店的经理人员皆来自英、美、法、德等国,有不少在本国受过旅馆专业的高等教育。客房分等经营,按质论价,是这些西式酒店客房出租上的一大特色,其中又有美国式和欧洲式之别,并有外国旅行社参与负责介绍客人入店和办理其他事项。西式酒店向客人提供饮食均是西餐,大致有法国菜、德国菜、英美菜、俄国菜等。酒店的餐厅除了向本店宾客供应饮食外,还对外供应各式西餐、承办西式筵席。西式酒店的服务日趋讲究文明礼貌、规范化、标准化。西式酒店是西方列强侵入中国的产物,为其政治、经济、文化侵略服务。但在另一方面,西式酒店的出现客观上对中国近代酒店业起了首开风气的效应,对于中国近代酒店业的发展起了一定的促进作用。

(2)中西结合式酒店

西式酒店的大量出现,刺激了中国民族资本向酒店业投资。因而从民国开始,各地相继出现了一大批具有"半中半西"风格的新式酒店。这些酒店在建筑式样、设备、服务项目和经营方式上都接受了西式酒店的影响,一改传统的中国酒店大多是庭院式或园林式并且以平房建筑为多的风格特点,多为营造楼房建筑,有的纯粹是西式建筑。中西式酒店不仅在建筑上趋于西化,而且在设备设施、服务项目、经营体制和经营方式上亦受到西式酒店的影响。酒店内高级套间、卫生间、电灯、电话等现代设备,餐厅、舞厅、高档菜肴等应有尽有。饮食上对内除了中餐以外,还以供应西餐为时尚。这类酒店的经营者和股东,多是银行、铁路、旅馆等企业的联营者。中西式酒店的出现和仿效经营,是西式酒店对近代中国酒店业具有很大影响的一个重要方面,并与中国传统的经营方式形成鲜明对照。从此,输入近代中国的欧美式酒店业的经营观念和方法逐渐中国化,成为中国近代酒店业中引人注目的成分。

3)中国现代酒店的发展

我国现代酒店业经历了萌芽阶段、起步阶段、高速发展阶段、回落阶段、恢复上升阶段。

(1)萌芽阶段

1980年以前是萌芽阶段。1949年新中国成立以后,人民政府对一些老酒店进行整顿和改造,积极筹建新型酒店,1979年政府批准了第一批合资项目,开始了第一批合资合作酒店的建设。总体数量少、设施陈旧、功能单一、条件简陋、全国地区性分布不平衡,是这一时期的主要特点。

(2)起步阶段

1980—1982年是起步阶段。通过引进外资,逐步兴建了一大批中外合资、中外合作酒店;从1982年香港半岛集团接管北京建国酒店开始,国际酒店集团相继登陆,目前在华管理的市场份额和经济效益均处于领先地位。

(3)高速发展阶段

1983—1993年是高速发展阶段。国家提出了发展旅游服务基础设施建设,实行"国家、地方、部门、集体、个人一起上,自力更生和利用外资一起上"的方针,国内外各种渠道的资金投入酒店业,于1993年达到高潮。

(4)回落阶段

1994—1998年是回落阶段。1993年以后,酒店业逐步完成其利润平均化过程,建设高潮开始回落,同时由于市场不景气、经营不善等方面原因的影响下,盲目建设的恶果已开始凸现,酒店业的利润率在逐年下降,1998年全行业出现负利润现象。

(5)恢复上升阶段

1999年至今是恢复上升阶段。在国内旅游经济热潮的快速崛起以及来华旅游和进行商务活动的客源数量持续增长的带动下,经历了1998年的全行业效益大幅滑坡之后,国内酒店业的客房出租率开始回升,但由于行业内的竞争日益加剧,平均房费下降,全行业的盈利没有达到同步增长。

1.3　酒店业的发展趋势

随着时代的发展,酒店业与时俱进,不断涌现出新的建设理念和经营模式。在知识经济风起云涌、全球化浪潮扑面而来的新时期,酒店业的发展将是全方位的,变革将是深刻的。具体来说,未来酒店的发展趋势主要表现在下述5个方面。

1.3.1　绿色化趋势

酒店作为人口集中的高消费场所,为客人创造的舒适环境是依靠消耗大量的能源和物质而得到的,随着人们生态意识、环保意识的增强,低碳经济和生态经济的兴起,将酒店运行绿色化,走可持续发展道路,是酒店业发展的必然趋势,也是未来酒店业发展的唯一选择。

绿色酒店的兴起实际上是酒店行业在可持续发展理念的指导下响应环境保护倡议的一种自觉行为,值得大力宣传推广。绿色酒店推出绿色产品、提供绿色服务、提倡绿色消费,对于酒店自身而言,积极意义是多方面的。1999 年,浙江省倡导开展创建"绿色酒店"的活动,这一"绿色"活动的倡导得到了非常广泛的响应,全省范围内共有 100 多家酒店提出了申请,经过一年多的努力,浙江省评出了第一批"绿色酒店"。此后,我国各地酒店开始实行"绿色酒店"项目(图 1.5)。目前,我国很多酒店不再主动配送一次性牙刷、牙膏、梳子、瓶装洗发水和沐浴液等 6 小件,变为有偿服务,效果反应非常

图 1.5 绿色酒店标识

好。绿色酒店一方面讲究生态化设计,其环境保护者的社会形象很容易深入人心,受到消费者的青睐;另一方面,引入了循环经济的概念,可以在很大程度上降低酒店的运营成本。在我国,浙江省在绿色酒店的创建方面起步最早,成效也最为显著。据统计,该省凡是参加创建绿色酒店的成本平均下降了 15%,这个数字是非常可观的。

【知识点滴】

绿色旅游酒店

由于全球生态环境的日益恶化,保护环境、保障人类健康已受到全世界的关注。各国、各地区、各行业都颁布了相应的法律法规,出台了各种政策措施,制定了相应的行业准则以约束并促进组织的环境行为。对于酒店行业,中国国家旅游局也与时俱进,在 2006 年 3 月 23 日正式发布并实施《绿色旅游酒店》(LB/T 007—2006)国家旅游行业标准。该标准明确规定,绿色旅游酒店是指以可持续发展为理念,坚持清洁生产、倡导绿色消费,保护生态环境和合理使用资源的酒店。在绿色旅游酒店的设计建造和经营管理过程中,必须坚持减量化(Reduce)、再使用(Reuse)、再循环(Recycle)和替代(Replace)四项基本原则。符合绿色旅游酒店创建基本标准的,可以分为金叶级和银叶级两个等级。

1.3.2　主题化趋势

社会在不断进步,酒店产业同样在不断提升,酒店的客源日益增多,由于不同消费群体的消费诉求不同,需要对消费群体进行细分。因此就决定了对酒店产品的选择。随着大众消费的升级以及体验时代的到来,大部分顾客开始寻求更有品位、更有特色的个性化酒店。

主题酒店的概念起源于美国,也称为"特色酒店",以文化为主题,以酒店为载体,以客人的体验为本质。文化、历史、自然、神话童话故事等都可成为酒店借以发挥的主题。主题酒店的诞生跳出了酒店产品同质化的魔圈,以独特的魅力给了消费者一个全新的体验。著名

的迪斯尼度假俱乐部、太阳国际度假公司等都是经营主题酒店的专业机构。在宾客需求日益多元化的今天,主题酒店可以被看作是市场高度细分的结果,它能够极大地满足对应市场群体的特定需求,因而在全球范围内迅速普及开来。与传统的酒店相比,主题酒店从某一主题入手,把服务项目与主题相结合,以个性化服务代替刻板的服务模式,体现出酒店对宾客的尊重和信任。主题酒店不再单纯是住宿、餐饮消费的场所,更是以历史、文化、城市、自然等吸引顾客体验生活的舞台。现在有很多主题产品,比如主题游乐园、主题 PARTY、主题酒店等都十分受欢迎,主题酒店也将是酒店发展的下一个趋势与热点。国内较为著名的主题酒店有我的地盘主题酒店(图 1.6)、长沙 2599 爱情酒店、北京色彩连锁酒店、上海薇爱主题酒店(图 1.7)、郑州艾妮主题酒店等。

图 1.6　我的地盘主题酒店

图 1.7　上海薇爱主题酒店

1.3.3　科技化趋势

科学技术是第一生产力。20 世纪末以来,世界范围内新科技革命的迅猛发展,促进了人类社会生产力的大幅度提高,对人类生活的众多领域都产生了广泛而深刻的影响。酒店业也不例外,酒店业的发展是伴随着科技的不断发展,科技革新成果在酒店领域的运用使酒店业发展步入了一个新的历史时期。

科技手段的应用简化了许多酒店服务工作环节,使酒店服务的工作效率和质量得以有效提高。在智能化酒店中,网络预订系统可以跨全球进行预订房间,宽带网络让商务客人可以在房间与客户交流,客人可以通过电脑终端直接在客房内办理购物消费和结账退房手续。顾客的一些关于旅游业务方面的咨询和预订服务也可以足不出户地通过网络“一点通”。在某些特定的服务领域,如在前厅和客房,应用机器人提供辅助服务亦将不再稀奇。科技助长了酒店业的发展,酒店科技取得的成果令人惊叹,智能化、便捷化、人性化、节能化是酒店科技的发展方向,每一项新技术的产生都会为酒店服务功能多样化提供支持。科技给酒店带来的不仅是效率化、数字化的管理,更为客人带来了丰富多样的便捷服务,从酒店环保设计、计算机管理应用到网络预订、宽带网络、数字电视、程控电话、视频、监视系统,无疑不显示出了科技的存在,科技为酒店业的发展注入直接动力。在酒店行业竞争激烈的今天,科技已成为酒店业关心的焦点问题。酒店业的发展将进入信息与科技时代。酒店科技化发展已是必然趋势(图 1.8)。

图 1.8　智能化酒店

【案例启迪】

智能化酒店服务不是梦

前台接待是机器人,行李是机器人搬,客房服务是机器人做……日本长崎新开的这家 Henn na 酒店是一家真正的机器人酒店,而不是以机器人为噱头。

酒店坐落在豪斯登堡主题公园内。站在前台,一条头戴制服小帽、系着领结的机器恐龙会对客人说:"如果您想办理入住手续,请按 1。"房客按下按钮,随后在触摸屏上输入个人信息。如果不喜欢恐龙,可以选择旁边那位笑容甜甜、眼睛大大、睫毛长长的美女接待员,当然,她也是机器人。办理入住手续后,房客可以让机械臂帮着存放贵重物品,自动推车搬运行李进客房,同时听门童——一个玩偶样的光头机器人讲解早餐时间等基本信息。客房采用面部识别系统,所以进门不是刷房卡,而是"刷脸"。客房内还有一个小机器人,可以回答诸如当前时间、天气等问题,帮着开关照明。房客还可以用房间内的平板电脑叫机器人客房服务。酒店方面说,酒店 90% 的服务都由机器人提供,目前还有安保和整理床铺这两项无法交给机器人来做。

(资料来源:新华网.日本新开机器人酒店:智能化酒店服务不是梦,http://news.163.com/15/0718/06/AUPO9KCI00014JB5.html)

1.3.4　品牌化趋势

随着需求层次的提高,人们的消费观念也在发生着变化,不仅追求产品消费的物质享受,而且追求产品消费的精神享受。其最基本的表现就是认知品牌、注重品牌与追求品牌。消费者的购买动机往往是被品牌代表的形象、信誉及象征意义所激发甚至是被这些因素所支配。因此,追求品牌成了一种消费趋向,这也成为酒店企业实施品牌竞争战略的驱动力。

品牌是酒店企业发展到较高级别时的产物,酒店企业的竞争有三个层次:最基层次是产品的竞争,第二个层次是质量的竞争,最高层次则是品牌的竞争。品牌不仅是酒店的核心竞争力,还是酒店重要的无形资产,品牌意味着广泛的知名度和良好的美誉度,其强大市场激发能力是毋庸置疑的,由于酒店业的竞争日渐白热化,塑造品牌已经成为酒店生存与发展的必由之路。酒店品牌是酒店产品与产品之外被顾客接收的一切总和。品牌的重要性在酒店业中日趋凸显,品牌是酒店在激烈竞争中争取市场份额的必备条件,也是酒店在竞争环境中追求差异化的重要手段,也是酒店国家化趋势的需要。国内外的酒店都非常注重品牌的培育,例如法国雅高集团推行品牌丛战略,在酒店的各个层次都不遗余力地打造出享誉世界的著名品牌,在高端市场有索菲特(Sofitel),在中端市场有诺富特(Novotel)、墨奇尔(Mercure),在经济型层次则有伊比斯(Ibis)、伊塔普(Etap)、1号方程式(Formule 1)、6号汽车旅馆(Motel 6)等。实践证明,顾客在为选择酒店而作决策时,确实存在着品牌偏好,这也是很多品牌酒店都拥有大量回头客的重要原因之一(图1.9)。

图1.9 酒店品牌标志

1.3.5 集团化趋势

酒店集团,也称连锁酒店,是第二次世界大战以后为适应不断扩大的旅游市场而产生的,它一般是指在本国或世界各地直接或间接地控制两个以上的酒店,以相同的店名和店标、统一的经营程序和管理水平、一致的操作程序和服务标准进行联合经营的酒店企业。俗话说,"团结就是力量",酒店集团较之单体酒店在经营管理、资金筹集、市场营销、人员运用、物资采购、风险扩散等方面都占有明显的优势,而这些优势大都来自酒店集团所享有的规模效应。

随着经济全球化进程的不断加快,世界著名的酒店集团正在筹划并实施全球范围内的最佳资源配置和生产要素组合,许多非酒店业的集团公司也纷纷抢占酒店市场,世界酒店集团每年都在调整和兼并之中,酒店业的联盟和合并导致更大规模的酒店集团的诞生。从国外酒店业的发展趋势来看,酒店集团化因其具有强大的整体优势,已经成为酒店业发展的主流,并且通过有效地兼并重组,集团化的趋势将越来越明显,酒店集团的实力和规模也迅猛增长。国外的大型酒店集团,如圣达特集团、洲际集团、万豪集团等,旗下的成员酒店遍及世界各地,数量动辄几千家;而我国的酒店集团则普遍偏小,国际化程度也不高。在新的发展阶段,在日益激烈的竞争态势面前,充分借鉴国外国际酒店集团的成功经验,结合自身实际,抓住新的历史机遇与挑战,加快我国酒店集团化进程,进一步打造中国酒店集团航母,将成为我国酒店发展的又一重大趋势(表1.1)。

表 1.1　2015 年全球排名前 10 的酒店集团

1	希尔顿酒店集团 Hilton Hotels Corp.	美国
2	万豪国际集团 Marriott International	美国
3	洲际酒店集团 Inter Continental Hotels Group	英国
4	温德姆酒店集团 Wyndham Hotel Group	美国
5	精品酒店国际 Choice Hotels International	美国
6	雅高国际酒店集团 Accor	法国
7	铂涛酒店集团 Plateno Hotel Group	中国
8	喜达屋国际酒店集团 Starwood Hotels & Resorts Worldwide	美国
9	锦江国际酒店集团 Shanghai Jin Jiang International Hotel	中国
10	最佳西方酒店国际集团 Best Western International	美国

【拓展阅读】

2014 年全球排名前 30 的酒店集团

1.希尔顿酒店集团 Hilton Hotels Corp. 美国

2.万豪国际集团 Marriott International 美国

3.洲际酒店集团 Inter Continental Hotels Group 英国

4.温德姆酒店集团 Wyndham Hotel Group 美国

5.精品酒店国际 Choice Hotels International 美国

6.雅高国际酒店集团 Accor 法国

7.铂涛酒店集团 Plateno Hotel Group 中国

8.喜达屋国际酒店集团 Starwood Hotels & Resorts Worldwide 美国

9.锦江国际酒店集团 Shanghai Jin Jiang International Hotel 中国

10.最佳西方酒店国际集团 Best Western International 美国

11.如家酒店集团 Home Inns Hotel Group 中国

12.华住 China Lodging Group 中国

13.卡尔森国际酒店集团 Carlson Hospitality Worldwide 美国

14.凯悦国际酒店集团 Hyatt Hotels Corp 美国

15.格林豪泰 GreenTree Inns Hotel Management Group Inc.中国

16.G6 美国

17.Melia Hotels International 西班牙

18.Magnuson Hotels 美国

19.西山 Westmont Hotels 美国

20. LQ Management 美国

21. Interstate 美国

22. 长住 Extended Stay Hotels 美国

23. 卓越酒店集团 Vantage Hospitality Group 美国

24. Whitbread 英国

25. NH 酒店公司 NH Hotels SA 西班牙

26. 开元酒店集团 New century Hotels & Resorts 中国

27. 东横 Toyoko Inn Co 日本

28. 米高梅 MGM Resorts International 美国

29. 瑞优酒店集团 Riu Hotels Group 西班牙

30. FRHI 酒店集团 FRHI Hotels & Resorts 加拿大

资料来源:《Hotels》杂志。

第2章 酒店管理概述

【学习目标】

通过学习本章,学生应该能够:

1.了解酒店管理的概念

2.熟悉酒店管理的理论

3.了解酒店管理的职能

【关键术语】

◇ 酒店管理 Hotel Management

◇ 管理理论 Management Theory

◇ 管理职能 Management Function

【开篇案例】

屡获殊荣的曼谷东方大酒店

在泰国首都曼谷,星级酒店林立,坐落于湄南河畔的东方大酒店(The Oriental)是其中的佼佼者,它被评为世界和地区性最佳酒店的次数已达15次,并还将获得更多殊荣,其成功的秘诀在于优雅绝佳的环境和无懈可击的服务。东方大酒店已有100多年历史,由3座建筑物组成,主建筑富有历史特色,套房均以作家的名字为题;另外两座建筑分别为"塔翼"(Tower Wing)与"河翼"(River Wing),风格也极富东方色彩。酒店拥有400多个房间,服务员达900多人,平均每间客房有2.2名服务员。这些经过严格挑选和训练的服务员,不仅体态端庄,而且业务非常娴熟。他们能说流畅的英语,有些甚至会讲两三种外语。他们以发自内心的微笑对待每一位顾客,使顾客一踏进酒店,便感到宾至如归。

顾客可在千里之外打长途电话或电报预订客房,也可通过电脑网络预订,并告诉抵达曼谷的时间和飞机班次,东方大酒店会派汽车去机场迎接。从机场至旅馆的路程可以坐车,但如顾客不愿乘汽车通过嘈杂的市区,还可以下湄南河乘船直达酒店。这样,既可节省时间,又可浏览沿河两岸的美丽风光,真是一举两得。为满足顾客的需要,该酒店专门备有两艘游艇。东方大酒店每年都拨款数十万美元对全体服务人员进行职业培训,其中包括如何接待顾客,如何打扫房间,如何端茶送饭,如何对待不同国籍、不同习俗、不同脾气的顾客等。因此,无论多么挑剔的顾客,只要在东方大酒店住几天,也会感到满意。东方大酒店有一套招徕顾客的经验。比如,凡是住宿超过一周的顾客,每周四都由客房部主任出面宴请一次。宴席上,主任边吃边向顾客征求意见,搜集反映并了解和学习世界各地旅馆、酒店的先进经验。

(资料来源:王卫军.十五次获奖的曼谷东方大酒店[J].中外企业文化,2001(03).)

对于企业而言,21世纪是一个管理制胜的时代。21世纪的酒店,只有不断地加强现代化管理,才能在日益激烈的市场竞争中取得优势,立于不败之地。然而,管理酒店是一项极富挑战性的工作,酒店管理的科学性、技术性与艺术性要求并存。一个具有高素质的酒店管理者应该深刻理解酒店管理的内涵,善于在实践中运用酒店管理的理论,通过有效地执行管理职能来实现酒店的各个经营管理目标。

2.1 酒店管理概念与内涵

2.1.1 酒店管理的概念

酒店管理是酒店经营与管理的简称,既包括经营,又包括管理,两者既有联系又有区别。经营属于商品经济特有的范畴,面向的是外部市场,是以商品生产和交换为手段,使酒店的内部条件与外部环境达到动态平衡的一系列有组织、有计划的经济活动;管理则侧重于酒店内部,是指酒店管理者针对酒店的业务特点,对所拥有和能够支配的人力、物力、财力、信息、知识等资源加以优化配置和有效整合,以期用最小投入获取最大收益的经济活动。可见,酒店的经营和管理相辅相成、密不可分,和谐地统一于酒店的各项业务活动中。

基于上述认识,可以对酒店管理的概念作出如下表述:酒店管理是指酒店管理者在进行市场需求分析的基础上,为了有效地实现酒店预定的综合目标,根据酒店具备的经营条件和所处的经营环境,遵循一定原则,运用多种方法,对酒店的各种生产要素进行决策、计划、组织、领导、协调、控制、激励、督导、创新等一系列活动的总和。这一概念将酒店管理的目标、对象与职能集于一体,充分展示了酒店管理丰富的内涵。

酒店管理既定目标的实现程度是衡量酒店管理成效的主要依据,这些目标包括经济效益目标、社会效益目标和生态效益目标,酒店管理谋求的是三大效益目标的有机统一。酒店管理的对象则是酒店管理者在管理过程中可以凭借的各种生产要素,如人力资源、物力资源、财力资源、信息资源等,其中人力资源最为重要。酒店管理的职能是管理者与酒店实体相联系的纽带,计划、组织、控制、领导、创新是酒店管理的核心职能,而酒店管理的本质也就在于管理者能够科学地执行这些管理职能。

2.1.2 酒店管理的特征

酒店管理的特征是由其产品特性和顾客需求共同决定的,主要有以下四个方面。

1)酒店管理的系统性

人们常说"酒店就是一个小社会",足见对其进行管理是一项复杂的系统工程。由于顾客对酒店产品的感知贯穿于从抵店至离店的全过程,其间涉及多部门、多环节、多岗位的服务细节,任何一个细枝末节出现失误,都将导致顾客的不满。因而酒店管理必须着眼于酒店本身的系统性,恰当地处理好整体与局部、局部与局部之间的关系,从而取得最佳的综合管理效益。

2)酒店管理的服务性

酒店管理的服务性包含两层意思,一是酒店管理过程中应始终渗透着服务的理念,即"员工是为顾客服务的,而管理人员则是为员工服务的",以此来调动基层员工工作的积极性和主观能动性;二是酒店管理的重点落脚于为顾客提供的服务产品的质量,管理过程中必须严格督控服务员按照酒店的服务标准与程序提供使顾客满意的服务产品。服务管理不仅是酒店管理的重头戏,也是酒店管理的特色之一。

3)酒店管理的前瞻性

不同于人们日常的衣食住行等基本生活需求,酒店需求是一种非基本的派生需求,人们前来住店往往是因为公务出差或外出旅游度假而附带产生的住宿需求,因而当地的经济和旅游发展态势将决定酒店业的发展水平。所以,酒店管理必须具有高度的预见性和先进性,应正确把握当地的经济发展趋势,制定科学合理的经营战略;同时还要注意引导消费、创造需求,从而有效地扩大市场。

4)酒店管理的多变性

酒店开门迎宾,客人来源与层次千差万别,文化背景各不相同,需求偏好因时因人而异,给服务工作提出了较高的要求。同时,酒店员工的情况也是多样且变化着的,员工素质不尽相同,针对同一项服务,不同的员工会有不同的服务质量;即使是同一位员工,在不同的情绪状态下也会有不同的服务效果。因此,酒店必须能够适应多变的管理环境,视客人和员工的变化情况,积极实施各种相应的管理措施。

2.1.3 酒店管理的形式

根据经营管理主体的差异,酒店管理存在自主管理、委托管理、参与管理、顾问管理、租赁管理、特许管理等多种形式,它们本身并无好坏之分,酒店应该本着从实际出发的原则恰当地选择行之有效的管理形式。

1)自主管理

自主管理是由酒店业主自行组织酒店领导班子的管理形式,我国大多数酒店都采取这种管理形式。具体做法是酒店业主任命本系统的人员,或招聘、调进外系统的职业经理人担任总经理、副总经理及其他高层管理人员,然后再由他们面向社会招聘或在系统内部调配中、基层管理人员。自主管理酒店的经营者通常有几种情况:其一是业主自己经营管理,很多民营酒店即采取这种方式;其二是经营者与业主在行政上有上下级关系,如国有酒店委任的总经理;其三是由外聘职业经理人担任总经理,他们仅受聘于该酒店;其四是由业主挂名法人总经理,实际经营管理权由所聘请的副总经理来行使。

2)委托管理

委托管理是指酒店业主通过签订管理合同、支付一定的管理费用将酒店全权委托给专业酒店集团或管理公司管理的形式,被委托者既可以是来自国外的也可以是来自国内的。委托管理的酒店必须采用被委托酒店集团或管理公司的成熟管理模式,但可以选择是否采用该酒店集团或管理公司的名称,其中高层管理人员全部或大部分由被委托的集团或公司委派。为了提高业主方的管理能力,也有的酒店在中高层管理人员的副职岗位配备业主自己的管理人员作为后备力量,在实际工作中向正职学习管理经验,待委托合同期满后挑起独立管理的重担。

3)参与管理

参与管理则是介于自主管理和委托管理之间,将酒店的经营管理部分委托给专业酒店管理公司的一种管理形式。参与管理的酒店,其中高层管理人员由业主与管理公司共同派出,一般来说,前台管理人员由管理公司派出,后台一些部门的管理人员由业主方派出。酒店要向管理公司支付管理费,同时还须支付派出管理人员的工资。参与管理还有一种低成本运作模式,即委托有一定名望的管理专家组织一个团队进行管理,它虽然可以为酒店节省一定的管理费用,但由于受聘人员只是个人行为而没有组织保证,容易产生随意性。

4)顾问管理

顾问管理,又称咨询管理。它是指在自主管理的基础上,聘请酒店管理专家组成智囊团对酒店的管理作咨询指导、开展检查监督、进行问题诊断、提出决策方案或临时负责酒店某一部分工作的管理形式。顾问管理既可以请管理专家个人,也可以请顾问咨询管理公司。与前几种管理形式相比,咨询管理人员与酒店之间的关系较为松散,不要求一定要在酒店坐班,他们经常参与酒店的决策,有时参加店务会议和日常的业务活动,有些咨询管理人员虽无具体职务,却可拥有一定的指挥权。

5)租赁管理

租赁管理是酒店业主通过签订租赁合同,将酒店租赁给酒店管理公司或个人经营管理,从而获取租金收入的一种管理形式。在这里,酒店资产的所有权与经营权完全分离,业主不干预承租者的经营管理,但要监督承租者对资产的责任和行为及其经营的合法性。承租者享有全权管理酒店的权利,同时也必须承担按约定向业主缴纳租金的义务。租金的缴付约定通常有三种方式:一是承租者向业主缴纳固定租金,并承担酒店所有经营费用的支出;二是以收入分成的方式缴纳租金;三是以利润或经营毛利分成的方式缴纳租金。

6)特许管理

特许管理就是使用特许经营权来管理酒店,它实质上是一种品牌延伸和管理模式移植的管理形式。特许经营权,代表着知名酒店集团的品牌及其管理模式,酒店向品牌酒店集团支付品牌使用费获得特许经营权后,不但可以按照该集团的管理模式和标准来管理酒店,而且还可以借助其品牌价值广泛招徕客源。我国的许多酒店在使用特许经营权时,往往还会要求对方向酒店派出管理人员帮助酒店进行经营管理,双方的共同目标是使酒店的管理能够切实达到特许经营权集团的水准。

2.1.4　酒店管理的框架体系

酒店管理工作千头万绪,管理者应该在自己意识中对酒店管理的内容形成一个明确的框架概念,即理清思路,把握酒店管理的纲要,因循纲要来实施其管理。酒店管理纲要如下。

1)酒店建筑实体

①建筑实体的外观和体量,外装修、外环境。

②建筑实体的功能结构,内部布局,空间利用。

③装修形成的风格特色。

④建筑实体节省能源,节省活劳动和物化劳动。

2)酒店组织

①酒店的管理体制与组织形式。

②组织结构。部门的设置和层次划分,业务范围的划分和归属,岗位的设置和确立岗位责任制,对各层管理层权力的规定。

③管理人员的配备。评价、选拔、确定管理人员。

④分配任务。把酒店全部业务分解并分配到各部门。

⑤编制定员。核定各部门各班组及酒店的全体人员。

⑥形成劳动组织形式。

⑦建立酒店各项制度。

3)酒店管理的决策和计划

①决策的分类和决策权限的划分,形成决策体系。

②对酒店管理的各种决策进行选择并形成计划。

③实施计划。

4)服务质量管理

①明确服务质量的概念、含义和内容,树立牢固的质量意识。

②确定酒店及各部门各岗位的服务质量标准,制订服务质量计划。

③服务规程管理。制订并实施服务规程,鼓励员工按规程服务。

④服务质量保证体系。灌输质量意识,建立质量控制系统、质量信息系统、服务质量考评奖惩措施。

⑤实施全面质量管理。

5)业务管理

①确定业务内容。业务决策,各部门业务内容、业务范围的确定。

②酒店整体业务的设计管理。

③各部门具体业务的设计及部门间的业务衔接。

④业务形式、业务流程的设计及管理。

⑤业务信息系统,业务表单的设计、传递及管理。

⑥业务运转过程的管理。

6) 人力资源开发

①区别于人事管理和劳动管理的人力资源开发。

②招收、汇集各种合格人才,合理的人才流动。

③对员工的分析评价,做到知人善用。

④对全体人员的训练和塑造。思想素质训练、业务培训、形体训练。

⑤合理使用人才。合理使用,积极培养,从严考核。

⑥劳动报酬的分配。分配的原则、形式及实施。

⑦员工福利。包括大型福利,经常性福利。

⑧对员工的鼓励。企业文化建设,各种激励方式的使用。

7) 财务管理

①酒店投资与负债,资金计划的制订,投资决策。

②资金的筹措,投入方式与运作管理,融资管理。

③资金分配。时间上的纵向分配,部门间的横向分配。

④资金运动管理。固定资产,流动资金,专项基金运动管理。

⑤投资回报营业收入和利润管理。

⑥成本费用的管理。

⑦严格财经纪律、财务制度的管理。

8) 市场营销和公共关系

①市场调查,市场状况和趋势,酒店的市场定位和决策。

②酒店市场策略,产品设计,价格策略。

③市场开拓。产品开拓,市场经营开拓。

④对公共关系概念的把握和理解,制订公关计划。

⑤公关决策和实施形象决策,公众认定,策划,公共关系活动的审定和实施,CIS 的策划和实施。

⑥日常工作中的公关活动,着眼长远的公关活动。

9) 设备工程管理

①设备设施配置投资决策、安装,正常运行管理,设备更新改造的管理。

②设备的资产管理,设备档案资料管理。

③对水、电、气、冷、暖供应的管理。

④建立设备维护保养体系,建立科学的维修体系。

⑤节能环保管理。

⑥技术队伍和人员素质管理。

10）物资管理

①酒店物资管理体系。组织系统、采购系统、供应系统、控制系统。

②酒店物资决策。种类、等级、品牌、数量、价格、成本。

③物资采购供应计划，资金计划。

④物资采购、验收、进仓、管理、采购批量、采购方式。

⑤物资定额管理。消耗定额、储备定额、资金定额。

⑥仓库管理。进仓、堆放、保管、发放、盘点、账务。

11）安全保卫管理

①酒店安全保卫的涵义、特点。

②安全保卫系统的组织。

③安全保卫工作计划。

④和业务运行同步，切实做好安全保卫工作。

2.2 酒店管理理论溯源

2.2.1 古典管理理论阶段

这一阶段的时间为 20 世纪初到 20 世纪 30 年代，是管理理论形成的初始阶段，其间的研究侧重于从管理职能、组织方式等方面研究效率问题，对人的心理因素考虑很少或根本不去考虑。这一阶段，在美国、法国、德国分别活跃着具有奠基人地位的管理大师，即"科学管理之父"——泰勒（F. W. Taylor）、"管理理论之父"——法约尔（H. Fayol）以及"组织理论之父"——马克斯·韦伯（M. Weber）。

1）泰勒的科学管理理论

1911 年，美国人弗雷德·温斯洛·泰勒（图 2.1）出版了其代表作《科学管理原理》，从此创立了科学管理理论，也标志着人类管理理论的正式诞生，其本人也被誉为"科学管理之父"。

泰勒的科学管理理论主要包括以下原理。

图 2.1　泰勒

一是工作定额原理。泰勒认为，科学管理的中心问题是提高劳动生产率。为此必须配备"第一流的工人"，即根据人的能力和天赋把他们分配到最适合的工作岗位上去，在科学实验的基础上，为他们制定出较高的劳动定额，并通过培训使他们掌握科学的工作方法，这样工人就能顺利地完成定额，提高工效。

二是标准化原理。泰勒通过一个工具标准化的实验证明，铲运工人工作时，根据不同的物料，使用按不同物料设计制作的标准铲子，将大大提高生产效率。后来这种工具的标准化原理普及到操作方法的标准化以及工人所使用的工具、机器、材料、作业环境等的标准化上。

三是差别计件工资制。泰勒认为，要提高生产率，就要取得雇主和工人两方面的合作。而当时的付酬制度存在问题，造成雇主与工人之间的对抗，阻碍生产效率的提高。为此泰勒提出了差别计件工资制,在科学定额的前提下,采用差别计件工资制来鼓励工人完成和超额完成工作任务。这种工资制度大大提高了工人的积极性,同时由于利润的提高幅度大于工资的提高幅度,所以对雇主也是有利的,因此成为雇主和工人协调与合作的基础。

在泰勒的科学管理理论指导下,传统的经验工作方法逐渐转变为科学工作方法,管理职能同执行职能开始分离,为管理理论的进一步发展建立了基础。同时泰勒还首先提出领导的权力要与员工共享,而非加之于员工,他把这个想法叫做参与式管理。

2)法约尔的管理理论

图2.2 法约尔

1916年,法国人法约尔(图2.2)发表了他的著作《工业管理与一般管理》,标志着一般管理理论的形成,也从此确立了他"管理理论之父"的历史地位。

法约尔的一般管理理论主要包括以下内容。

一是从企业经营活动中提炼出了管理职能。法约尔区别了经营和管理,认为这是两个不同的概念,管理包括在经营之中。他通过对企业全部活动的分析,将管理活动从经营职能(包括技术、商业、业务、安全和会计等五大职能)中提炼出来,成为经营的第六项职能。同时进一步得出了普遍意义上的管理定义,即"管理是一种普遍的单独活动,有自己的一套知识体系,由各种职能构成,是管理者通过完成各种职能来实现目标的一个过程"。

二是倡导管理教育。法约尔认为管理能力可以通过教育来获得,"缺少管理教育"是由于"没有管理理论"。每一个管理者都按照他自己的方法、原则和个人的经验行事,但是谁也不曾设法使那些被人们接受的规则和经验变成普遍的管理理论。

三是提出五大管理职能。法约尔将管理活动分为计划、组织、指挥、协调和控制五大管理职能,并进行了相应的分析和讨论。同时他认为管理的五大职能并不是企业管理者个人的责任,它同企业经营的其他五大活动一样,是一种分配于领导人与整个组织成员之间的工作。

四是提出14项管理原则。法约尔提出了一般管理的14项原则:劳动分工、权力与责任、纪律、统一指挥、统一领导、个人利益服从整体利益、人员报酬、集中、等级制度、秩序、公平、人员稳定、首创精神、团队精神。

3)马克斯·韦伯的组织理论

德国人马克斯·韦伯(图2.3),在其著作《社会和经济理论》中,提出了"理想的"行政管理体制,对古典管理组织理论作出了重大贡献,因此他被称为"组织理论之父"。

韦伯主张建立一种高度结构化的、正式的、非人格化的"理想的行政组织体系"。他认为这是对个人进行强制控制的最合理手段,是达到目标、提高劳动生产率的最有效形式,而且在精确性、稳定性、纪律性和可靠性方面优于其他组织。

图2.3 韦伯

上述三位及其他一些先驱者创立的古典管理理论被以后的许多管理学者广泛研究和传播,并加以系统化。其中贡献较为突出的是英国的厄威克(L.F.Urwick)与美国的古利克

（L.Gulick）。前者提出了他认为适用于一切组织的十条原则，后者概括提出了"POSDCRB"，即管理的七项职能——计划、组织、人事、指挥、协调、报告和预算。

2.2.2　现代管理理论阶段

这一阶段的时间为20世纪30年代到60年代，以梅奥（G.E.Mayo）为代表的一批管理学家在古典管理理论的基础上，对行为科学理论进行了集中的研究，产生了许多具有代表性的，到今天依然非常著名的现代管理理论成果。同时在这一时期，许多管理学者（包括社会学家、数学家、人类学家、计量学家等）都从各自不同的角度发表自己对管理学的见解，涌现了一大批著名的现代管理理论学派。

1）行为科学理论

20世纪20年代末到30年代初，全世界曾出现经济大危机。在美国，罗斯福政府从宏观上对经济实施管制，管理学者们则开始从微观上研究"硬件"以外的造成企业效率下降的影响因素，以研究人的心理、行为等对高效率地实现组织目标（效果）的影响作用为重心的行为科学理论开始萌芽。

行为科学理论早期被称为人际关系学说。它的研究起源于以梅奥为首的美国国家研究委员会与西方电气公司合作进行的霍桑实验（1924—1932年）。该实验的结论如下。

第一，工人是"社会人"而非"经济人"。这对古典管理理论的"经济人"假设提出了异议。在此基础上，梅奥等人认为，金钱并不是刺激工人工作积极性的唯一动力，要调动工人的生产积极性，首先要从社会心理方面对工人进行鼓励。

第二，企业中存在着"非正式组织"。梅奥认为正式组织与非正式组织有着很大的区别，前者以效率准则为其行动标准，后者则出于某种感情而采取行动。因此，在认为企业中存在于"非正式组织"的基础上，梅奥指出在管理过程中不仅要依据效率逻辑，也不能忽视感情逻辑，否则非正式组织就将对企业的生产效率产生负面影响。

第三，新型的领导能力在于提高员工的满意度。从社会人和非正式组织的观点来看，金钱或者刺激对于提高工人劳动生产率只能起第二位的作用，而起第一位作用的是工人的满意度。因此，新型的领导能力在于保持正式组织的经济需求与非正式组织的社会需求之间的平衡，通过增强员工满意度，提高生产和工作效率。

上述结论就形成了人际关系学说。此后，西方许多行为科学家以此为基础进行了更加深入细致的研究，包括个体行为、团体行为和组织行为3个层次。其中比较有代表性的理论主要集中在对个体行为的研究中，具体包括：

第一，马斯洛（A.H.Maslou）的需求层次激励理论。他认为人的需求分为生理的需求、安定或安全的需求、社交和爱情的需求、自尊与受人尊重的需求以及自我实现的需求等五个层次，当某一层次的需求满足之后，该需求就不再具有激励作用。在任何时候，主管人员都必须随时了解和正确对待人们的各种需求。

第二，赫茨伯格（F.Herzberg）的双因素激励理论。他把影响人员行为绩效的因素分为"保健因素"与"激励因素"。前者指"得到后则没有不满，得不到则产生不满"的因素，后者指"得到后则感到满意，得不到则没有不满"的因素。主管人员必须抓住能促使职工满意的因素。

第三，麦克莱兰（D.C.Macleland）的成就需求激励理论。他指出任何一个组织及每个人都代表了为实现某种目标而集合在一起的工作群体，不同层次的人具有不同的成就需求。因此，主管人员要根据不同人的不同需求来实施激励，尤其应设法提高人们的成就需要。

第四，麦格雷戈（D.M.McGregor）的"X 理论—Y 理论"的人性问题理论。他把传统的"经济人"假设概括为 X 理论，认为人的本性是懒惰的，组织要完成目标必须对工人加强管制和监督；而 Y 理论是根据"社会人""自我实现人"的假设而提出的，认为人并不是懒惰的，在正常情况下人愿意承担责任，只要给人创造一定的条件，他们就会努力工作，是行为科学理论中较有代表性的观点。他认为只有 Y 理论才能在管理实践中获得成功。随着对人的假设发展至"复杂人"，又有人提出了超 Y 理论。

第五，波特（L.M.Porter）和劳勒（E.E.Lawler）合作提出的波特-劳勒模式。该模式提出，激励不是一种简单的因素关系，人们努力的程度取决于报酬的价值、自认为所需要的能力及实际得到报酬的可能性，管理者应当仔细评价其报酬结构，把"努力—成绩—报酬—满足"这一连锁关系结合到整个管理系统中去。

2）管理丛林理论

在古典管理理论和行为科学理论产生之后，特别是第二次世界大战后的 20 世纪 40 年代到 60 年代，随着科学技术的进步和生产力的巨大发展，生产社会化程度日益提高，管理理论的研究也出现了空前繁荣的局面，涌现出众多的管理理论学派。这一阶段被美国管理学家哈罗德·孔茨（H.Koontz）称为"管理理论的丛林"。其中较有影响力的管理理论学派有以下 3 种。

（1）社会合作系统学派

社会合作系统学派的创始人是美国的巴纳德，其代表作为《经理的职能》。巴纳德利用社会学和心理学的理论与方法，用社会的系统的观点来分析管理，将马克斯·韦伯等人的组织理论向前推进一大步。他认为社会的各级组织都是一个协作的系统，即由相互进行协作的两人或多人组成的系统。正式组织的存在需要有三个条件：明确的目标、协作意愿和意见交流。三个条件中若有一条不满足，组织就要解体。组织中管理人员的权威并不是来自上级的授予，而是来自下级的认可。

（2）决策理论学派

决策理论学派是在社会合作系统学派基础上发展而来，吸收了行为科学、系统理论、运筹学、计算机程序等学科的内容。主要代表人物是赫伯特·西蒙、马奇等人，主要著作有《组织》《管理决策新科学》等。该学派理论认为管理的关键在于决策，决策贯穿于管理的全过程，管理就是决策，组织是由作为决策者的个人所组成的系统，决策分为程序性决策和非程序性决策。该学派对决策的过程、决策的准则、决策组织的建立与决策过程的联系等问题进行了研究与分析。

（3）经验主义学派

经验主义学派的代表人物是美国的德鲁克、戴尔等人，主要著作有《管理：任务、责任和实践》《有效的管理者》《伟大的组织者》《企业管理的理论与实践》等。该学派认为古典管理理论和行为科学都不能完全适应组织发展的实际需要，而成功的组织管理者的经验是最值得借鉴的。因此，有关组织管理的科学应该从组织管理的实际出发，分析管理人员的经验，然后加以理论化和系统化的概括。

在同一时期,还有个新的现象不容忽视,就是对顾客需求的重视。经济的发展、市场的繁荣促使卖方市场开始向买方市场转变。于是,由美国质量管理专家费根堡(A. V. Feigenbaum)首倡的全面质量管理(TQM)"始于顾客,终于顾客"的思想开始引起管理界的重视,并为世界各国广为传播和接受。与其说 TQM 是质量管理,不如说它是以质量为中心的企业管理,而质量好坏的评判是由顾客说了算的,因此需要首先从外部了解需要,然后实施内部质量控制,最后落脚于"顾客满意"。

2.2.3　现代管理理论的再思考阶段

这一阶段的时间为 20 世纪 60 年代中后期到 90 年代初,美国的经济内临石油危机,外遇崛起的日本及欧洲的挑战,国际经济环境发生剧烈变化,美国一向自认为最先进的企业管理发生了危机,难以适应高度变化的环境的要求。管理学界开始对现代管理理论进行更进一步的探索。此时来自于战争的词汇——"战略"被引入管理界,管理学家们开始从战略管理的角度研究企业组织与环境的关系。进入 20 世纪 80 年代后,美国管理学界从日本企业的成功经验中发掘出了一系列以企业文化理论为核心的创新管理经验,开始对美国现代管理理论进行全面反思。

1)战略管理理论

1965 年,安索夫(Ansoff)《公司战略》一书的问世,开了战略规划研究的先河。1975 年,安索夫的《战略规划到战略管理》一书出版,标志着现代战略管理理论体系形成。该书将战略管理明确解释为"企业高层管理者为保证企业的持续生存和发展,通过对企业外部环境与内部条件的分析,对企业全部经营活动所进行的根本性和长远性的规划与指导"。他认为,战略管理与以往经营管理的不同之处在于它面向未来,动态地、连续地完成从决策到实现的过程。

在同一时期,论述企业组织与外部环境关系的著作还有很多,如劳伦斯与罗斯奇合著的《组织与环境》(1969 年),提出公司要有应变计划,以求在变化及不确定的环境中得以生存;卡斯特(F.E. Kast)与罗森茨韦克(J.E. Resenzweig)合著的《组织与管理——系统权变的观点》(1979 年),虽然是权变理论学派的代表作,但其分析的问题也是从长期角度看待企业如何适应环境,认为在企业管理中要根据企业所处的内外条件随机应变,组织应在稳定性、持续性、适应性、革新性之间保持动态的平衡。

1980 年,迈克尔·波特(M.E. Porter)的《竞争战略》一书出版,把战略管理的理论推向了高峰。书中许多思想被视为战略管理理论的经典,比如五种竞争力(进入威胁、替代威胁、买方砍价能力、供方砍价能力和现有竞争对手的竞争)、三种基本战略(成本领先、差异化和目标集聚)、价值链的分析等。该书通过对产业演进的说明和各种基本产业环境的分析,得出不同的战略决策。这一套理论与思想在全球范围产生了深远的影响。《竞争战略》一书与后来出版的《竞争优势》以及《国家竞争优势》成为著名的"波特三部曲",中国的管理学界以及很多实际工作者对此都不陌生。

2)企业文化管理理论

这一时期,通过对不同国家管理制度的比较和研究,尤其是对日美两国管理的比较和研究,企业文化的管理理论开始受到人们关注。进入 20 世纪 80 年代以后,许多管理学专家在企业文化理论方面进行了深入的研究。

1981 年,威廉·大内发表了《Z 理论》一书,首先以企业文化理论轰动了美国管理学界。在这本书中,作者引用了美国公司一位副总经理的话:"美国企业在 20 世纪 90 年代里将要面临的关键问题不是技术或投资,也不是规章制度或通货膨胀,关键问题是我们如何对这一事实作出反应——日本人比我们更懂得怎样管理企业。"作者直率地指出:"作为一个国家我们已经认识到技术的价值,也愿意采用科学方法对待技术,然而却从不重视人的作用。"威廉·大内系统地比较了美国企业管理同日本企业管理的差别,提出了如何从美国式管理的组织(A 型组织)向日本式管理的组织(Z 型组织)转变的许多措施,其核心就是要信任和关心职工。

1982 年中期,汤姆·彼得斯和沃特曼出版的《成功之路》一书,再次让企业文化理论在美国和全世界掀起了轩然大波,将现代管理理论的再思考运动推到了高潮。作者在书中用大量的事实证明,"企业成功之路并不需要什么神奇的魔力,也不是靠那些神乎其神的现代管理理论,而只是要求领导者紧靠顾客,多到下边去'转悠',提倡按常识办事而已"。

除此以外,理查德·帕斯卡和托尼·阿索思在《日本的管理艺术》一书中也详尽地描述了日本企业如何重视"软性的"管理技能,而美国的企业则过分依赖"硬性的"管理技能;特理·迪尔和阿伦·肯尼迪在他们的著作《企业文化》中进一步证明了企业文化对企业具有起死回生的作用。

20 世纪 80 年代后期,虽然美国经济开始复苏并达到了持续的繁荣,但对现代管理理论的再思考仍在继续进行,并基本朝着"在完善企业及一切公共部门的管理技术的同时,应当更加信任、重视、依靠组织的职工和自己的顾客"的方向发展。

2.2.4　全球化和知识经济时代的管理变革阶段

这一阶段的时间为 20 世纪 90 年代至今,信息化和全球化浪潮迅速席卷世界,人类进入知识经济时代,信息和知识成为重要的战略资源,信息处理和传递技术的发展正在和仍将继续使企业生产经营活动及其组织产生重大变革。在上述环境影响下,现代企业管理在管理思想、经营目标、经营战略、生产系统和企业组织等方面开始了全面创新,管理理论学界则主要针对学习型组织、虚拟组织及柔性组织问题展开了研究。

1)建立学习型组织

1990 年,彼得·圣吉(P.M.Senge)在其所著的《第五项修炼》一书中首次指出,企业应成为一个学习型组织,并提出了建立学习型组织的四条标准:人们能不能不断检验自己的经验;人们有没有生产知识;大家能否分享组织中的知识;组织中的学习是否和组织的目标息息相关。该书出版不久,就在全球范围内引起轰动,并于 1992 年荣获世界企业管理协会最高荣誉奖——开拓奖,作者本人也被冠以 20 世纪 90 年代的"管理学宗师"称号。

随后,在阿里·德赫斯(Arie de Geus)所著的《长寿公司》一书中,作者通过考察 40 家国际长寿公司,得出了结论:"成功的公司是能够有效学习的公司"。在他看来,知识是未来的资本,只有学习才能为不断的变革做好准备;此外,罗勃特·奥伯莱 (R.Aubrey)与保罗·科恩(P.M.Cohen)合著的《管理的智慧》一书则描述了管理者在学习型组织中角色的变化——他们不仅要学会管理的技巧，也要使自己扮演学习的领导者、师傅和教师的多重角色。

2）建立虚拟化组织

1990年，《哈佛商业评论》第6期发表文章《公司核心能力》，作者建议公司将经营的焦点放在不易被抄袭的核心能力上，由此引发后来的"虚拟组织"热。虚拟组织与传统的实体组织不同，它是围绕核心能力，利用计算机信息技术、网络技术及通信技术与全球企业进行互补、互利的合作，合作目的达到后，合作关系随即解散，以此种形式能够快速获取处于全球各处的资源，为我所用，从而缩短"观念到现金流"的周期；不仅如此，灵活的"虚拟组织"还可避免环境的剧烈变动给组织带来的冲击。

此后，1994年出版了由史蒂文·L.戈德曼（S.L.Glodman）、罗杰·N.内格尔（R.N.Nagel）及肯尼斯·普瑞斯（K.Preiss）合著的《灵捷竞争者与虚拟组织》一书，是一部反映虚拟组织理论与实践的较有代表性的著作。

3）建立柔韧性组织

从20世纪90年代中期开始，知识管理这一概念迅速升温，成为管理学研究的前沿，在知识管理的框架下进行知识设计成为企业谋求创新的焦点。由保罗·S.麦耶斯主编的《知识管理与组织设计》一书中收录了郝玛·巴拉密撰写的题为《柔性组织的出现：来自硅谷的透视》的论文，作者基于对美国加州硅谷37家高技术公司的研究指出，具有"新颖的组织结构和管理过程以求协调"的柔性、灵活的公司，或许是下个10年的先导性组织模式。

相对于传统的直线制的组织结构，柔性组织有众多突出的特征：它是一个多极组织，拥有与全权核心机构地位平行的多个分支机构，各分支机构既分权独立又进行战略联盟；它是一个二元系统，在基础组织单元稳定的前提下，从各部门抽调人员组成临时的多功能项目组；它有着全员面向一线的制度，管理人员需具有双重身份，既能幕后决策，又能一线操作；它有着开放的经营思想，同时致力于全球化产品和地区性项目的开发，力图将企业文化辐射全球；它有着众多能力型、多面手的员工，这些员工能适应多种岗位的工作，且知道自己何时何地该干什么；它有着半渗透的边界，能够打破与合作伙伴之间的壁垒，根据对方的要求制订自己的商业计划和营销策略。

2.3　酒店管理职能体系

管理活动是管理主体通过"某种力量"作用于管理客体的过程，这种力量就是我们所说的管理职能。法国管理学家法约尔提出的计划、组织、指挥、协调、控制五大职能论一直被奉为管理学的经典，之后不断有管理学者在其基础上对管理的职能进行不同的取舍或补充。现代企业的管理实践表明，管理的核心职能逐渐演化为计划、组织、控制、领导和创新，酒店管理的职能体系也包含这5个方面。酒店管理者必须对管理职能有深刻的认识，并在实际的管理工作中自觉地执行管理职能。

2.3.1　计划职能

1）计划职能的含义

"凡事预则立，不预则废"，这一管理思想精髓深刻地体现出计划的重要性。《现代汉语词典》中对"计划"一词的解释是"工作或行动以前预先拟定的具体内容和步骤"。计划面向未来，立足现实；通俗地讲，它需要解决做什么、怎么做、何时做、谁来做等一系列问题。计划的前提是决策，决策的结果形成计划。酒店的计划职能是指酒店通过充分的调查研究和分析预测，在决策的基础上进一步明确未来特定时期内的发展目标，并规定实现目标的具体途径与方法的管理活动。因此，在酒店管理中，首先要科学、合理地拟订计划。

2）计划管理的任务

酒店计划管理的任务，简单地说就是编制计划、指导业务；执行计划、达到目标。具体而言，有以下几个方面的内容。

（1）科学确立目标体系

计划管理的首要任务就是要提出酒店经营管理的目标体系。由于酒店的经营管理是一个长期的过程，涉及多个层面和多个部门，故其目标体系需包含各阶段酒店管理的整体目标和各部门的分目标，且各目标应具有广泛的一致性，共同为酒店内各环节及各位员工的工作或行动指明方向、明确责任，促进相互之间的沟通与协调。同时，目标体系的确定还要注重其可达性，充分考虑现实中存在的困难和不可抗拒的不利因素。

（2）合理调配各种资源

酒店作为企业，追求的是以最小的劳动要素投入换取最大的经济收益，通过计划管理可使酒店对所拥有的人力、物力、财力、信息等资源进行优化组合与科学调配，达到人尽其才、物尽其用的效果，有效地减少各种资源的浪费，从而形成尽可能大的接待能力，实现酒店的效益最大化。

（3）明确规范业务活动

计划制订后的主要任务就是遵照计划中的业务活动规范来开展工作。计划除了提出目标之外，还应对实现目标的途径、方法和一些具体步骤作出说明和规定，提出建设性的措施。根据计划，酒店管理者要组织各部门、各层次、各岗位的员工积极开展业务活动，分阶段地将计划目标一一落实。

3）计划的制订

制订计划是管理的基础。计划是否恰当，直接影响到酒店管理的成效。因此，计划的制订应该是一个集思广益的过程，必须在对酒店内外的各种信息进行广泛收集、整理和深入分析的基础上，由管理者拟订出计划草案以供相关人员讨论，并根据讨论意见对草案反复进行修改，使之更加可行，更加具体化。当酒店上下相关人员对计划草案达成共识后，即可将其确定下来，由有关部门正式行文，作为日后工作的依据（表2.1）。

表 2.1　某会议型酒店市场营销行动计划表

营销项目	活动开展时间	完成任务日期	经费预算	负责人
1.对全国会议组织单位和旅行社直接通信推销	1—2 月	2 月 28 日	￥1 000	营销部 ××× ×××
2.向首都各种协会进行销售访问和电话推销	4—5 月	5 月 31 日	￥3 000	营销部 ××× ×××
3.在有关专业杂志上刊登广告	9—10 月	广告计划内容:6 月 3 日 广告编写:6 月 10 日 艺术设计:6 月 15 日 联系媒体:6 月 20 日	￥15 000	营销部经理 公关部××× 公关部××× 公关部×××
4.针对会议团体预订推出优惠价	2—12 月	确定价格:1 月 25 日 执行价格:1 月 31 日		营销经理报 GM 前台接待预订处
5.拜访当地会议组织单位	1—12 月	12 月 31 日	￥500	会议销售员××× 会议销售员×××
6.搜集整理全国性会议组织单位名录	1—2 月	2 月 28 日		前台户管员××× 会议销售员×××
7.分析会议组织单位使用会议厅原因	2—3 月	完成会议厅使用动机报告: 3 月 31 日		前台户管员××× 会议销售员×××
8.调查会议参加者对酒店服务的满意度	3—5 月	编制调查表:2 月 8 日 发放调查表:4 月 30 日 完成调查报告:5 月 31 日	￥500	公关部××× 客房部××× 会议销售员×××
9.向公务客人宣传酒店会议和展览厅设施	2—12 月	职工推销培训:1 月 31 日		前厅部经理 营销部经理 餐饮部经理
10.在酒店前厅陈列会议推销广告册	2—4 月及 7—8 月	宣传册计划内容:1 月 10 日 文字编写:1 月 20 日 艺术设计:1 月 20 日	￥2 000	营销部经理 公关部××× 前台×××

4)计划的实施

从系统的角度看,计划的实施是紧随计划的制订工作,并在其后与之相互交叉进行的,两者之间实际上形成了一个"制订→实施→反馈→再制订→再实施→再反馈"的动态系统。计划的实施分为计划的执行与计划的修订两个方面。

(1)计划的执行

酒店计划确定后,就应按照目标体系将具体的工作任务分部门、分层次、分阶段地逐一落实到部门、班组、员工,分解至酒店业务活动的淡季、平季、旺季或月、周等。为了切实地完成这些任务,酒店可采取岗位责任制和经济责任制,要求各岗位的员工和管理者按规定的标准完成工作任务,并承担一定的经济责任。同时,酒店也须授予部门、班组及员工相应的权力,并承诺达到计划目标后的相应利益,做到责、权、利三者的统一。在执行计划的过程中,酒店管理者还必须通过严格的考核制度和有效的激励机制调动员工的积极性,监督计划的执行情况,评估计划的执行结果。

（2）计划的修订

计划是对未来发展状态的一种谋划,在计划的实施过程中,由于某些不可预知因素的影响,很可能出现实际结果与预期目标错位的情况。这时,就需要对出现这种情况的原因进行分析和诊断,正确判断是工作失误使然还是目标偏离实际造成的,如果是后者,必须及时调整目标,对计划进行修订。但无论是局部修订还是整体修订都要慎重,须经酒店办公会议反复讨论、论证决策。

2.3.2　组织职能

1）组织职能的含义

如果将酒店比作一个人,组织就是这个人的骨架。酒店的组织职能贯穿于酒店管理的全过程,是酒店管理的重要支撑。它是指为了有效地达到酒店的计划目标,管理者通过设定组织结构、划分部门、分配权力等手段对人力、物力、财力、信息等资源进行调配以协调酒店各种业务的管理活动。组织职能是计划职能的自然延伸,既是实现计划的重要保证,又是其他管理职能的基础和前提。

2）组织职能的内容

酒店管理的组织职能就是管理者对酒店组织的管理,它包含两重含义:其一是形成酒店的组织机构和管理体制;其二是为达到酒店管理目标,合理地调配酒店的人、财、物、信息等资源,对接待业务进行有效的组织。

（1）酒店组织机构

酒店的组织机构是我们通常所说的企业社会结构层面上的组织概念,它在本质上反映出酒店系统内部人与人之间的关系。组织机构形式的设计必须符合酒店运行的客观规律、必须有利于生产关系的改善和管理效率的提升,同时还必须有完善的管理体制与之相适应,即需要有一系列的规章制度、行为规范和监督机制为组织的良性运行保驾护航。随着时代的发展,酒店组织的重构与管理体制的改革创新正逐渐推动着酒店管理水平向着新的高度跃进。

（2）酒店业务组织

酒店的业务组织又包括酒店接待能力的组织和酒店接待业务周期的组织。

酒店接待能力是指酒店能够接待顾客并满足其需要的各种条件,如设施设备、服务水平、环境气氛等的总和。酒店接待能力的组织则是管理者根据酒店顾客的需求、客源流向等变化,审时度势、合理安排酒店的人、财、物、信息、时间等资源,达到以最小的投入接待尽量多的客人的目的,使酒店接待能力符合酒店计划目标的要求。

酒店的接待业务周期是指酒店周而复始不断地为客人提供服务的过程。如客房经过员工清理、管理者检查后即具备接待能力,到顾客入住,接待业务开始;顾客离店,该客房失去接待能力;客房经重新整理合格后就又恢复了接待能力。当酒店形成接待能力后,还需进行接待业务周期的组织才能真正接待顾客并满足其需要。所以,在管理过程中,酒店管理者应根据业务的进行情况对酒店所拥有的各种资源进行及时的组合和调配,并进行好现场控制,使酒店的接待业务按计划、有序地进行。

2.3.3 控制职能

1)控制职能的含义

《现代汉语词典》对于"控制"词条的解释是"掌握住,不使任意活动或越出范围"。在酒店管理过程中,管理者应始终以计划目标为基准,使各项业务工作按照既定的计划有序地开展,并随时调整和改变策略以适应酒店经营的需要。酒店的控制职能是指酒店根据计划目标和预定标准,对酒店的运转过程进行监督、检查、分析、调节,以确保目标任务完成的管理活动。当酒店运作的实际情况与目标之间的偏差超出允许范围时,管理者应及时分析和诊断、迅速采取相应的处理措施以避免更大的损失。控制职能的实质是对酒店业务的实际运行活动的反馈信息作出反应。

2)控制的类型

根据控制职能在酒店管理过程中发挥作用的时机,可以将控制分为预先控制、实时控制和反馈控制 3 种类型。

(1)预先控制

预先控制又称事前控制,是一种"防患于未然"的控制行为。它是指管理者通过对酒店业务情况的观察、预测和分析,估计可能出现的问题,在问题未发生前加以防止的管理活动。一般来说,酒店应专门对一些常见的可能出现的异常情况制定预案,一旦问题出现,就可以依照预案有条不紊地进行处理。因此,应急预案的制定工作是一种预先控制行为。

(2)实时控制

实时控制又称现场控制,是指管理者在酒店业务进行过程中的控制行为。它通过管理者的现场巡视、督导下属员工按服务规程操作;根据业务活动的需要,对预先安排的人力、物力、财力等资源进行合理的重新组合、调配;及时处理顾客投诉以消除不良影响,保证酒店的服务质量。

(3)反馈控制

反馈控制又称事后控制,是指管理者在酒店经营业务活动结束以后实施的控制行为,通常是将实际工作结果与预定目标相比较,找出偏差并分析产生差异的原因,提出整改措施,以便在下一轮的经营工作中改进和提高。

3)执行控制职能的程序

在执行酒店的控制职能时,要分四步走。

(1)制定标准

标准是控制的必要条件。所谓控制标准是指在正常条件下员工完成工作的方式方法应达到的要求。控制标准的制定需要以酒店计划为依据,标准应尽量详细、具体,便于执行和衡量。在酒店中,控制标准有数量标准与质量标准之分,前者如营业额、成本费用等,可以用精确的数字加以量化;后者如服务规程、卫生标准等,主要用描述性的语言来表达。

（2）评估效果

制定控制标准以后,就可以通过检查将实际工作与这些标准进行比较,评估其效果。作为经营性企业,酒店工作效果评估主要侧重于营业额与预期的成果,成本、费用支出的合理性,服务质量水平等直接影响到酒店综合效益的内容。需要指出的是,对于不同的考核对象,宜采取不同的评估要求,如对中高层管理者主要以酒店经营管理目标为衡量标准,而对操作层员工主要以工作量、工作时间以及服务质量等作为衡量标准。

（3）分析差异

当评估结果出现偏差时,管理者必须分析差异产生的原因及其对未来经营业务活动的影响。只有找出问题的症结所在和出现偏差的主要原因,才能进行有效的控制。常见的产生差异的原因有计划目标或标准不合理、实际工作中的误差、外部环境变化的影响以及各种因素的综合作用。

（4）纠正偏差

找到问题的症结后就要对症下药,予以纠正。管理者应针对产生差异的不同原因采取不同的纠正偏差的措施。在采取纠正措施时,一定要落实纠偏时间和责任,并采取有效的控制方法,以达到管理的目的。

2.3.4　领导职能

1）领导职能的含义

领导是与计划、组织、控制并列的职能,同时又与这3种职能互有交叉。领导者既是酒店计划的决策者,又是酒店业务的组织者,还是酒店运行的控制者。酒店领导者的权力与权威能否有效行使,将直接影响整个酒店的经营成果。酒店的领导职能就是酒店管理者通过塑造自我形象,影响下属的价值观和态度,改变下属的认知,给予下属利益和授予下属权力,率领下属组成较高凝聚力的团队,从而实现酒店的既定目标。

2）领导者的能力要求

领导者是酒店管理的核心主体,因而对其能力有着较高的要求。《日本经济新闻》曾就总经理所需要的管理技能做过专门的调查,调查采取问卷的形式对41家大型公司的总经理进行了访问。结果表明,对最高层经理人员,即领导者而言,概念形成的技能和做人的工作的技能要比技术方面的技能更为重要。概念形成方面的技能,如宽阔的视野、长远的眼光、攻势型的创业和决策精神等,是指能看清企业与环境之间关系的技能,是指能将企业看成一个完整系统的能力。而做人的工作的能力,包括清楚地表达实现目标的方针、乐于听取他人意见、具有通过合理分配及奖罚分明来充分发挥雇员能力的技能等,是一种激励人的技能,是能使一般人去完成特殊工作的能力。领导者要给下属传达基本政策,使他们了解企业的任何一种新的动向、重要的信息和想法。

案例启迪

霍斯特·舒尔茨的授权艺术

霍斯特·舒尔茨从14岁开始进入酒店业工作,从最基层的洗碗工做起,先后在欧美许多一流酒店工作过。1988年,他被任命为里兹-卡尔顿酒店管理公司的总裁和首席执行官。在他的领导下,公司于1992年和1999年两度荣获马尔科姆·鲍尔德里奇国家质量奖。这些荣誉足以证明霍斯特·舒尔茨卓越的领导才能。

舒尔茨先生非常推崇授人以权。公司旗下每家酒店开业时,他都邀请全体员工参加一次领导艺术研讨会,而每次会议的开场白总是:"我是里兹-卡尔顿酒店集团总裁……我是一个重要人物。"稍作停顿后,他接着说:"你们和我一样重要,因为是你们使这座酒店运营起来。我离开酒店一天,没有人会注意。但是你们,女士们、先生们,只要离开一天就会使酒店的运营受到影响。是你们使我们的公司享誉世界。"

(资料来源:根据"全面质量管理(TQM)的典范:里兹卡尔顿(Ritz-Carlton)"整理,有删改. http://www.doc88.com/p-019657445410.html)

3)领导职能的内容

酒店领导职能是酒店管理不可或缺的重要职能之一,其内容十分广泛,主要包含以下4个方面。

(1)科学决策

进行科学的决策是领导职能的首要内容。酒店的各级领导者,无论层次高低,都有责任对面临的现实问题作出决策,其决策应该当机立断,这也反映出领导者的一种魄力。当然,由于领导者所在层次的差异,其决策的内容和重要程度也有所不同。

(2)合理用人

任人唯贤、人适其岗是领导者用人最基本的原则,也是领导职能的另一基本内容。酒店的各级领导者要善于吸引人才、发现人才、团结人才和使用人才。在此,酒店领导者的人格魅力尤为重要,只有那些独具人格魅力的领导者才会得到专业人才的认可与追随。

(3)综合协调

酒店业务涉及多部门、多岗位和多成员,一旦部门、岗位或成员之间在工作中就某些具体问题未能达成共识时,就需要酒店领导者出面进行综合协调,使各人和事、各部门和岗位的业务活动能互相配合、互相衔接、互相制约、互相间形成一个和谐的整体,协调的目的是保证酒店经营活动的顺利进行,并有效地实现酒店的计划目标。

(4)统一指挥

酒店业务的有序开展还有赖于领导者的指挥调度。指挥是上级对下级的一种管理行为,表现为领导者通过语言、文字等信息形式将指令传达给指挥对象,使之服从自己的意志,并付诸行动。在酒店这样的层级制组织中,指挥链是逐级向下的,为了避免下级对上级的多头指令无所适从,一般不能越级指挥。

酒店管理概论

2.3.5 创新职能

1）创新职能的含义

1912年,美籍奥地利经济学家约瑟夫·熊彼特在其力作《经济发展理论》中首次提出了著名的"创新理论"。时至今日,创新性活动已成为企业提升其核心竞争力的必要手段,进而从管理活动中延伸出来,成为创新职能。酒店的创新职能是指管理者基于保持酒店在既定良性轨道向着计划目标运行的前提下,根据内外环境的动态变化,不断调整组织活动内容以适应环境变化,或者在一定程度上改造环境,从而使酒店以新观念、新面貌、新形式、新产品、新渠道等进一步发展的管理活动。

2）创新的基本原则

酒店创新要结合时代和现实需要,通过变通、改造或重塑的形式使酒店的各项工作具有现代性,从而更趋合理化。酒店创新应遵循以下基本原则。

（1）市场导向原则

市场是酒店生存与发展的生命线。作为典型的服务型企业,酒店应该树立"顾客至上"的经营理念,将最大限度地满足顾客需求作为努力的方向,市场导向的创新原则要求酒店在作出创新开发决策之前,必须进行详细周密的市场调研预测和可行性分析。

（2）特色导向原则

在充分调查和研究的基础上准确地确定创新的特色和鲜明的主题,是酒店创新获得成功的重要因素。酒店创新具有了鲜明的个性主题,就能获取差异化优势,区别于竞争对手,避免或减少重叠性的市场竞争,从而有利于酒店产品的定位和市场促销。

（3）文化导向原则

酒店是具有高文化附加值的企业,应非常注重企业文化的建设。因此,酒店创新还必须坚持文化导向原则,进行全方位的文化创新活动,不断开发出高文化含量的创新型产品和服务,满足酒店顾客和员工的需求,在满意的员工基础上产生满意的顾客。

3）创新的途径

一般来说,酒店创新工程可以从观念创新、组织创新、产品创新、营销创新和科技创新等几个方面着手来加以实施。

（1）观念创新

社会心理学研究表明,内化于人们心里的各种观念是可以经过后天改造或重塑的。进行酒店创新时,首要任务就是培养全员的创新观念,使他们在思想上对创新的现实性和紧迫性有一个充分的认识,要在各项工作中不断强化这一观念,并使之与各种形式的奖励直接挂钩,以此来调动各级员工主动创新的积极性,从而形成一种良好的酒店创新文化。

（2）组织创新

组织结构也是酒店创新的重要领域之一。面临知识经济时代,传统的直线制、多层级组织架构无论是在管理效率还是在应变能力上都存在不少缺憾,为了突出"人性化管理"的要求,酒店可考虑在内部各管理层构筑起共同管理体系,使整个组织更趋于柔性;还可考虑减少管理的中间层次,缩短指挥链,使组织扁平化。

（3）产品创新

由于酒店产品的特殊性，我们不能用一般实物产品技术性改进或创造的方法对其进行创新，酒店产品的价值在很大程度上在于由酒店的服务、环境、文化氛围等给顾客带来的心理满足感，对它们的创新性开发，应从提升服务质量、改善消费环境和挖掘文化底蕴的角度入手，使之更具吸引力。

（4）营销创新

随着酒店市场日趋成熟，竞争日趋国际化、全球化，营销创新已成为酒店发展的必然选择。酒店营销创新的目的是通过新颖的营销理念或手段抓住顾客，使顾客关注自己的产品并产生购买意愿，最终实施购买行为，从而提高酒店的市场占有率。主题营销、机会营销、网络营销、分时营销、绿色营销、内部营销、关系营销、跨文化营销等都是近些年来兴起的新型营销方式。

（5）科技创新

科学技术是第一生产力。酒店创新自然也离不开科技创新，这里的"科技"，既包括物质形态的硬技术，又包括智力形态的软技术。一方面，酒店要善于应用各种科学领域的最新研究成果，如计算机网络技术、环境生态保护技术、自动温控技术等；另一方面，酒店也要尝试企业经营管理技术如人力资源管理技术的革新。无论是硬技术还是软技术，都要在酒店运行过程中反复实践，不断总结经验教训，并寻求新的突破。

第 3 章　酒店业务管理

【开篇案例】

香格里拉的尊享服务

　　香格里拉酒店集团在短短的 40 余年时间里发展成为亚洲最大的豪华酒店集团,其超值酒店产品与服务绝对使其成功的重要因素之一。

　　集团长期坚持以优质的酒店产品与服务来塑造集团豪华酒店品牌形象,提高顾客忠诚。香格里拉的经营思想是以"殷勤好客亚洲情"为基石,以"为客人提供物有所值的特色服务和创新产品,令客人喜出望外"为指导原则,让员工在与客人的接触中表现出尊重备至、彬彬有礼、真诚质朴、乐于助人、善解人意的待客之道;对于管理人员,香格里拉要求其具有追求经营业绩的魄力,同时强调行政管理人员要与客人保持直接接触,强调和奖励那些能够令客人喜出望外的言行举止。香格里拉酒店集团标准化的管理及个性化的服务赢得了国际社会的高度赞誉。

　　在建立顾客忠诚方面,香格里拉酒店集团不局限于传统的客人满意原则,而是将顾客满意发展成为顾客愉悦,直至建立起牢固的顾客忠诚。香格里拉主要通过以下五方面来使客人感到愉悦,从而建立顾客忠诚:

（1）关注和认知客人，使客人觉得自己非常重要与特殊，这是建立客人忠诚的关键；

（2）掌握客人的需求，在客人开口之前就提供其需要的服务；

（3）鼓励员工在与客人的接触中，灵活处理突发事件；

（4）迅速有效地解决客人的问题；

（5）酬谢常客制订"金环计划"。"金环计划"的成员是那些不断光顾香格里拉酒店，并被视为最有价值的客人。香格里拉把"金环计划"成员分为三个等级：标准级成员（所有第一次住店的客人）；行政级成员（一年内住店至少十次的客人）；豪华级成员（一年内住店次数至少25次的客人）。对于不同的等级，香格里拉提供不同层次的优惠。其优惠内容主要包括服务项目、价格折扣、特色服务、赠送免费公里数等。香格里拉酒店集团的金环计划被广泛赞誉为业内最佳的忠实顾客奖励计划之一，其会员数量正迅速上升。

（资料来源：节选自"香格里拉酒店管理模式". http://www.01hn.com/tujian/3088.html）

　　酒店业务是酒店工作的主要内容，是酒店存在和运行的基础。对酒店业务的管理，也就成了酒店管理的主要内容。一方面，酒店管理最大量的工作是在业务管理上。另一方面，酒店对其他各系统的管理也是围绕着业务活动而进行的。业务管理成了酒店管理体系的主线。酒店业务管理的前提是要形成业务，即在反映酒店主题和业务决策的前提下形成合理的业务内容和业务结构。根据酒店业务的特点，本章主要介绍酒店三大核心部门即前厅部、客房部和餐饮部的业务运行与管理。

3.1　酒店前厅业务管理

　　酒店的前厅部是酒店接待客人的重要部门，是酒店直接对客服务的起点，是客人在店消费的联络中心和客人离店的终点。它的主要任务是负责销售酒店的主要产品——客房，联络和协调酒店各部门的对客服务，为客人提供前厅部的综合性服务。前厅部工作质量的高低，不仅直接影响到客房的出租率和酒店的经济效益，而且能反映出酒店的工作效率、服务质量和管理水平的高低。

3.1.1　酒店前厅的职能与组织结构

1）酒店前厅部的主要职能

前厅部的工作职能具体表现在以下几个方面。

①立足客房销售

客房产品的销售是前厅部的中心工作，其他一切工作都是围绕这个中心进行的。客房是酒店最主要的产品，是酒店经济收入的主要来源，客房产品具有所有权的相对稳定性、地理位置的固定性、价值补偿的易逝性等特点，受时间、空间和数量的限制。因此，能否积极发挥销售作用，做好客房产品的销售，将会影响到整个酒店的盈利水平。

②掌握正确房态

客房状况的正确显示,是酒店服务质量与管理水平的体现,也是客房产品顺利销售的基础。前厅部的客房状况显示系统包括客房预订显示系统、客房现状显示系统。只有做好客房状况的实时显示,掌握正确的房态,才能更好地开展对客服务。

③协调对客服务

前厅部将通过销售所掌握的客源市场预测、客房预订与到客情况以及客人的需求及时通报给其他相关业务部门,使各部门能够相互配合协调,有计划地完成本部门应该承担的工作任务。前厅部通过对客售后服务,及时地将客人的意见反馈给有关部门,以改善酒店的服务质量。

④提供各类服务

前厅部直接为客人提供各种服务,为住店客人办理住宿手续、接送行李、委托代办业务、记账结账等。酒店前、后台之间以及各部门与客人之间的联络、协调关系等也需要前厅部来牵头。

⑤提供客账管理

目前,国内大多数酒店为了方便客人、促进消费,已向客人提供统一结账服务。客人提供必要的信用证明或预付账款后,可在酒店各部门签单消费,客人的账单可在预订客房或办理入住登记手续时建立。前厅部的责任是区别每位客人的消费情况,建立正确的客账,以保证酒店的良好信誉及应有的经营收入。

⑥建立客史档案

由于前厅部为客人提供入住及离店服务,因而自然就成为酒店对客服务的调度中心及资料档案中心。大部分酒店为住店一次以上的散客建立了客史档案,记录了酒店接待客人的主要资料,这是酒店给客人提供个性化服务的依据,也是酒店寻找客源、研究市场营销的信息来源。

【知识点滴】

酒店客史档案

建立客史档案是酒店了解客人,掌握客人的需求特点,从而为客人提供针对性服务的重要途径。客史档案包括常规档案、预订档案和消费档案。常规档案记录的信息涉及客人姓名、性别、年龄、出生年月、婚姻状况以及通信地址、电话号码、公司名称、职务等,这些资料有利于了解酒店目标市场基本情况。预订档案记录的信息涉及客人的订房方式、订房数量、订房时间、订房类型等。消费档案记录的信息涉及房间价格、客人入住房间、餐费,以及商品、娱乐等项目,喜欢的房间和娱乐方式以及反馈意见等,有助于酒店了解客人的消费水平、消费喜好。

2)酒店前厅的组织结构

前厅部的组织机构,需要根据本酒店等级的不同、规模的大小、业务量的多少、酒店客源的特色而设置。前厅部的组织机构应具备预订、接待、问询、收银、行李、商务等服务功能,如图3.1所示。

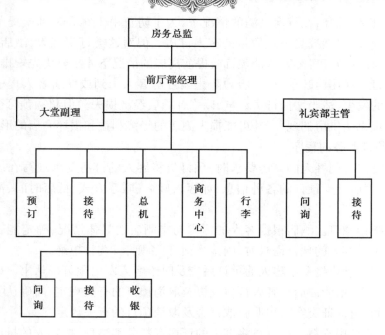

图 3.1 大型酒店前厅部组织机构图

3.1.2 酒店前厅业务管理

1)预定业务管理

(1)客房预订

客房预订是推销客房产品的重要手段之一。

目前,随着旅游业的发展和酒店业的激烈竞争,订房已不仅是客人为了使住宿有保证而进行的单方面联系客房的活动,还成为酒店为了争取客源、保证经济效益的实现而进行的主动式推销,这是双向的预约客房的行为。随着客源市场竞争的加剧,主动式推销客房越来越引起酒店管理人员的重视,订房已成为酒店重要的推销工作。客房预订的种类,一般有以下4 种形式。

①保证类预订。保证类预订使酒店与未来的住客之间有了更为牢靠的关系。通过信用卡、预付订金、订立合同三种方法来保证酒店和客人双方的利益。但使用时要注意其效果。一是信用卡。客人使用信用卡,收银人员要注意信用查询,防止出现恶意透支现象。二预付订金。预付定金是酒店最欢迎的,特别是在旺季,一般由酒店和客人双方商定。订金可以是一天的,也可以是整个住宿期间的。三是订立合同。订立合同指酒店与有关单位签订的供房合同。但应注意合同履行的方法、主要签单人及对方的信用,并注意要防止呆账的发生,明确规定最高挂账限额和双方在违约后应承担的责任。

②确认类预订。客人向酒店提出订房要求时,酒店根据具体情况,以口头或书面的形式表示接受客人的预订要求。一般不要求客人预付订金,但客人必须在规定的时间内到达酒店。否则,在用房紧张的情况下,酒店可将客房出租给未经预订直接抵店的客人,酒店不保证提供房间。

③等待类订房。酒店在订房已满的情况下,为了防止由于客人未到或提前离店而给酒店带来的经济损失,仍然接受一定数量的客人订房。但对这类订房客人,酒店不确认订房,只是通知客人,在其他订房客人取消预订或提前离店的情况下才予以优先安排。

④超额预订。在用房旺季时,酒店为防止因订房客人未到或住店客人提前离店而造成客房闲置现象的发生,适当增加订房数量,以弥补酒店经济损失。但超额预订会因为客人的全部到达而出现无法供房的现象,并可能损失酒店的经济利益和损坏酒店的形象。

(2)客房预订业务的程序

①受理预订。接到客人的订房要求时,预订员将客人的订房要求填写在统一规格的订房单内,以明确酒店接受预订的各种信息,如客人姓名、联系方式、抵店时间、需要房间种类与数量等。

②接受或婉拒预订。酒店根据客人的需求与本酒店的具体情况,确定能否满足客人的预订需求。能满足客人的预订需求时,则接受预订;否则,可婉言拒绝。

③确认预订。酒店接受了客人的预订后应及时给客人发出预订确认书。确认书中应复述客人的订房要求;申明酒店对客人订房变更及取消预订的有关规定;向确认类预订的客人申明抵店的时间;对保证类客人申明收取订金及取消预订的有关规定。

④记录、储存订房资料。预订员将客人的订房资料分类整理,按客人的抵店时间顺序排列存放。

⑤预订的变更、取消及客人抵店前的准备。如果已确认的预订客人要求变更或取消预订,预订人员应及时办理手续,填写订房变更与预订取消单,以防出现差错影响客房出租。客人抵店前,预订员应及时将有关资料转交总台接待人员。

客房预订工作中应注意的问题:客人预订一经酒店确认,就产生法律效力,所以应该注意,订房信息记录应准确无误;客人抵店前,订房信息要及时传达到相关部门,做好接待客人的准备工作;酒店房源方面有任何变化,都应及时通知客人;酒店任何人员为他人办理预订业务,都应按照所规定的程序进行,防止造成损失与混乱;把取消预订与违约的有关处理规定告诉客人。

2)接待业务管理

客房预订并没有完成客房产品的销售,它只是增加了提高客房出租率的可能性,接待服务和分房管理才是最终完成客房产品的销售。分房管理是直接出售客房产品,是一种艺术,分房工作管理得好,就能将高价客房或闲置客房出售,从而减少闲置,增加销售量。

①按有关规定入住登记。入住登记的过程是客人与酒店第一次面对面的接触机会。对于酒店总台来说,入住登记手续是对客服务的第一个关键的阶段,这一阶段的工作效果将直接影响到前厅部客房产品的销售。提供信息、协调对客服务、与客人建立正式的合法关系,是办理入住登记手续的目的。需要注意的是,在办理入住登记手续时,应该做到:遵守国家法律法规中有关户籍管理的有关规定,如没有身份证等有效证件,不办理手续;获取住店客人的详细个人资料;合理满足客人对房价的要求;建立正确的客人账户。

酒店为了维护自身和其他客人的合法权益,保障酒店和其他客人的生命财产不受伤害,可以行使"拒绝入住权"。

②客房状况的控制。在前厅部的业务运转中,客房状况的控制是一项重要内容。客房

状况控制是确保客房状况准确的有效手段,它往往是前厅部业务运转的一个核心。掌握酒店的客房状况及其变化,应当引起管理者的高度重视。在客房状况控制过程中,客房状况信息的传递、有效的信息沟通是十分重要的。客房状况的变化取决于客人住宿活动。客人住宿登记后,其对应的客房状况就由原来的空房或待租状况变为住客房;客人结算后客房状况变为走客房,然后变为空房:客房状况就是这样不停地随着客人住宿的变化而变化。客房状况的变化主要通过三个部门在沟通,即客房部、开房处、收银处。这三个部门在沟通和控制客房状况方面应负主要责任。客房部要及时、准确地向开房处报告房态,接待员以此作为接待客人、分派客房的依据。客人离店结算退房时,收银员负责通知客房部,客房部在清理完客房后,再次将最新客房状况通知开房处。准确的客房状况信息取决于这三个部门的信息传递。

3)日常服务管理

(1)迎送服务管理

迎送工作是酒店显示档次与服务质量的关键。客人抵达或离店时,迎宾员应主动相迎,热情服务,将车辆引领到合适的地方,并主动帮助行李员清点客人的行李,以免出现差错。迎宾员还负责维持大厅门前的秩序,指挥、引导、疏散车辆,保证酒店门前的交通畅通无阻。

(2)问询、邮件服务管理

客人有了疑难问题,会向酒店有关人员询问,酒店有责任与义务帮助客人排忧解难。酒店应对问询处的工作人员进行相关知识的培训,而问询员除必须有较广的知识面以外,还需要掌握大量最新的信息和书面材料,以保证在工作中给客人以准确而满意的答复。问询处还设有钥匙信件架,按房号顺序排列,存放客人的钥匙及信件。

(3)行李服务管理

行李服务是由行李员负责进行的。行李服务中需要注意的问题是,运送行李过程中,需要得到客人的确认,以防止行李出现差错而给客人的行程带来不必要的麻烦。团队行李交接过程中,应注意行李的检查验收工作,并办理必要的手续,防止行李的损坏和财物的丢失。多个团队出现时,应采取必要的方法加以区分,防止出现混乱现象。

(4)电话总机服务

电话总机是酒店内外信息沟通、联络的通信枢纽。绝大多数客人对酒店的第一印象是在与话务员的第一次声音接触中产生的。话务员热情、礼貌、耐心、快捷和高效的对客服务,起到了联结客人与酒店的桥梁作用。电话总机服务包括接转电话、问询服务、叫醒服务和联络服务4个方面的内容。

(5)客人投诉管理

投诉是客人对酒店服务工作不满而提出的意见。酒店一般前厅部设有大堂副理来接受和处理客人的投诉。通过客人的投诉,酒店可以及时了解工作中存在的问题,有利于酒店不断改进和提高服务质量和管理水平。正确处理客人投诉,可以加深酒店与客人之间的相互了解,处理好酒店与客人之间的关系,改变客人对酒店工作的不良印象。圆满处理客人投诉,可以树立酒店良好的声誉,让客人对酒店的不满降低到最低限度。酒店大堂副理应掌握处理客人投诉的方法、原则和技巧。

【知识点滴】

酒店投诉处理技巧:"CLEAR"方法

酒店运营中,处理顾客投诉是服务提供者的一项重要工作,如何平息顾客的不满,使被激怒的顾客"转怒为喜",是酒店获得顾客忠诚的最重要手段。掌握"CLEAR"方法,也即顾客愤怒清空技巧,能够帮助酒店妥当地处理最棘手的情形,令顾客心情晴朗。应对顾客投诉的"CLEAR"方法包括以下步骤:

C——控制你的情绪(Control)。

L——倾听顾客诉说(Listen)。

E——建立与顾客共鸣的局面(Establish)。

A——对顾客的情形表示歉意(Apologize)。

R——提出应急和预见性的方案(Resolve)。

(6)商务中心服务管理

为满足客人日益增长的商务需要,酒店通过商务中心向客人提供打字、复印、传真、秘书、翻译、代办邮件、会议室出租、文件整理和装订服务。酒店商务中心除应拥有电脑、复印机、传真机、装订机、有关商务刊物和报纸、办公用品和设备外,还要配备有一定专业和经验的工作人员,以提供高水平、高效率的对客服务。

(7)其他服务管理

为方便客人,满足客人多方面需要,酒店前厅还向客人提供旅游代办、机(车、船)票预订、出租汽车预约、收发邮件等服务。这些服务可以由旅行社、出租汽车公司、邮电局等专业部门在酒店设置专业机构办理,也可以由酒店代理进行。

4)客账业务管理

前厅客账管理工作的好坏,直接关系到能否保证酒店的经济效益和准确反映酒店经营业务活动的状况,也反映了酒店的服务水平和经营管理效率。前厅客账管理的时间性与业务性都很强。位于前厅的收银处,每天负责核算和整理各业务部门收银员送来的宾客消费账单,为离店宾客办理结账收款事宜,编制各种会计报表,以便及时反映酒店的营业活动情况。从业务性质来说,前厅收银处一般直接归属于酒店财务部,但由于它处在接待宾客的第一线岗位,又需接受前厅部的指挥。

(1)客账记录

客账记录是前厅收银处的一项日常业务工作。为了避免工作中的差错,发生逃账漏账情况,前厅收银处的客账记录必须有一套完备的制度来保证,并依靠各业务部门的配合及财务部的审核监督。客账记录的方法和要求如下。

①账户清楚。接待处给每位登记入宿的宾客设立一个账户,供收银处登录该宾客在酒店居住期内的房租及其他各项花费(已用现金结算的费用除外)。它是编制各类营业报表的

情况来源之一,也是宾客离店时结算的依据。通常,酒店为零散宾客建立个人账户,团体宾客建立团体账户。

②转账迅速。宾客在酒店停留时间短,费用项目多,每一位宾客一系列的消费都在几天甚至几小时内发生,这就要求转账迅速。各业务部门必须按规定时间将宾客账单送到前厅收银处,防止跑账、漏账、错账发生,保证准时结账,准确无误。如采用电脑收银系统,只要收银员将账单输入收银机,前厅电脑就同时记下了宾客当时的应付款项,能避免漏账,大大提高工作效率。

③记账准确。前厅为宾客建立客账后,即开始记录宾客住店期间的一切费用。宾客的房租,采取依日累计的方法,每天结算一次,宾客离店,加上当日应付租金,即为宾客应付的全部房租,一目了然。其他各项费用,如饮食、洗衣、长途电话、电传、理发、书报、租车等项目,除宾客愿在发生时以现金结算外,均可由宾客签字认可后,由各有关部门将其转入前厅收银处,记入宾客的账卡。这就要求记账准确,宾客姓名、房号、费用项目和金额、消费时间等必须清楚,和户头账户保持一致。

(2)宾客结账

现代酒店一般采用"一次结账"的收款方式,指宾客在酒店花费的全部费用在离店时一次结清。这样,既能给宾客带来方便,又能够留下服务态度好、工作效率高的良好印象。

宾客的结账方式现在一般有 3 种:一是现金支付,这对酒店来说是最理想的,因为酒店收取现金以后可以马上使用;二是用信用卡支付,这种支付方式比较方便,同时酒店的应收款项也可得到保证;第三种方式是使用企业之间的记账单来支付酒店费用。

(3)夜间审核及营业报表编制

在许多酒店中,收银处夜间工作人员除了上述业务,还要承担夜间审核和营业报表编制的工作。夜间审核工作是将从上个夜班核查以后所收到的账单及房租登录在宾客账户上,并做好汇总和核查工作。营业日报表是全面反映本酒店当日营业情况的业务报表,一般由前厅收银处夜审人员负责编制。其中一份于次日清晨送往酒店总经理办公室,以便酒店经理及时掌握营业总情况;另一份送交财务部门作为核对营业收入的依据。

3.2　酒店客房业务管理

客房,是酒店的主体部分,是酒店向客人提供住宿和休息的场所,是酒店经济收入的重要来源,客房经营管理的好坏,直接关系到酒店的声誉,影响酒店产品的质量。客房部担负着客人住店期间的大部分服务工作,其业务范围涉及整个酒店和公共区域的清洁卫生、物资用品消耗的控制、设备的维修保养等。客房管理是连接客房产品生产和消费的纽带与桥梁。客房管理的好坏,能否根据客人类型、客人心理尽量满足客人需求,则成为直接影响客源的重要条件。同时,因客房使用低值易耗品多,物料比例大,如何最大限度地降低成本,提高利润,也是客房管理的重要任务。

3.2.1　酒店客房的职能与组织结构

1）酒店客房部的主要职能

（1）提供基本的酒店产品

客房是宾客旅游投宿的物质承担者,是住店宾客购买的最大、最主要的产品。所以,酒店的客房是酒店存在的基础,没有了客房,实际意义上的酒店就不复存在了。

（2）酒店的主要收入来源

客房是酒店最主要的商品之一,客房部是酒店的主要创利部门,销售收入十分可观,一般要占酒店全部营业收入的 40%～60%。

（3）负责酒店公共卫生及布件洗涤发放

客房部也是酒店管家部门,不仅负责整个酒店公共部分的清洁保养及绿化工作,也担负着整个酒店布件的洗涤、熨烫、保管、发放的重任,对酒店其他部门的正常运转给予不可缺少的支持。

2）酒店客房部的组织结构

随着隐蔽式服务的提出,我国多数酒店的客房服务由楼层服务台的服务模式向客房服务中心模式转换,也有一些酒店没有改变。故目前酒店客房服务的方式有两种:楼层服务台和客房服务中心。无论采用哪种服务方式,都应根据酒店自身的实际情况和客人的需要出发而设立。一般客房部的主要组成部分包括:经理办公室、客房楼层服务组、公共区域服务组、客房服务中心、布草房、洗衣房等(如图 3.2 所示)。

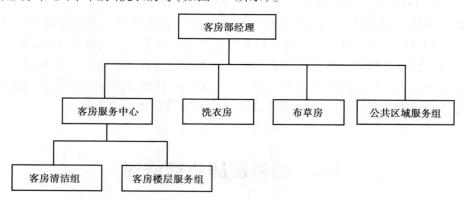

图 3.2　客房部组织结构图(设立客房服务中心)

3.2.2　酒店客房业务管理

酒店客房业务管理的主要目的,是保证客人住宿期间能满足客人使用设施与享用物资的需求,为客人提供清洁卫生、设备用品齐全、舒适美观的客房,满足客人享受各种服务的要求,为客人提供物质和精神上的享受。

1）客房清洁卫生管理

客房的清洁卫生工作是客房部的重要工作之一,客房卫生质量是客人最关心和最敏感的问题,也是酒店服务质量管理的重要内容,酒店必须制定严格的质量标准与操作程序进行管理。

(1)客房日常卫生管理

客房日常卫生是客房部的重要工作内容,也是衡量酒店服务质量的重要标准。卫生工作做得好,就能满足客人的需要。对客房的日常清扫,我国主要采用的是两进房制。主要内容包括3个方面,即清洁整理客房、更换补充物品、检查保养设备。根据酒店的具体情况,应制定相关的工作程序与质量标准。管理人员要加强监督与指导。由于客房状态的不同,清洁卫生工作会有所不同,但基本内容与基本要求是一样的,其基本程序如下所述。

①整理、清扫、除尘。按照酒店的规格与清洁卫生工作的要求,整理和铺放客人使用过的床铺,整理客人使用后放乱的各种用品、用具,整理客人放乱的个人衣物、用品,清扫垃圾,抹尘,吸尘。在房间整理、清扫、除尘过程中,应严格按照酒店规定的程序和质量标准进行。

②整理、擦洗卫生间。整理各种卫生用品及客人用具,清扫垃圾,擦洗卫生洁具及瓷砖墙面与地面。在卫生间整理、擦洗过程中,应严格按照规定的卫生标准与工作程序,杜绝一条抹布一抹到底的不道德行为。

③更换、补充用品。在房间整理清洁过程中,按照标准要求更换布件,补充用品。

(2)客房计划卫生管理

客房部除了日常卫生清洁工作外,还有诸如窗帘、地毯、房顶吸尘,顶灯除尘等卫生项目需要定期循环清洁。因此,应根据酒店的具体情况,制订切实可行的工作计划和卫生清洁标准,科学地安排时间、人员,保证酒店的服务水准。

(3)公共区域卫生管理

客房部除了承担客房区域的清洁卫生工作外,还承担了酒店公共区域公共卫生的清洁整理工作。由于公共区域面积大,人员分散,不利于控制与监督,因此,公共区域的清洁卫生工作要根据所管辖的区域和范围以及规定的卫生项目与标准,划片定岗,实行岗位责任制,使员工明确自己的责任与质量标准,管理人员应加强巡视检查,进行监督。

2)客房接待服务管理

客房部接待服务工作围绕客人的到店、居住、离店3个环节进行,接待服务工作的管理也是以此为基础制定相应的管理程序与管理办法。

(1)迎客服务管理

客人到达楼层后,希望在人格上得到服务人员的尊重,在生活上得到服务人员的关心。根据顾客至上的原则,酒店应当制定相应的程序和要求,规范和约束员工的日常行为。员工迎客彬彬有礼,会给客人留下美好印象,使之有一个好心情,也会对酒店产生一个好印象。

(2)客人居住期间服务管理

客人住店期间,希望生活方便,他们的风俗习惯得到尊重。客人的需求变化莫测,酒店仅有规范化的服务仍然不能满足客人需求,酒店应针对不同客人的生活习惯与需求,在规范化服务的基础上,对不同客人应提供合理的个性化服务项目以满足其需求。

(3)客人离店服务管理

客人离店,是酒店接待客人活动的结束。但服务人员的良好服务,会给客人留下美好的印象。客房部员工应按酒店服务程序的规定,做好客人离开楼层前的准备工作、客人离开楼层时的送别工作和客人离开楼层后的检查工作。

3)客房安全业务管理

客房部管理面积大,接待客人多,工作比较复杂,容易出问题。从整个酒店讲,安全保卫工作由保卫部门负责,但客房部应该积极配合,保证客人人身与财产的安全。客房安全是指顾客在客房范围内的人身、财产及其正当权益不受侵害,也不存在可能导致客人受侵害的因素。

(1)客房安全

客房是顾客的暂居地及财物的存放处,故客房安全至关重要。客房门必须有包括能双锁的门锁、广角窥镜及安全链,其他凡能进入客房的入口处,均应能上锁或闩。客房内各种电器设备应确保安全,卫生间的地面及浴缸应有防滑措施,所有茶具、杯具等应及时消毒,对于家具应经常检查其牢固程度;引领客人进房的服务人员应向客人介绍安全装置的作用及使用方法,并提请客人注意阅读客房内所展示的有关安全的告示及说明;客房服务人员清扫客房时,应将房门开着,不能随意将客房钥匙放在清洁车上,并检查客房内各安全装置;前厅问询处等各部门也应严格为住客保密。

为保证客房安全,还要严格控制钥匙。一般要求客人外出时将钥匙交还前厅问询处保管,回店时经验证其住客身份及房号后领取钥匙;当客人离店时,应提醒客人归还钥匙;要求客房服务人员工作时随身佩带钥匙,客房部每天应记录钥匙发放及使用的情况,由领用人签字等。

(2)走道安全

客房走道的照明应正常,地毯应平整;酒店保安人员应对客房走道进行巡视,注意有无外来陌生人违规进入客房区,提醒客人将门关好;楼层服务员如发现异常现象应及时向安保部汇报;配有闭路电视监视系统的酒店,可以更好地协助客房走道的安全监视及控制。

(3)伤病、醉酒客人的处理

酒店一旦有客人出现伤病,应有紧急处理措施及能胜任抢救的专业医护人员或员工救护,并配备各种急救的设备器材与药品。任何员工尤其是客房部员工,在任何场所若发现伤病客人,应立即向保安或经理报告,总机也应注意伤病客人的求助电话;对一直到下午仍挂有"请勿打扰"牌的住客,应电话或进房询问;如有伤病客人,应实施急救,或送医院治疗。事后由安保部写出伤病报告,呈报总经理,并存档备查,对不同类型及特征的醉酒客人,应区别对待。对于轻者,要适时劝其回房休息;对重者,应协助保安使其安静,以免打扰或伤害其他客人。客房服务员应特别注意醉酒客人房内的动静,以免发生意外。

(4)火灾的防范

酒店应有严密的防火安全计划,包括成立防火安全委员会,制定防范措施和检查方法,规定各岗位工作人员的职责和任务;制订火警时的紧急疏散计划,如客人及员工如何疏散及资金财产等如何保护;配备、维修、保养防火灭火设备及用具,培训员工掌握必要的防火知识和灭火技能,并定期举办消防演习;对住客加强防火知识宣传,如在客房门后张贴安全门通道示意图及在客房内放置防火宣传材料等;一旦发生火警,总机应向消防部门报警并用紧急广播系统通知客人及员工,要求他们经紧急出口和安全楼梯离开酒店建筑,电梯应放至底层并禁止使用;前厅部应在底层安全梯出口处引领疏散客人,保安人员应严密保护现场。

案例启迪

客人醉酒的处理

凌晨 2 点,南京双门楼宾馆的电梯在 5 层停住。"叮咚"一声门开了,一位客人踉跄而出,喃喃自语:"我喝得好痛快啊!"口里喷出一股浓烈的酒气。这时保安员小丁巡楼恰好走近 5 楼电梯口,见到客人的模样,连忙跑上去扶住他问道:"先生,您住在哪间房?"客人神志还算清醒,轻轻地摇了摇自己的左手。小丁会意,发现客人的左手上有一块 517 房的房卡。于是,小丁一步一步地把客人搀进房间,扶他躺在床上,又泡了一杯醒酒茶,然后将衬有塑料袋的清洁桶放在客人床头旁。这时,客人开始呻吟起来,小丁一面赶紧把客人稍稍扶起,将沏好的茶水端到他嘴边,一面安慰说:"您没事的,喝完茶躺下歇歇就会好的。"随后他又到洗手间拿来一块湿毛巾敷在客人额头上,说道:"您躺一会,我马上就来。"不一会儿,小丁取来一些用湿毛巾裹着的冰块,换下客人额上的湿毛巾。突然,"哇"的一声,客人开始呕吐了。说时迟,那时快,已有准备的小丁迅速拿起清洁桶接住。等醉客痛快地吐完后,小丁又轻轻托起他的下颚,用湿毛巾擦去其嘴边的脏物。此后,小丁静静地观察了一会儿,发现客人脸色渐渐转红,就对他说:"您好多了,好好睡上一觉,明天就能复原了。"他边说边帮客人盖好被子,在床头柜上留下一杯开水和一条湿毛巾,又补充一句:"您若需要帮助,请拨 09,这是楼层服务台的电话。"然后他调节好空调,换上新的垃圾袋,轻轻关上门离开房间。小丁找到楼层值班服务员,告知了醉客的情况,并请她每过 10 分钟到 5l7 房去听听动静。天亮时,辛劳值勤一夜的小丁眯着熬红的双眼又来了解情况,得知醉客安然无恙才放下心来。最后他又请值班服务员在交接班记事本上写下:"昨夜 517 房客醉酒,请特别关照!"

(资料来源:职业餐饮网.深夜的醉汉.http://www.canyin168.com/glyy/kfgl/kfal/200706/6786.html)

4)客房设备用品管理

客房的设备用品种类繁多,在酒店固定资产中占有很大的比重。客房设备和用品是开展客房服务工作的物质基础。管理好客房的设备和物资,是客房业务管理的重要内容之一,也是降低客房营业成本的重要途径,客房部要具体制定设备、物资的管理制度,明确规定各级管理人员在这一方面的职责,合理使用设备物资,努力降低成本,力求得到最大的经济效益。客房内的各种设备应始终处于齐全、完好状态,客房服务员及管理人员在日常服务工作和管理工作中,随时注意检查设备使用情况,配合工程部对设备进行保养、维修,管理人员要定时向客房部汇报设备使用情况。房内各种供客人使用的物品和清洁用品,应备足、备齐,以满足服务工作的需要,保证服务质量。要控制好床单、毛巾等棉织品的周转,控制好消耗物资的领用,建立发放记录和消耗记录,在满足客人使用、保证服务质量的前提下,提倡节约、减少浪费、堵塞漏洞,实行节约奖励、浪费受罚的方针。

(1)客房设备用品采购管理

根据客房等级、种类、标准及数量,核定设备用品的品种、规格、等级及需求数量,按照各部门提出的设备用品采购计划,进行综合平衡后确定采购计划并采购。

(2)客房设备用品使用管理

做好设备的分类、编号及登记工作。制定分级归类管理制度。建立岗位责任制。实行客房用品消耗定额管理。

(3)客房设备用品更新管理

客房部应与工程设备部门一起制订固定资产定额、设备的添置、折旧、大修和更新改造计划,以及制订低值易耗品的摊销计划,减少盲目性。设备无论是由于有形磨损还是无形磨损,客房部都应该按计划进行更新改造。在更新改造设备时,客房部要协助设备部门进行拆装,并尽快熟悉各项设备的性能及使用、保养方法,投入使用。

3.3 酒店餐饮业务管理

现代酒店的餐饮业务管理已成为酒店企业管理的重要组成部分,现代化酒店的规模越大,管理工作专业化的程度就越高。现代化酒店的餐厅已经不仅是供应餐饮产品的场所,而是具有休闲、宴会、交际等多重功能的场所。餐饮产品是由满足客人某种需要或得到某种享受的物质形态的实体和非物质形态的服务。构成餐饮产品的物质实体称为有形产品,如餐厅的外观、餐饮产品的生产与服务设施、菜肴与酒水的外观及颜色式样等;餐饮产品的非物质形态称为无形产品,是客人对产品内涵的感受,如餐厅的声誉、特色、气氛、位置、等级等。餐饮产品的有形部分与无形部分具有同样的地位,不可相互替代,组成完整的餐饮产品,其核心是可食性。

3.3.1 酒店餐饮的职能与组织结构

1)酒店餐饮部的主要职能

餐饮产品与餐饮管理的特点,决定了餐饮管理的基本任务是:加强市场调查,提高服务水平与菜肴质量,满足客人需求,有效地利用人力、物力、财力,合理组织餐饮产品生产的各项经营业务活动,争取良好的经济效益。餐饮管理的职能主要有以下 4 方面。

(1)餐饮产品的市场定位

餐饮管理的首要任务是做好市场调查工作,选定目标市场,进行餐饮产品的市场定位,根据本酒店的具体情况策划餐饮服务项目、餐饮服务内容,并根据市场环境与酒店条件的变化,适时调整酒店的经营方针与经营策略,增强酒店餐饮产品的竞争能力。

(2)餐饮产品的生产管理

餐饮产品的生产过程是一个复杂的过程,由于参与人员多、使用原材料品种多、生产种类多,使得生产过程的控制显得特别重要。要加强餐饮管理,努力降低成本,餐饮产品生产过程的管理就显得特别重要。

(3)前台对客的服务管理

在客人对餐饮产品的消费过程中,前台员工的服务质量对餐饮产品的销售起着相当重要的作用。应制定餐饮服务标准、服务程序、服务规范,为宾客提供主动、热情、耐心、周到的服务,争取更多的客源市场份额。

(4)餐饮产品的销售管理

要实现餐饮部的经营目标,保证完成经营收入计划,餐饮管理人员就应加强对市场经营形势的分析与研究,适时调整经营策略,采取灵活多样的营销方式开发市场。

2)酒店餐饮部的组织结构

酒店餐饮的组织结构是确定该部门各成员之间、所属部门之间相互关系的结构。目的是增强实现部门经营目标的能力,更有效地协调员工与控制整体之间的活动。酒店餐饮组织结构因酒店的类型、等级规模和服务内容的不同而设置不同。现代酒店的管理机构普遍采用七级制(含总经理一级)甚至更少的职级,大中型酒店餐饮组织结构如图3.3所示。从横向组织结构来看,餐饮部一般由五个部门组成:餐厅部、宴会部、厨房部、管事部、采购部。

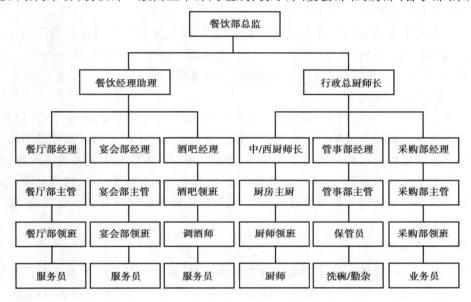

图3.3 大中型酒店餐饮组织结构图

3.3.2 酒店餐饮业务管理

1)餐饮清洁卫生管理

酒店餐饮卫生管理的主要目的是为客人提供合乎卫生、对人体安全有益的餐食。餐饮卫生是保证就餐者健康的首要条件,也是影响餐饮产品质量的重要因素。为了保证食品卫生,杜绝食品污染和有害因素对人体的危害,保障就餐者的身体健康,酒店应切实抓好餐饮卫生管理工作。餐饮卫生管理工作的主要内容有食品卫生管理、员工卫生管理、环境卫生管理及设备、餐具卫生管理。

(1)食品卫生管理

酒店提供的食品必须是没有受过污染、干净、卫生和富有营养的食品。食品如果受到污染将会给顾客带来疾病危害,造成食物中毒。导致食品受到污染的来源主要是病菌、寄生虫或有害化学物质以及有毒的动植物。因此,必须做好食品污染的预防工作,保证食品卫生。

（2）员工卫生管理

员工卫生管理包括员工个人卫生和操作卫生管理。员工良好的个人卫生可以保证良好的健康状态和高效率的工作,而且可以防止疾病的传播,避免食物污染,并防止食物中毒事件的发生。员工在雇用后每年必须主动进行健康检查,并取得健康证明。员工个人卫生管理除了依靠严格的上岗规章制度外,还应从根本处着手,即培养员工良好的卫生习惯。

员工操作卫生管理的目的是防止工作人员因操作时的疏忽而导致食品、用具遭受污染。员工在操作时,禁止饮食、吸烟,并尽量不交谈;员工在拿取餐具时不能用手直接接触餐具上客人入口的部位;不能用手直接抓取食品,应戴好清洁的工作手套,并且在操作结束后处理好使用过的手套;工作时不使用破裂器皿;器皿、器具如掉落在地上,应洗净后再使用;若熟食掉落在地上,则应弃置,不可再使用;注意成品的保鲜、保洁,避免污染。

（3）环境卫生管理

餐饮产品的卫生情况与环境卫生管理大为相关,这里所指的环境包括餐厅、厨房、所有食品加工、储藏、销售场所、洗涤间、卫生间及垃圾房等。按照餐饮产品储存、加工、生产、消费等流程,各环节的卫生管理都必须严格到位,不容忽视。

（4）设备、餐具卫生管理

由于设备、餐具卫生管理不善而污染食品导致食品中毒的事件常有发生,因设备、餐具不符合卫生要求而被罚款或勒令停业整顿的餐饮企业也屡见不鲜。制订出设备卫生清洁计划及各种设备洗涤操作规程并教育训练员工,是搞好设备、餐具卫生的关键。因此,餐饮部应格外重视加工设备及厨具、烹调设备及厨具、冷藏设备、清洁消毒设备、储藏和输送设备等各类设备与餐具卫生管理。设备及餐具的卫生管理,应能保证供应食品不受污染,符合卫生要求。

2）餐饮生产管理

餐饮产品的生产管理是餐饮管理的重要组成部分,餐饮产品的生产水平和产品质量直接关系到餐饮的特色和形象。高水准的餐饮产品的生产,既反映了餐饮的等级档次,又体现出酒店餐饮的特色。餐饮产品的生产还影响到酒店经济效益的实现,因为餐饮产品的成本和利润在很大程度上受生产过程的支配,控制生产过程的成本费用可以获得良好的经济效益。

餐饮产品生产管理的关键是菜肴生产管理。菜肴生产管理,主要是指厨房的生产预测与计划、食品原料的折损率控制、菜肴的份额数量控制以及编写标准食谱与执行标准食谱等。菜肴成本加大的原因之一是产品过量生产,预防菜肴的过量生产,可以控制无效的食品成本发生。菜肴成本加大的原因之二是食品原料的净料率控制不当,由于菜肴生产的需要,食品原料需要经过一系列的加工,才能符合制作要求,食品原料加工方法适宜,会增加它的净料率,提高菜肴的出品率,减少浪费,从而有效地降低菜肴成本。值得注意的是,提高食品原料的净料率应当在保证产品制作质量的前提下进行。另外,菜肴原料份额也会影响到菜肴的成本,应该给予高度的重视。

3）餐饮推销管理

餐饮业务的经营管理者必须清醒地认识到,餐饮产品的生产销售是以市场为中心,以满足客人需求为目标。餐饮产品的市场推销是从对餐饮市场经营环境的调查与预测开始的。通过餐饮产品的推销活动,促进生产者与消费者之间的信息交流,消除障碍,刺激客人消费。推销过程实质上是一个信息传递过程,通过推销使消费者对本酒店经营的餐饮产品知晓、理解,成为潜在的消费者。推销是推动餐饮产品从生产领域向消费领域转移的过程,也是促使餐饮产品价值实现的过程。但餐饮产品要真正达到销售目的,除了推销者要选用适当的推销方式外,还要认真做好推销的思想准备,了解客源市场状况,将重心放在客人身上。

餐饮产品的推销可利用报刊、电视、广播等新闻媒介形式进行,也可采用户外广告的形式,如道路指示牌、屋顶标牌、灯箱广告牌、餐厅布告栏等。餐饮产品的推销还可通过推销人员与潜在客人面对面地交谈,向客人提供本酒店的信息,说服潜在的消费者购买本酒店的餐饮产品。酒店还可采用特殊的推销方式,如利用赠券、品尝样品、套餐折扣、赠送礼品等方式进行。

在餐饮产品推销过程中,首先应注意餐厅主题设计,力求办出自己的特色,拥有自己鲜明独特的形象,使客人在消费后留下深刻的印象。餐饮产品推销中,餐饮部门的形象设计可以突出自己的个性,环境情调的不同可以给人一种新鲜的感觉。餐饮部门提供的额外服务,会吸引众多的客人,如时装表演、音乐晚会、优惠供餐等。服务人员的建议式推销也会收到意想不到的效果。有的餐厅采用现场烹饪的方法,可引起客人的极大兴趣。有的餐厅,在推出一种新的菜肴时,采用特价或奉送品尝的方式,会产生良好的推销效果。利用节假日进行餐饮产品的推销活动,是餐饮部门经常采用的一种方式。各种节假日是难得的推销时机,餐饮部门这时都会制订节日推销计划,可以根据自己企业的特点,使推销活动生动活泼、有创意,争取获得良好的经济效益。

4)餐饮成本管理

餐饮产品的成本管理是餐饮管理的关键。餐饮成本控制贯穿于餐饮产品生产的全过程,凡在餐饮产品制作与经营过程中产生的影响成本的因素,都是餐饮成本管理的对象。餐饮产品成本管理,关键的问题是做好餐饮产品的控制程序。制定并确定餐饮产品的各项标准成本;实施成本控制,对餐饮产品的实际成本进行抽查和定期评估;确定成本差异,分析造成成本差异的原因与责任;消除成本差异,找出解决成本差异的具体方法。

餐饮产品的制作是一个系统工程,餐饮产品的成本控制需要从以下3方面努力。

（1）食品原料的成本控制

食品原料是菜肴制作的主要成本,它包括主料成本、辅料成本、调料成本。主料成本是菜肴的主要原料成本,一般来说,主料在菜肴中占的份额最多、价格最高,是控制的重点。辅料成本又称为配料成本,在菜肴制作过程中,辅料起着衬托主料的作用,也是不可忽视的成本。调料成本是指菜肴生产过程中调味品成本,在菜肴生产过程中关系到菜肴的质量,是餐饮产品成本中一项重要的开支,有时甚至超过主料成本。食品原料的成本控制从两方面入手:一是做好食品原料的采购保管控制,同质论价、同价论质,减少采购中间环节,入库后合理储备,努力降低成本;二是食品原料的使用控制,管理人员应做好食品原料使用的监督工作,一旦发现问题,应及时分析原因,并采取有效措施,进行纠正。

（2）人工成本控制

菜肴的制作是手工劳动,人的因素起着相当重要的作用。人工成本控制,一是用工数量的控制,尽量减少缺勤工时,控制非生产和服务工时,提高生产效率,严格执行劳动定额。二是做好工资总额的控制,人员配备比例适当:高技术岗位的人员过多,会增加人力资源成本,造成人力资源成本过高;低技术岗位的人员过多,又会影响菜肴生产质量。

（3）燃料能源成本控制

燃料能源成本是菜肴生产与经营中不可忽视的成本,尽管在菜肴成本中可能占有的成本比例很小,但在餐饮产品的生产中,仍有一定数量。教育员工重视节约能源、做好节省燃料的工作是非常必要的。在餐饮产品的生产过程中,管理人员应坚持对能源工作和节能效果的经常性检查,以保证燃料能源控制工作的有效性;燃料能源成本的控制方法很多,管理者可以结合本单位的具体情况加以总结,使餐饮产品的生产程序化、标准化,把燃料能源的成本控制到最低限度。

5）菜单筹划管理

在餐饮产品的生产销售过程中,菜单起着重要作用。餐厅的主要产品是菜肴与食品,它们不宜过久存放,许多菜肴在客人点菜之前不能制作。酒店通过菜单把本餐厅的产品介绍给客人,通过菜单与客人沟通,客人只有通过菜单来了解菜肴的特点,因此菜单成为餐厅销售餐饮产品的重要工具。菜单还成为酒店控制成本的重要工具。菜肴原材料的采购、菜肴的生产、服务人员进行菜肴产品的推销、酒店餐饮产品的效益,基本上都以菜单为依据。

（1）菜单的基本类别

根据菜单的不同划分标准,菜单有以下不同的分类。

①根据菜单价格形式分类。

A.套餐菜单。根据客人的需要,将不同的营养成分、不同的食品原料、不同的制作方法、不同类型与价格的菜肴产品合理地搭配在一起形成套餐。套餐菜单上的菜肴产品的品种、数量、价格是固定的。套餐菜单的优点是节省了客人点菜的时间,而且在价格上也较为优惠。特别是现在许多酒店在套餐菜单上增加了不同档次和标准,更方便客人进行选择。

B.零点菜单。是酒店最基本的菜单。客人可根据菜单上列举的菜肴品种选择购买。一般酒店餐厅零点菜单的排列顺序按人们的进餐习惯排列,西餐是:开胃菜类、汤类、沙拉类、主菜类、三明治类、甜品类等。中餐则以菜肴食品原料的内容分类,如冷盘、热菜、汤类、主食、酒水等。

②根据菜单特点(周期)分类。

A.固定菜单。是指每天都提供相同菜品的菜单。它适用于就餐客人较多,且客人流动性大的商业餐厅。许多风味餐厅、大众餐厅、吧房、咖啡厅和快餐厅都有自己的固定菜单;这种固定菜单一般是该餐厅经过精心研制并在多年销售过程中深受客人欢迎并具有特色的菜品品种。

B.周期循环菜单。周期循环菜单是指按一定天数周期循环使用的菜单,这些菜单上供应的品种可以是部分不同或全部不同,厨房按照当天菜单上规定的品种进行生产。它适用于企事业单位长住型酒店的餐厅。周期循环式菜单的优点是满足了客人对特色菜肴的需求,天天可以品尝新的菜肴产品。但餐厅应该注意剩余食品原料的妥善处理。

C.宴会菜单。宴会菜单是酒店与餐厅推销餐饮产品的一种技术性菜单。宴会菜单要体现酒店与餐厅的经营特色,根据不同季节和不同客源安排时令菜肴。宴会菜单要根据宴请对象、宴请特点、宴请标准、宴请者的意见随时制定。宴会菜单还可细分为传统式宴会菜单、鸡尾酒会菜单、自助式宴会菜单。

（2）菜单的设计管理

菜单作为酒店与客人沟通的媒介、餐饮产品推销的重要工具，应该根据本酒店的经营特色进行精心设计，力求外观设计科学、内容清楚真实。在菜单设计中，一定要选择适合不同需求的字体，其中包括字体的大小、字体的形状。如中文的仿宋体容易阅读，适合作为菜肴的名称和菜肴的介绍，而行书体或草写体有自己的风格，使用时应当谨慎。英语字体包括印刷体和手写体。

菜单质量的优劣与菜单选用的纸张质量有很大的关系。由于菜单代表了餐厅的形象，它的光洁度和手感与菜单的推销功能有直接的联系。因此，纸张的选择应该引起管理者的高度重视。一次性使用的菜单应选用价格较便宜的纸张；对于使用周期较长的菜单，应选用耐用性能较好或经过塑料压膜处理过的纸张。

菜单的颜色具有增加菜肴推销的作用，使菜单更具有吸引力。鲜艳的色彩能够反映餐厅的经营特色，而柔和清淡的色彩使菜单显得典雅大方。除非菜单上带有图片，否则菜单上使用的颜色最好不要超过 4 种。色彩种类太多会给客人留下华而不实的感觉，不利于菜肴的营销。同时，为增加菜单的营销功能，可适当配备必要的照片与图形，这将会产生更好的效果。

菜肴的命名应注意贴切、易懂，特别是中文菜单要能够反映原材料的配制、菜肴的形状、菜肴产生的历史渊源、菜肴名称的寓意。如果能将一些特色菜的配料、营养成分、烹制方法加以简单的介绍，将会产生更好的效果。

设计菜单时应该注意，有的餐厅经常只换内页而不注意更换封面，时间久了，菜单封面就会肮脏破旧，影响客人的情绪和食欲；因为许多客人会从菜单的整洁美观上来判断餐厅菜肴的质量。同时，菜单上菜肴的排列切忌按价格的高低来排列，否则客人会根据菜肴价格来点菜。按照一些餐厅的经验，把餐厅重点推销的菜肴放在菜单的首尾，或许这是一种比较好的办法，因为许多客人点的菜肴里总是有个排列在菜单的首尾部分。菜单策划设计的关键还要货真价实，不能只做表面文章。菜单设计得非常好，但与菜肴的实际内容不相符合，菜肴质量达不到菜单所介绍的要求，只会引起客人的不满而失去客人。

第4章 酒店组织管理

【学习目标】

通过学习本章,学生应该能够:

1.熟悉酒店组织的特性和酒店组织管理的主要内容

2.掌握酒店组织的原则

3.熟悉酒店组织结构的类型和组织部门的构成

4.掌握酒店组织管理制度的类型和功能

5.掌握酒店组织的基本管理制度

6.掌握酒店非正式组织的特性及其管理

【关键术语】

◇ 组织设计 organization design

◇ 组织结构 organization structure

◇ 管理制度 management regulations

【开篇案例】

喜来登酒店管理集团人力资源部总监岗位责任制

岗位名称:人力资源部总监

直接上司:总经理

管理对象:人事经理、培训经理、员工餐厅经理

岗位概述:负责酒店人力资源的全面管理工作,通过计划、发展、激励酒店员工,以保证有素质的人力资源队伍来支持酒店的运营。

具体职责:①根据酒店的实际运营,综合考虑人力资源市场的情况,制定酒店的人事政策,适应人力资源需求。②根据酒店的基础设施、接待规模、经营项目、服务方式等经营管理之需要,协助部门经理合理制定酒店的组织构架和各部门的人员编制。③制定酒店总体的人事福利、培训管理的规程,并组织实施。④在制定酒店的政策与程序方面,根据国家的法律法规,向酒店执行委员会提供建议。⑤制定切实可行,有竞争力的酒店工资福利制度,以

保证有效的员工队伍。⑥结合本酒店实际情况,组织制订每年度的整体工作计划,根据本酒店人事培训及员工福利之需要统筹制定每年的人力资源计划及当年之培训计划及预算,监督计划的执行。⑦监督人力资源部日常工作,确保人事、培训部各项规程的切实执行。⑧负责定期组织人事人员对本店中基层管理人员进行考核、评估。⑨审定员工奖惩事项、并负责对有关员工劳动人事方面的投诉进行裁决。⑩监督酒店人事、培训档案制度的执行情况,保证酒店的服务质量和人员素质的提高。⑪负责外聘人员证件的办理及酒店中层人员的招聘考核工作。⑫负责酒店员工交叉培训工作,以发挥其最大潜能为酒店做贡献。⑬为保证酒店管理水平的一致性和连续性,联系并推荐管理培训项目。⑭协助各部门总监经理编写制定岗位责任制及部门运转手册。

（资料来源：节选自"喜来登酒店管理集团有限公司酒店运转手册（人力资源部）".http：//www.docin.com/p-1389704842.html）

组织是对完成特定使命的人们的系统性安排。生活中到处可以看到组织,大学、医院、政府机构、企业、公司等都是组织。组织是一个系统的机构,是一群人为了达到一个共同的目标,通过人为的分工、协作和职能的分化,运用不同层次的权力和职责,充分利用这一群人的人力资源和智力资源的团体。

4.1　酒店组织管理

组织管理就是通过制定合理的组织结构,并设立组织的规章制度、行为规范、监督机制等将企业的人力、物力和财力以及各种资源进行有效的整合利用,从而形成一个完整的系统机构,促进组织目标的实现。如果说组织是实现组织目标的工具,那么组织管理活动则是如何运用组织这个"工具"来实现组织的目标,可见组织管理的重要性。

4.1.1　酒店组织的特性

酒店组织对酒店的高效经营和运作有着重要的意义,它使酒店现有的各项资源包括人、财、物等,围绕酒店经营目标得以有效整合并有条不紊地运行起来,促使酒店不断实现自身的经营目标。酒店组织包括酒店的组织形式和组织结构,合理而高效的组织结构和组织形式是确保酒店组织管理活动正常运行的前提条件,组织质量如何、效率如何、效益如何,都与酒店组织管理工作的开展密切相关。酒店组织具有整体性、目标性、应变性、实现性、创新性等特性。

1）整体性

酒店组织是整个酒店团体实现酒店经营目标的重要工具,组织中不同层次的员工构成的是领导与被领导的关系,这种从属关系在一定程度上影响到员工的心理反应,进而影响到员工为顾客提供的产品和服务的质量,从这个意义上说,有效率的组织必须确保员工心理上的统一和力量上的凝结。同时,酒店组织目标的实现不是依靠任何一个人的能力所能完成的,它是酒店全体员工整体智慧的结晶,尤其是酒店组织内部不同层次管理者以及基层员工之间的团结和努力所发挥出的巨大效力。

2)目标性

组织是为目标而存在的,酒店组织必须要有自己的经营管理目标,要明确具体的工作任务,在此基础之上充分利用组织的各类资源,并进行组织设计、组织协调和沟通等,有计划有步骤地实施组织管理,逐步促进组织目标的实现。

3)应变性

酒店组织必须做到使内部信息快速顺畅流通,组织系统内部之间要相互联系和相互作用,各部门之间有效协调配合。在此基础上,酒店组织才能够对酒店内部和外部不断变化的环境作出快速反应,形成高效组织,以提高企业经营效益,确保企业经营活力。

4)实现性

酒店组织并不是一个抽象的名词,而是体现酒店所有成员结合的体系和活动的模式。有效的酒店组织必须做到为员工创造一个最佳的内部环境,协调员工关系以达到统一和一致,充分地运用人力与物力实现企业目标。

5)创新性

酒店组织需要与时俱进,不断创新。酒店行业是在不断发展的,酒店组织也需要不断创新管理方法,要能够不断发现组织管理中存在的问题,并迎合市场需求的变化创新酒店的组织结构和组织形式,促进组织管理的不断完善。

4.1.2 酒店组织管理的内容

酒店组织包括酒店的组织形式和组织结构。酒店组织管理就是通过制定合理的组织结构和组织形式,并设立组织的规章制度、行为规范、监督机制等将酒店的人力、物力和财力以及其他各种资源进行有效地整合利用,从而形成一个完整的系统,促进组织目标的实现。

1)酒店组织结构的形成

组织结构都有自己的组织结构框架,酒店的组织结构通常用组织结构图表示。酒店的各个部门、各部门的层次以及它们之间的相互关系共同构成了酒店的组织结构。

（1）部门的设置

酒店根据自己经营管理的需要将酒店分成不同的部门。通常划分为业务部门和职能部门两大类别。业务部门包括前厅部、客房部和餐饮部3大主要部门。职能部门在不同的酒店有不同的划分,通常主要的职能部门有人事部、工程部、财务部、康乐部、安全部、市场销售部及其他职能部门。各个部门有自己的职责权限和业务归属,并且在具体的酒店经营管理中相互协作配合,共同维护酒店的正常运转。

（2）结构层次的划分

酒店组织部门都有一定的跨度,有横向的跨度,也有纵向的跨度。由于业务范围的不同,在横向的跨度上就形成了部门,纵向的跨度则从上至下形成不同的层次划分,层次的划分主要通过岗位的设置来确立。以酒店客房部为例,从上至下依次是部门经理、经理助理、主管,再到下面的领班、服务员以及基层的清扫员,他们在管理范围上都有自己的权限和职责,从而形成了组织机构上的层次等级,各个层次通过等级链连接起来,从而形成了酒店的组织结构框架。

（3）建立岗位责任制

形成酒店组织结构框架后,还需要把酒店的具体业务工作落实到各个部门和岗位。需要建立岗位责任制,以明确各个岗位的工作内容、工作任务、作业规范、岗位职责、权利和义务。使酒店的各项工作都有具体的岗位负责,防止多头管理以及管理漏洞的发生。此外,酒店组织内的各个岗位和部门之间以及从上至下各个层次之间都要进行有效的衔接,以形成畅通的运作流程,并通过制定相关的规章制度进行约束和督导,从而保证酒店的业务正常运转。

2）管理人员配备

酒店设立了岗位并给各个岗位分配了具体的任务,接下来的任务就是为每个岗位配备人员,因为酒店大大小小的事务都需要通过人的操作来实现,因此,确定了酒店的组织结构之后,管理人员的配备就是至关重要的事情。管理人员的配备通常是根据酒店的需要,或由酒店的上级主管直接从现有人员中任命,或通过对外招聘纳贤。无论通过何种方式进行人员的配备,都需要关注以下两点。

（1）用人标准和人数

管理人员的配备要根据岗位的需要和业务量的大小确定合理的用人标准和具体的人数配备。一般说来,管理人员除了要具备过硬的专业技能,能够胜任本职工作以外,还必须具备一定的道德素质、品德素养、气质等。酒店用人有自己制定的标准,通常通过设定具体的用人标准进行考核,或考核专业知识、业务能力,或考核个人的思想品德、言谈气质和行为等。酒店的用人关系到酒店的生存和发展,人员的选拔录用非常重要,必须由专门的考核人员进行选拔考核,只有通过了考核,达到部门和岗位的要求,才能录用和上任。管理人员人数的配备则要依据部门和岗位工作量或业务量的大小来确定,不同的酒店有不同的编制定员的方法和标准,或通过定量的分析来确定人员数量,或通过岗位排班与日工作量来确定,或以班组为单位进行确定等,总之,应以切实适合酒店的需要为宜,配备人员过多或过少都会影响酒店的正常经营。

（2）使用和授权

合理地使用人才是酒店顺利经营运转的关键,而要使用人才,就必须先对他们进行授权。授权要以酒店明文规定的规章制度为依据,同时,对每个岗位人员所赋予的权利要与其职责相一致。除了合理授权以外,酒店也必须合理地使用人才。其一,要创造良好的工作环境,营造良好的工作氛围,要让每一位管理者、员工满足于自己的工作岗位,满足于工作环境和薪酬待遇,愉快地参与工作。其二,除了将酒店的每一位工作者安排在适合的工作岗位上,做到人尽其才之外,还必须经常对员工进行考核,有针对性地培训,不断提高其专业技能和专业素质。其三,对每一位在岗的管理者和员工,在赋予他们应有权利的同时,也应给予他们一定的能力发展空间,使他们能够充分发挥自己的才智,要有创新酒店的激励机制,为酒店管理者和员工提供实现个人价值的空间。

3）劳动组织形式

劳动组织形式是酒店正常运作的关键。酒店有了合理的组织结构,同时也有了酒店经营管理的各级人才,接下来就是将各个岗位和各级管理人才进行有效的整合,形成一个业务运转的整体,使酒店的经营管理得以顺利进行。酒店的劳动组织形式,就是一种整合,它使酒店的各个岗位连贯起来,将酒店各个部门和岗位的劳动连接成一个流程,是酒店活动得以顺利开展的重要组织保障。酒店劳动组织形式包含两层含义:从微观上看,它将酒店各个微小的岗位有效地连接,形成酒店的班组。以酒店客房部楼层服务为例,一般来说,酒店客房部各楼层都有自己的楼层服务员,每天 24 小时为顾客提供完善周到的服务,它由早、中、晚三班楼层服务员在时段上有效衔接,从而形成这个岗位的班组;宏观上看,它将酒店各个重要的业务部门和职能部门有效地整合,形成整个酒店的经营运作体系,为所有顾客提供全面周到的服务。劳动组织形式不仅在纵向上使得酒店每个岗位的劳动有了连贯性和递进性,同时也使酒店各个岗位在横向上的业务关系更加清晰和明确,每个岗位的工作任务和工作内容分得更加细致,从而使得各项业务工作执行得更有效。

酒店的劳动组织形式需要将酒店各个工作岗位有效整合,组建酒店的业务流程并协调各个岗位和部门之间的协作,这中间需要制定各岗位的作业内容、岗位服务规程、岗位的排班、业务的作业程序、信息的传递等,由于酒店的业务内容很多,各业务工作又复杂多变,因此,酒店组织形式也是一项非常复杂的工作,需要酒店各级管理者慎重对待,共同设计和维护。

4.1.3 酒店组织的原则

酒店组织的原则指的是酒店组织构建的准则和要求。它是评价酒店组织结构设计是否合理的必要条件。一般情况下,酒店组织应遵循以下 6 个基本原则。

1)目标导向原则

在组织职能运作过程中,每一项工作均应为总目标服务,也就是说,酒店组织部门的划分应以企业经营目标为导向,酒店的组织形式必须要以能产生最佳效益为原则,组织层次和岗位的设置必须以切实符合酒店需要、提高经营运作效率为依据,对于任何妨碍目标实现的部门或岗位都应予以撤销、合并或改造。在总的目标导向下,组织会有许多大大小小的任务要完成,所以我们在组织结构设计中要求"以任务建机构,以任务设职务,以任务配人员"。同时,考虑到酒店提供的服务和产品的复杂性和灵活性,在具体的酒店服务工作实践中有时候会无法真正找到与职位要求完全相符的人员,因此酒店组织在遵循"因事设人"原则的前提下,应根据员工的具体情况,适当地调整职务的位置,以利于发挥每一位员工的主观能动性。

2)等级链原则

法约尔(Henry Fayol)在《工业管理与一般管理》一书中阐述了一般管理的 14 条原则,并提出了著名的"等级链和跳板"原则,它形象地表述了企业的组织原则,即从最上级到最下级各层权力联成的等级结构。它是一条权力线,用以贯彻执行统一的命令和保证信息传递的秩序。酒店组织结构的层次性、等级性使得等级链原则成为酒店组织必须遵循的重要准则。对酒店来说,等级链原则包含 3 个重要的内容。其一,等级链是组织系统从上到下形成的各管理层次的链条结构。因此,酒店高层在向各个部门发布命令时,对酒店各部门和各管理层而言必须是统一的,各项指令之间不能有任何的冲突和矛盾,否则就会影响酒店组织的正常运行;同时,任何下一级对上级发布的命令必须严格执行,因为等级链是一环接一环,中间任何层次的断裂都会影响到整个组织工作的进行。其二,等级链表明了各级管理层的权力和职责。等级链本身就是一条权力线,是从酒店组织的最高权威逐层下放到下面的各管理层的一条"指挥链",酒店组织中每个管理层以及每一个工作岗位的成员都必须清楚自己该对谁负责,该承担什么义务和职责,责、权、利非常清楚明了。第三,等级链反映了上级的决策、指令和工作任务由上至下逐层传递的过程,也反映了基层人员工作的执行情况,以及将信息反馈给上一级领导的信息传递路线,等级链越明确,酒店组织的决策、信息传递以及工作效率和效果就会越好。

3)控制跨度原则

由于个人能力和精力有限,每个管理人员直接管辖的下属人数应该有一定的范围,不可能无限多,也不能太少。控制跨度原则就涉及对特定管理人员直接管辖和控制下属人数范围的确定问题,也即是管理跨度的大小问题。跨度太大,管理人员管辖下属的人数过多,会影响信息的传递,容易造成人浮于事,效率低下;而跨度太小则容易造成组织任务不明确,工作任务执行起来不力,同样也会影响组织的运作效率。因此,正确控制管理跨度,是提高酒店工作效率、促进组织活动顺利开展的重要保障。现代管理学家对管理跨度问题也进行过广泛的研究,管理跨度与管理者的岗位和管理者本人的素质有关,它受到个人能力、业务的复杂程度、任务量、机构空间分布等多方因素的影响,还要考虑上下级之间接触的频繁程度,上级的交际与领导能力等多方面的因素。一般来说,针对酒店服务和产品的特点,高层管理人员的管理跨度小于中层管理人员的管理跨度,中层管理人员的管理跨度又小于基层管理人员的管理跨度,例如,一个部门经理管理5~6位部门主管就不是一件容易的事情,而一个客房部主管管理10位客房服务员则是轻而易举的事情。因此,管理跨度的确定必须综合考虑各方面因素,且需要在实践中不断进行调整。

4)分工协作原则

在社会化大生产中,适度的分工可以提高工作专业化程度,进而达到提高劳动生产率的目的。酒店提供的服务产品的复杂性和机动灵活性要求酒店组织对具体的工作任务进行合理分工,并进行有效的协调,分工与协作是促进组织任务顺利完成的保障,也是酒店组织要遵循的重要原则。组织分工有利于提高人员的工作技能、工作责任心,提高员工服务质量和效率。但是,分工过细往往导致协作困难,协作搞不好,分工再合理也难以取得良好的整体效益。因而在具体职责权限划分中,在依据需要设置岗位的基础上,应秉承提高工作效率的原则,灵活地进行工作分配和任务安排,给员工足够的自我展示空间,同时也要安排中间协调机构,做好中间协调与整合工作,促进组织内部的良好合作。

5)有效制约原则

酒店组织作为一个整体,它的各项业务的运转离不开各部门的分工与合作,在分工协作原则的基础上,还应有对由这种分工所引发出的部门与岗位彼此间的牵制与约束。适当的约束机制可以确保各部门按计划顺利完成目标任务,实现组织的总目标。有效的制约机制不仅是上级对下级的有效监督和制约,还包括下级对上级的监督和制约。上级对下级的制约可以促进员工更好地完成本职工作,提高工作效率与服务质量;下级对上级的监督和制约则是通过员工层或低一级的管理层对上级的监督,从而提高酒店管理层的决策和执行能力,如对领导人的约束机制可以避免其独断专行,对财务工作进行监督可以避免财务漏洞等,下级对上级的有效制约必须是在下级对上级的命令坚决执行的前提下进行的,应同时遵循统一指挥,确保酒店的组织运作井然有序。

6)动态适应原则

动态适应原则要求酒店组织在发展过程中,以动态的眼光看待环境变化和组织调整问题,当变化的外部环境要求组织进行适度调整甚至产生变革时,组织要有能力做出相应的反应,组织结构该调整的要调整,人员岗位该变动的要变动。而且反应速度要快,改变要及时,从而得以应付竞争日益加剧的外部环境。当前酒店的集团化和全球化扩张的趋势对我国酒店组织结构也提出了更新的要求,我国各大旅游酒店必须迅速适应这种市场竞争势态,尤其是组织结构的动态适应,应不断优化酒店的组织结构,提高酒店的日常经营管理能力,提供更优质的酒店产品和服务,从而不断提升酒店的核心竞争能力。

4.2 酒店组织设计

4.2.1 酒店组织部门

酒店企业的组织部门通常分为两大类:业务部门和职能部门。不同的酒店根据自身经营的需要对组织部门的设计会略有不同,但一般来说,酒店的业务部门主要包括前厅部、客房部、餐饮部、康乐部、商品部等;职能部门则主要包括人事部、财务部、营销部、采购部、工程部、安全部等。

1)前厅部

前厅部一般位于酒店最前部的大厅,是顾客跨入酒店第一眼所看到的地方。前厅部又称为总台或总服务台。前厅部是酒店业务运转的中心,其工作贯穿酒店业务的全过程,从旅客预订和入住酒店到最后离开酒店的整个过程都离不开前厅部的工作。因此,酒店前厅部的工作具有全局性,被称为酒店的神经中枢。前厅部的机构设置和主要职责见表4.1。

表 4.1 前厅部机构设置和主要职责

机构设置	主要职责
预订处	接受顾客通过各种途径(电话、网络、传真、书面、口头等)的预订和办理预订手续,制定预订报表,提供酒店业务信息,与客人建立良好的业务关系,全权掌握客人资料和酒店客房出租情况
问询处	主要是向客人提供各类信息,包括酒店产品和服务的信息,城市游览、观光、购物等旅游信息,办理客人委托事件,接待来访客人等

机构设置	主要职责
接待处	接待入住客人,为客人提供入住客房的各项服务,办理入住手续,开房登记、分配房间等,并随时掌握客房入住状态
行李处	负责迎送客人,为客人开关车门,帮客人卸送行李,引领客人入住客房,向客人介绍酒店的服务项目,为客人等车和招徕出租车等
收银处	提供外币兑换,保持与酒店各营业点的收银联系,客人离店时迅速办理客人入住酒店期间所有消费的结账手续,并收回客房钥匙;及时审核酒店营业收入,做好账目工作,并制定报表等
电话总机	及时、快速地为客人提供所需要的各项问询、联络服务,接传市内和国际长途电话,提供叫醒服务,接听并记录投诉电话,发布重大事件通知等
商务中心	为客人提供各种商务性服务,如打字、复印、打印、扫描、翻译、传真、网络、秘书服务等
大堂副理	24 小时为顾客解决他们所遇到的任何问题,协助客人解决任何困难,处理客人投诉和抱怨,为客人排忧解难。大堂副理的隶属关系一般有两种,一是隶属于前厅部,二是直属于酒店管理机构管辖,不同酒店根据各自的需要有不同的划分

2）客房部

客房部是酒店的主要业务部门,主要为客人提供安静、舒适、干净、整洁和安全的住房服务,除此以外,客房部还负责酒店客房、楼层以及公共区域内的基础设施的保养和报修。根据酒店客房的产品和服务,酒店客房部机构设置包括客房服务部、公共区域卫生和洗衣房三大部门,具体见表4.2。

表 4.2　客房部机构设置和主要职责

机构设置	主要职责
客房服务部	房间服务:负责房间清扫、棉织品配换、房间内设施维护,茶水服务,保证客房清洁、卫生、舒适、安全,体现酒店完善细致周到的服务
	楼层服务:负责一层楼的对客服务,24 小时尽量满足顾客提出的任何要求,保证服务快捷、周到
	会议服务:大小会议室开会前的准备工作,开会中的茶水服务以及开会后的清扫服务等,保证客人舒适的会议环境
洗衣房	负责住店客人衣服的洗涤、熨烫;客房、餐饮服务所需布件的洗涤和熨烫;员工制服的洗涤熨烫;外包业务的洗涤服务等
公共区域卫生	公共卫生:负责客房部所在区间公共区域的建筑物、公共卫生间、公共场所等的清扫工作
	绿化:公共区域的绿化、园艺等工作

3）餐饮部

酒店餐饮部是为顾客提供饮食服务的部门,它不仅为住店旅客提供饮食服务,同时也为酒店外的消费者提供餐饮服务。餐饮部是酒店营业收入的另一大主要来源。餐饮服务也是酒店的主要产品之一,是酒店市场竞争力体现的另一大主体。不同规模的酒店对酒店餐饮部机构的设置也略有不同,一般来说,酒店的餐饮部门包括厨房、餐厅、酒吧等消费场所、原材料采购部三大主体机构,见表 4.3。

表 4.3　餐厅部机构设置和主要职责

机构设置	主要职责
厨房	厨房是餐饮部的生产部门,为餐厅、酒吧等餐饮消费场所提供各种佳肴美食,主要由厨师长负责,主管餐厅布置、炊具洗涤、清洁卫生等
餐饮消费场所服务部	负责包括中西餐厅、酒吧、宴会厅、咖啡厅、多功能餐厅等的服务
原材料采购部	负责食品原料的采购和供应,包括采购、验收、储藏和发放等工作,采购部材料的质量直接关系到餐饮部产品的成本、食品质量以及营业收入等

4）康乐部

康乐部是客人休闲娱乐的场所,它通过向客人提供正常的康乐活动而获得相应的营业收入。康乐部的机构设置因酒店规模的大小和档次的高低而不同,高星级的酒店为客人提供的休闲娱乐设施也相应高档而丰富。一般包括游泳池、网球场、保龄球馆、健身房、歌舞表演等,为向酒店旅客提供更多更丰富多彩的娱乐活动,康乐部会调配专人进行娱乐活动策划,开展一些别开生面的娱乐活动,以满足客人的娱乐需求。随着酒店行业的不断发展,康乐部在酒店组织中的重要作用也越来越明显,康乐部也逐渐成为酒店营业收入的重要组成部分。

5）商品部

商品部已逐渐成为酒店组织结构中不可少的一部分,当前几乎所有的酒店都设置有商品部。商品部主要向客人提供各种日常生活所需的商品,但一般会以旅游商品为主。由于商品部的设施和装修都很豪华,环境优雅,服务周到,因此,所出售商品的附加价值也较大,导致商品的价格往往高于市场上零售商场同样商品的价格。随着酒店的不断发展,商品部的产品以及经营的业务将会不断地发展扩大,其营业收入也将会在酒店总收入中占据越来越大的比重。

6）人事部

人事部又称人力资源部,是酒店的一个非常重要的部门。它的主要职责是为满足酒店日常经营管理的需要,确保酒店在任何时候、任何地点、任何情况下都能为各个部门和岗位工作找到合适的人选,主要负责酒店管理人员以及员工的招聘、选拔、培训、考核、激励等工作。人事部一般直接接受总经理的领导和指挥,酒店组织工作效率的高低与人事部的工作有着直接的关系,因为组织的运作离不开人才的操作和管理,只有将合适的人才安排在合适的岗位上,方能保证酒店组织工作的高绩效,不断实现组织的目标。

7）财务部

财务部的主要职责是协助酒店经营者搞好酒店的财务管理和会计核算工作,同时控制酒店的经营管理费用,在保证酒店服务质量的情况下,使酒店获得最佳的经济效益。财务部一般也是直属于酒店总经理指挥和监管,财务部人员的数量通常也由酒店规模的大小来决定,酒店规模越大,对财务人员的需求会越大,专业性也会更强,财务部门内部通常设置经理、经理助理、主管会计、会计员和出纳员等职位。

8）营销部

营销部的主要职责是推广酒店的主要产品和服务,保证酒店在任何季节都能有充足的客源,维护酒店的声誉,策划酒店的形象,扩大酒店的市场知名度,打造酒店的品牌。营销部的规模大小也与酒店的规模大小相关,大型酒店的营销部由经理、主管、市场营销的专兼职人员组成,为保证酒店客源,酒店营销部还会不定期地组织专门人员进行市场调研,了解市场行情和游客的需求,从而指导酒店组织提供尽可能满足顾客需求的产品。

9）采购部

采购部也是酒店经营运作必不可少的重要部门,它的工作主要是努力满足酒店各业务部门的物资需求,保障酒店正常运行中的物资供应不间断。除此以外,酒店采购部门的另一重要职能就是尽可能地降低酒店物资采购的成本,节约酒店资本消耗,在保证酒店服务和产品质量的同时,尽可能多地增加酒店的经济效益。

10）工程部

工程部负责组织酒店的各项基建工作;酒店所属各建筑物、构筑物、道路及各类管线的维修和养护;负责酒店机电设备的日常管理工作;保证酒店经营管理活动过程中所有服务设施,如客房内的装修和陈设、水电、音响系统、空调系统、电话等的正常运行和使用。

11）安全部

安全部的主要职责是保证顾客生命财产的安全,保护酒店各项基础设施和公共财物的完好,维护酒店公共场所良好的秩序,确保酒店环境的安全,为顾客提供安全、舒适、宁静的环境,通常酒店保安部会安排专职人员 24 小时巡逻,切实保障酒店全体人员和财物的安全。它也是酒店正常经营管理活动中不可或缺的部门之一。

以上部门是依据一般酒店正常运作的需要来设立的,在实际组织结构设计中各酒店应充分考虑自身的情况进行调整,名称可有所不同,部门多少也可灵活处理。

4.2.2 酒店组织结构

组织结构类型是指组织中相对稳定和规范的工作关系模式,如岗位设定、职位安排、工作任务分工、配合等。酒店组织结构类型受诸多外界与内部因素的影响,内部因素如酒店的类型、规模、经营特色等;外部因素则指酒店所处的竞争环境、客源市场需求、国家宏观政策等方面。一般来说,酒店主要的组织结构类型有以下几种。

1）直线型组织结构

直线型是最简单的组织结构模式,它的特点是垂直领导,层层负责,通常主要由管理层、执行层和操作层组成,部门经理向总经理负责,部门主管人员向部门经理负责,基层管理人员向主管负责。各层次负责人往往身兼数职,负责本部门的一切事务。直线型组织结构的优点是便于管理,各层管理人员管理权限明确,由于层次简单明了,信息传递非常方便快捷,各层次间沟通与协作也较容易;缺点是各个层次的管理人员由于身兼数职,因此管理的事务比较多,任务重,工作起来较为辛苦,有一定的难度。直线型组织结构常见于规模小的中小型酒店,如图4.1所示。

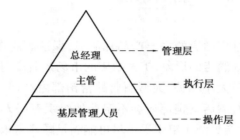

图 4.1　直线型组织结构示意图

2)职能型组织结构

这种组织结构模式授予各职能部门一定的指挥和指导权,允许他们在自己的业务范围内对下面各部门实施此项权力。一般地,酒店的业务扩大,服务和管理趋向复杂化和高标准化时,简单的直线型组织结构将不能适应酒店发展的需要,酒店必须划分出相应的职能部门进行规范化管理,酒店的组织结构也因此要进行进一步的细化和分工,即采用职能型的组织结构。职能型组织结构的优点是加强了各部门的业务监督和专业性指导,使各职能部门注意力集中,便于高效率完成本部门职责;缺点则在于常常出现多头指挥,而使执行部门无所适从,如图4.2所示。

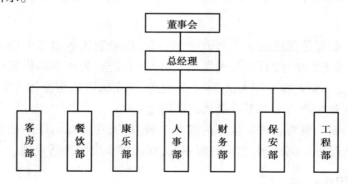

图 4.2　职能型组织结构示意图

3)直线—职能型组织结构

直线—职能型组织结构是直线型组织结构和职能型组织结构结合的产物。它以直线型的垂直领导和严密控制为基础,同时又吸收职能型中划分职能部门以有利于各部门集中注意力进行专业化服务、监督和管理的特点,从而使该组织结构模式能兼具两者的优点,更利于酒店正常的经营和管理。但是,该组织结构模式也有不足之处,直线部门与职能部门之间往往在各自的目标不一致时会产生摩擦,影响工作的顺利开展,不利于整个组织系统的运作,如图 4.3 所示。

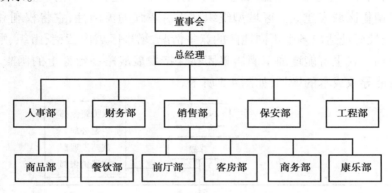

图 4.3　直线—职能型组织结构示意图

4）事业部制组织结构

事业部制组织结构所体现的是"集中政策,分散经营"的指导思想。我国酒店业公司化、集团化趋势越来越明显,许多大型的酒店集团已经开始采用多元化事业部制组织结构。总公司总体指导各个事业部,主要控制人事、财务、战略、投资等,总裁下面设置若干副总裁,每人分管若干个事业部。各个事业部的经营有相当的自主权,可以在总公司的总体指导方针范围内独立经营,独立核算。事业部制组织结构的优点是不仅可以减轻酒店高层管理人员的负担,使之集中精力于酒店的发展战略和重大经营决策,而且也有利于各事业部针对本地区的实际作出快速反应,利于公司的专业化分工,提高生产率。但同时它也具有一定的局限性,这种组织结构模式需要雇用更多的专业人才,雇用更多的员工,经营成本会有所增加,各事业部也可能会过分强调本部门的利益而影响整个企业经营的统一指挥,如图 4.4 所示。

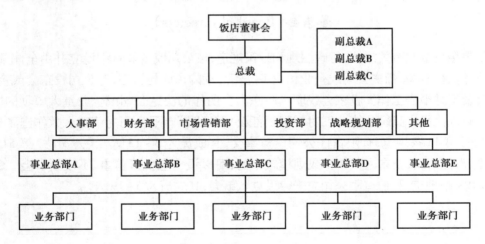

图 4.4　事业部制组织结构示意图

5）区域型组织结构

区域型组织结构多见于国外的大型旅游酒店集团,酒店集团因为发展的需要而不断向国际市场延伸,实施全球扩张战略,酒店提供产品或服务的生产所需要的全部活动都基于地理位置而集中,因此产生了酒店的区域型组织结构模式。这种结构的设置一般针对酒店主要目标市场的销售区域来建立。区域型组织结构有较强的灵活性,它将权利和责任授予基层管理层次,能较好地适应各个不同地区的竞争情况,增进区域内营销、组织、财务等活动的协调。但该结构模式也可能增加了酒店集团在保持发展战略一致性上的困难,有些机构的重复设置也可能导致成本的增加,如图4.5所示。

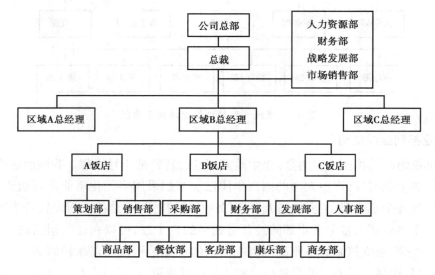

图4.5　区域型组织结构示意图

【知识点滴】

董事会(Board of directors)

　　董事会是依照有关法律、行政法规和政策规定,按公司或企业章程设立并由全体董事组成的业务执行机关,负责公司或企业和业务经营活动的指挥与管理,对公司股东会或企业股东大会负责并报告工作。股东会或职工股东大会所作的决定公司或企业重大事项的决定,董事会必须执行。我国法律分别对有限责任公司和股份有限公司的董事人数作出了规定。《公司法》第45条规定,有限责任公司设董事会,其成员为3~13人。《公司法》第51条规定,有限责任公司,股东人数较少或规模较小的,可以设一名执行董事,不设董事会。《公司法》第109条规定,股份有限公司应一律设立董事会,其成员为5~19人。

4.3　酒店组织制度

　　酒店组织是一个有机的整体,组织结构和组织形式变化多样,组织工作也纷繁复杂,要保证酒店的正常运行,并实现酒店的预期目标,就必须有一套非常周密严谨的组织管理制度,实施酒店组织的制度化管理。酒店的组织管理制度使得酒店的各部门、各岗位以及成员的工作和行为都有章可循,它是酒店提供产品和服务标准化和规范化的重要保障。通过酒店组织制度管理,可以统一组织的行动、统一组织的意识,从而实现组织的目标。

4.3.1　酒店组织制度的分类

旅游和商务活动自古有之,酒店餐馆就应运而生。相传欧洲最初的食宿设施约始于古罗马时期,其发展进程经历了所谓古代客栈时期、大酒店时期、商业酒店时期等阶段,其间几经波折起落。第二次世界大战以后,欧美各地随着经济形势和旅游业的不断发展进入了新型酒店时期,并逐步形成了庞大独立的酒店行业。

随着消费者对酒店提供产品和服务的要求不断提高,酒店组织工作和任务也日趋复杂和精细,这些都决定了酒店组织管理制度类型的复杂性。根据酒店组织层次和酒店产品生产所涉及的内容,可将酒店组织管理制度分为如下四大类别。

1)酒店基本制度

酒店基本制度包括总经理负责制、酒店经济责任制、岗位责任制、员工手册等,它规定了酒店企业的所有制形式,确定酒店财产归谁所有以及酒店收入和财产的分配方式。它制定酒店章程,明确酒店所有者、酒店经营管理人员以及酒店组织成员各自的权利、义务和责任,决定着酒店组织的根本性质。

2)酒店管理制度

酒店管理制度因酒店组织部门的不同而分为两大类:一类是部门管理制度,一类是业务技术规范制度。职能部门管理制度包括人事管理制度、财务管理制度、安全保卫管理制度、行政管理制度、设备设施管理制度等;业务技术规范制度则是针对酒店前厅、客房、餐饮、康乐等业务部门制定的服务规程、工作流程、操作程序、服务质量标准等制度。

3)酒店工作制度

酒店工作制度则是针对酒店在日常经营运作过程中的许多日常事务工作所制定的制度,如会议制度、酒店总结制度、决策计划制定制度等。这些日常事务在酒店业务活动过程中会经常出现,因此,需要用制度的形式进行管理,使其程序化,从而提高酒店常规事务的处理能力,提高酒店的运作效率。

4)个人行为规范

个人行为规范是专门为酒店的全体员工制定的制度,用以规范酒店全体工作人员的行为、言谈举止、着装打扮以及精神风貌等。个人行为规范包括员工礼貌用语、员工服务守则、员工行为规范等,它是酒店最具基础性的制度规范,也是必不可少的制度规范,酒店服务性工作的性质决定了员工对客户服务的重要性,只有用个人行为规范来约束员工,增强服务工作的标准化和规范化程度,酒店产品和服务的质量才能得到保障。

酒店组织管理制度的涉及面非常广泛,包含的内容也非常多,上面所提到的只是酒店主要的管理制度。只有将酒店所有的管理制度综合运用于酒店的日常经营运作活动过程中,并按照规章制度严格执行,方能真正提高酒店组织管理质量,提高酒店运作效率,实现酒店的组织目标。

4.3.2　酒店组织制度的功能

1)规范员工的工作行为和意识

酒店组织管理制度能对员工的工作行为产生有效的控制和约束作用。常言道:"没有规矩,不成方圆",酒店工作的复杂性和员工提供服务产品的无形性决定了酒店组织管理的困难性,酒店唯有通过严格的规范化管理,方能最大限度地保证酒店服务和产品的质量。酒店管理制度为酒店员工制定了有章可循的标准和规范,从员工的外部形象到员工工作的具体内容都进行了制度化的管理,使员工在工作过程中有了具体的行动指南,能够积极向规范化和标准化的方向努力,从而使所表现出的工作行为和提供的服务产品越来越好。另外,在这种长期的规范化的工作环境中,酒店组织制度将逐渐内化成个人行为的自我约束机制,酒店员工的工作意识会不断加强,工作积极性也会不断提高。

2)保障酒店组织的正常运行

酒店组织的有效运转离不开酒店全体人员的共同努力,员工是酒店组织存在并充满活力的关键。酒店组织管理制度通过明文规定的组织规章制度形式,对组织各环节和岗位及成员进行权利、职责和义务的划分,对酒店各部门的工作任务、工作的操作程序、服务标准等作出具体的要求,并用文字的方式确定下来,从而使酒店组织内的所有人员都明白自己的工作任务,知道自己的权利责任和义务,形成约束,防止酒店组织运转过程中出现与组织目标偏离的现象。酒店组织管理制度的这种统一性、方向性以及在具体组织工作中所表现出的规范性和强制性,是酒店组织日常经营管理活动正常运转的重要保障。

3)保证酒店服务和产品的质量

酒店产品和服务具有无形性的特点,酒店员工在具体的对客服务过程中往往会有不自觉的随意性表现,这种随意性对酒店产品的质量会造成一定的影响,顾客不满意、酒店投诉等事件的发生往往是由于员工工作中的疏忽造成的。酒店组织管理制度则通过规范化的管理和服务标准化的设置约束员工的随意行为,并为员工工作的每一个细节都制定严格的标准和规范,从而能够保证酒店为顾客提供的服务和产品的质量,减少不稳定性,真正增强酒店的竞争实力。

4)推动酒店的不断发展

酒店组织制度的内容是酒店全体人员的行动指南和行为准则,它具有较强的适应性,反映酒店的运行规律,在一定程度上也能反映一个酒店的综合实力和发展水平。随着酒店业竞争的不断加剧,酒店全球化进程的加快,酒店组织制度也必须进行改革、调整和建设,对不适应酒店发展的规章制度要重新制定,使其能始终与酒店自身经营环境相适应,从而不断推动酒店的发展。

4.3.3 酒店主要的组织管理制度

1）酒店基本制度

（1）总经理负责制

总经理负责制是适应酒店现代化管理的一种集权领导制度,总经理是酒店的法人代表,拥有酒店行政的最高决策权力,负责酒店的计划的制订并组织具体实施。总经理承担酒店全部业务的经营管理职责,对酒店的发展负有全面责任。

总经理对酒店的主要职责包括:

①在国家政策法律法规所允许的范围内主持酒店的经营活动,制定酒店的经营发展战略,主持召开大型的酒店发展方向性问题的重要会议,认真执行董事会对酒店发展战略的指令,并充分调动酒店所有资源,为实现酒店战略目标而不懈努力。正确处理并协调好国家政策、酒店发展与员工之间的利益关系。

②对酒店负有经营决策权,制订酒店的发展计划并组织具体实施。建设酒店组织结构,制定酒店组织管理制度,全面指挥酒店各职能部门和业务部门的经营运作,能任意调派使用酒店的资金、设备、设施、物资等资源以实现组织目标,同时对酒店全部资产负有责任。

③负责酒店管理人员的使用、任命、调配以及人力资源的开发。负责酒店的各项接待任务,严格履行经济合同。对酒店提供的产品和服务质量负全权责任,保证酒店服务质量达到应有的水平。

④掌握酒店所有的财务大权,对酒店的资金分配、投资、成本费用等有决策权和管理权;对工资、福利等均有决策权。

⑤负责酒店企业文化建设,保障酒店职代会和工会的权利,支持酒店各组织的活动,不断改善酒店员工的劳动作业条件,维护酒店良好的工作环境及和谐的工作氛围。

总经理的主要职责与其所拥有的权力是相匹配的,各项职责之所以能够履行,需要以总经理的权力作为保证。与职责相对应,酒店总经理所拥有的权力主要包括酒店的计划决策权、经营管理权、财务监督权、人事分配权、奖惩权等。总经理负有的职责只有当与其拥有的权力良好配合时,酒店总经理负责制才能发挥出最好的作用,为酒店创造一流的效益。

（2）酒店经济责任制

酒店的经济责任制是酒店组织的另一项基本经济制度,其核心内容是将酒店组织的经营管理目标进行逐层分解,落实到酒店的各部门、各岗位和具体的个人,按照责、权、利相一致的原则,将个人创造的效益与酒店整体效益相联系,并以此为基础进行劳动分配,个人创造了多少劳动价值就能分配应有的劳动所得。实行经济责任制,就是将酒店的经济责任以合同的形式固定下来的一种经营管理制度。

酒店经济责任制包括的主要内容如下。

①制定酒店决策。明确酒店组织的总体经营目标。

②落实经济责任。将酒店组织的经营目标层层下放到酒店的各部门、各岗位和个人。通常实行定量化的管理,将酒店的经营目标进行分解,以指标的形式下放,利于考核和成果的评定。

③考核。考核是保证酒店目标实现的重要手段,通过考核才能了解酒店各部门、各岗位

和个人的工作完成情况,检查经济责任是否完全履行。考核结果必须真实详尽并且清楚公平,它是酒店员工劳动分配的标准和依据。

④效益为本,按劳分配。根据各部门和个人所创造的效益实行按劳分配。酒店的经济责任制的分配方式有计分计奖制、浮动工资制、提成工资制等多种。

经济责任制的实施要本着公开、公平和公正的原则,严格按照效益和利益相一致的原则实施按劳分配,这样方能充分调动酒店全体员工工作的积极性和创造性,使每一位员工都能真正为酒店的利益而努力工作,从而实现酒店组织的经营目标,推动酒店的不断发展。

（3）酒店岗位责任制

岗位责任制是酒店的另一项基本经济制度。它是一个完整的体系。岗位责任制的实质是以酒店的岗位为单位,具体规定每个岗位以及该岗位每个人员的职责、工作范围、作业标准、工作权限、工作量等,并以制度的形式确定下来,酒店全体人员必须严格遵守。岗位责任制通常以岗位责任说明书或职务说明书的形式进行下达,它具体规定了酒店每个岗位员工的岗位身份、工作的内容、完成的标准等,明确该岗位员工所要做的事情以及如何去做。制定岗位责任说明书或职务说明书是酒店岗位责任制的重要表现形式,岗位说明书必须全面、清楚,明确各岗位人员的权利、责任和义务,防止岗位之间产生摩擦,影响组织工作的顺利进行。

（4）员工手册

酒店员工手册是酒店全体员工应共同遵守的行为规范的条文文件。酒店员工手册的内容包括序言、总则、组织管理、劳动条例、计划方法、组织结构、职工福利和劳动纪律、奖励和纪律处分、安全守则等。员工手册对每个酒店都是必不可少的,它规定了酒店全体员工共同拥有的权利和义务,规定了全体员工必须遵守的行为规范,只要是酒店员工,在酒店的工作（包括外表形象、言行举止等）中都要受员工手册上的条款约束。员工手册对酒店的意义非常重大,是保证酒店有序运作的酒店组织的基本制度。员工手册的内容必须通俗易懂,便于员工操作,从而真正发挥作用。

2）酒店管理制度

酒店管理制度是对酒店管理各基本方面规定的活动框架,是用以引导、约束、激励集体行为的规范体系。它在整个酒店通用,要求全体员工遵照执行。按照酒店组织部门和业务划分,酒店管理制度又分为部门管理制度和业务技术规范制度。

（1）部门管理制度

部门管理制度是由酒店下属的各专业部门制定,并要求全体员工遵照执行的相关专业管理制度。酒店部门管理制度主要有人事管理制度、财务管理制度、安全保卫制度、行政性管理制度、设备设施管理制度、物品管理制度,等等。人事管理制度包括人事部对酒店全体员工的人事档案管理制度、劳动工资制度、人员招聘、培训制度、奖惩制度、福利制度和医疗保险制度等;财务管理制度则是根据酒店财务部门的实际情况制定的现金管理制度、信用消费政策、支付制度、营业收入管理制度、资金审批制度和部门外汇管理制度等分门别类的财务管理规章制度;安全保卫制度则是按照国家安全保卫部门的要求而制定的保卫整个酒店人身和财产安全的保卫制度,包括酒店内保制度、消防安全制度、工作安全制度等,其重要性不言而喻;行政管理制度是针对酒店的行政性事务而制定的制度,如行文制度、报告制度、发文制度、行政档案制度、图文资料著作权制度等;设备设施管理制度主要指的是针对酒店各种设备的特点而制定的设备使用、保养、管理等制度;物品管理制度则主要包括物品分级管理制度、物品领用使用制度、物品保管责任制度、物品盘存盘库制度等。

（2）业务技术规范制度

业务技术规范制度是酒店下属业务部门根据自身的业务及其运作特点为规范部门行为而制定的相关管理制度。它包括业务运作制度、服务质量标准、劳动考核制度等。业务运作制度主要有业务流程,服务质量检查,考评制度,排班、替班、交接班制度,卫生制度等;服务质量标准是酒店在根据自己的等级、规模以及整体管理水平定位的基础上而制定的提供产品和服务的质量标准;劳动考核制度是对酒店员工的考勤、任务分配、奖惩、违规违纪处理等日常业务工作进行规范。

4.3.4　酒店非正式组织的管理

酒店非正式组织是有别于酒店正式组织的另一类酒店组织,它是酒店员工为满足自己工作和生活的需要而自发产生的团体。非正式组织的产生以酒店成员间的共性为纽带,如年龄、性格、志趣爱好、工作地位、工作性质、个人能力等方面的共性。

1）酒店非正式组织的特性

不同的酒店内存在着各种各样的非正式组织,非正式组织的类别并不固定,只要酒店内的某一部门群体产生了生理上或心理上的某种需要,这群人聚在一起,就组成了酒店的一个非正式组织。虽然酒店非正式组织的类型难于归纳,但是它们之间却存在着自发性、社会性、信息共享性等共性特点。

所谓自发性,是指酒店的非正式组织都是自发产生的,与酒店的管理层之间没有直接的关系,在酒店正式组织制度所允许的范围内,它们可以自由地发展;社会性是指酒店非正式组织具有社会性的控制作用,它有全体成员所共同认可的文化规范,并形成一种天然的约束作用,组织成员均自觉遵守;信息共享性是指酒店非正式组织内的信息非常灵通,一旦有人获得任何信息便会在整个组织内部迅速传播,人人都能很快知晓。另外,酒店的非正式组织领导的产生与酒店正式组织的管理者没有任何关系,或者是非正式组织内部自然形成的领导核心,或者是由组织全体成员选举产生,其对非正式团体的影响远远大于正式组织的高层领导者的权威。

2）酒店非正式组织对酒店的影响

酒店非正式组织作为一种小团体,组织内的各成员之间有着相同或相似的兴趣爱好、志趣、人生价值观等,因此他们之间具有一种天然的默契,组织内部非常团结,有很强的凝聚力。酒店非正式组织对组织内成员的影响力量远大于酒店正式组织的影响。因此,非正式组织内的成员一旦形成思想或认识上的共识,便会反过来对酒店组织的正常运作产生影响,这种影响将会是很深远的,它可能对酒店正式组织的高效运作起推动作用,也可能起到阻碍或破坏的作用。对酒店管理者来说,如何利用酒店非正式组织的影响力量来促进酒店组织的高效运作,对酒店组织的发展起到积极作用,将是他们必须认真思考的问题。

3）酒店非正式组织的管理

对酒店非正式组织的管理,简单地说,就是要通过各种方式和手段来尽可能地消除酒店非正式组织对酒店经营管理的消极影响,而增强其对酒店发展的积极影响。酒店管理者在具体的管理过程中应注意做好以下工作。

（1）制定相关的规章制度支持酒店非正式组织的活动

酒店领导者必须通过制定相关的优惠政策或酒店的规章制度来支持酒店非正式组织的活动。酒店可以给予酒店非正式组织更多的活动时间和空间,甚至在酒店组织制度中制定配合酒店非正式组织开展活动的规章制度,在酒店日常运作活动中对酒店员工的工作时间如排班、倒班等尽可能予以配合;关注酒店非正式组织活动的开展,并给予相应的奖励政策。通过这些人性化的关怀,使酒店管理者能够加强与酒店非正式组织之间的联系,获得非正式组织内全体成员的一致好感,从而调动非正式组织团体中的每一位成员在工作中充分发挥工作能力的积极性,完成工作任务。

（2）努力保持与酒店非正式组织领导者之间的良好关系

酒店非正式组织团体的领导者对该组织的全体成员有着很大的影响力,这些领导者并非经由酒店高层任命,他们大多数是以自己的人格魅力征服非正式组织团体的全体人员,得到整个团体人员的一致认可。酒店管理者可以经常与酒店非正式组织领导者之间保持沟通和交流,给予必要的支持,并尽可能满足非正式组织为开展活动而提出的合理要求,通过与非正式组织领导保持良好的关系,利用其在非正式组织中的权威来传达组织的工作计划和任务,获得非正式组织团体对酒店组织工作的理解,减少酒店组织与非正式组织之间的分歧,保持酒店整体的凝聚力,推动酒店组织的经营运作和管理活动的顺利进行。

（3）积极引导酒店非正式组织的发展方向

酒店组织管理者除了与非正式组织保持良好的关系外,还应在宏观上引导其发展方向,使非正式组织团体在价值取向上与酒店整体的价值观念保持一致。酒店不仅要对员工在工作时间内的行为进行管理,而且对酒店员工业余时间的活动也要进行引导和管理。例如,宜昌桃花岭酒店组织酒店员工开展外语知识竞赛活动,组织员工到郊外进行郊游,在酒店内开展"岭上桃花风采秀"等活动,丰富员工的生活,增长其文化知识,引导员工的个人发展意识,激发他们在酒店工作中充分发挥主观能动性,在实现个人价值的同时,酒店组织目标也得到实现。

第5章　酒店顾客关系管理

【学习目标】

通过学习本章,学生应该能够:

1.熟悉酒店顾客关系管理的概念和实施的意义

2.掌握酒店顾客关系管理系统的内容

3.熟悉和掌握酒店顾客关系管理的实施流程

4.熟悉和掌握酒店顾客关系管理的基本策略

5.熟悉和掌握酒店顾客关系管理的实施保障体系

关键术语

◇ 策略 Tactics

◇ 酒店顾客关系管理 Hotel Customer Relationship Management

◇ 酒店顾客关系管理系统 System of Hotel Customer Relationship Management

【开篇案例】

香格里拉酒店集团于 1997 年推出的贵宾金环会(Golden Circle)被广泛誉为业内最佳的忠实顾客奖励计划之一,其最大的特点是所有的优惠项目都是根据客人的喜好而设,具有鲜明的个性化特征。集团专门在香港设立了贵宾金环会服务中心,所有成员的客史资料都由该中心统一发往旗下的各酒店,确保成员在世界上任何一家香格里拉酒店都能获得同样的贵宾待遇和个性化服务。金环会的会员可享受到的系列优惠包括成员专用楼层、针对客人喜好而赠送的客用品、每日免费欧陆式早餐、另付 25 美元可升级至套房、免费拨打本地电话等。2010 年,香格里拉酒店集团对贵宾金环会进行全面升级,面向所有公众开放,成为全球首个对住店和非住店客人同时开放的国际常客奖励计划。重新整合升级之后,会员可累计积分换取免费住房、免费升级、餐饮、"气"SPA 以及航空里程,"贵宾金环会"会员每消费1 美元或等值当地货币即可获得 1 个积分,累积 500 积分即可开始换取回馈,且可以惠及家人。"贵宾金环会"每年会为顶级会员不定期举行数次专享活动,例如体验欧洲的东方快车、亲身

感受 F1 大奖赛等。

（资料来源：节选自"香格里拉'贵宾金环会'优惠升级，会籍面向所有公众开放"http://www.xinwengao.net/release/shangri-la/21782.shtml）

随着中国加入 WTO，全球各大酒店集团纷纷进驻中国酒店业市场，它们在给中国酒店业带来高速发展的机遇的同时，也带来了激烈的竞争和挑战。中国酒店业在不断提高自身产品和服务质量的同时，也逐渐意识到酒店顾客关系管理的重要性，顾客乃酒店的生存之本，进行有效的顾客关系管理是提升酒店竞争力的重要手段。但由于我国大多数酒店仍缺乏对顾客关系管理（CRM）的认知，在改善与顾客的沟通技巧和采用科学的顾客关系策略方面较为欠缺，忽视了数字时代顾客对互动性与个性化的需求，酒店顾客资源流失成为我国酒店业发展面临的重要问题。因此，在国际大型酒店集团纷纷进入中国之际，增加对顾客关系管理的深入了解和实施顾客关系管理战略，成为新时期我国酒店业持续健康发展的必然途径。

5.1　酒店顾客关系管理概述

5.1.1　酒店顾客关系管理的概念

1）CRM 的定义

顾客关系管理（Customer Relationship Management，CRM），是伴随着互联网和电子商务的大潮进入中国的。对于 CRM（顾客关系管理）的定义，国外众多著名的研究机构和跨国公司都进行了不同的诠释。其中最具代表性的是第一个提出 CRM 的 IT 咨询顾问公司（Gartnet Group）对其所下的定义，它认为：所谓的顾客关系管理就是为企业提供全方位的管理视角，赋予企业更完善的顾客交流能力，最大化顾客的收益率。

我国的众多学者在国外研究的基础上也对 CRM 的定义提出了自己的见解，其中比较有代表性的是三层次定义法，它认为在现实当中 CRM 的定义从以下 3 个层面来表述会比较恰当。

（1）CRM 是一种现代的经营管理理念

它起源于西方的市场营销理论，又逐步融合了近年来信息技术为市场营销理念带来的新发展，形成了以顾客为中心、视顾客为资源、通过顾客关怀实现顾客满意度的现代经营理念。

（2）CRM 包含的是一整套解决方案

CRM 集合了当今最新的信息技术，包括：Internet 和电子商务、多媒体技术、数据仓库和数据挖掘、专家系统和人工智能、呼叫中心以及相应的硬件环境，同时还包括与 CRM 相关的专业咨询等。

（3）CRM 意味着一套应用软件系统

CRM 凝聚了市场营销等管理科学的核心理念，又以市场营销、销售管理、顾客关怀、服务支持等构成了 CRM 软件的模块基石，从而将管理理念通过信息技术的手段集成在软件上面，得以在全球大规模地普及和应用。

2）酒店 CRM 的定义和内涵

酒店顾客关系管理就是贯穿于整个顾客生命周期、通过 IT 技术和互联网技术与酒店各项资源的有效整合，为酒店组织者提供全方位的顾客视角，赋予酒店更完善的顾客交流能力和最大化的顾客收益率。

（1）酒店顾客关系管理贯穿整个顾客的生命周期

酒店顾客生命周期是从顾客的体验和观念角度来看顾客与酒店接触的全过程。酒店顾客的生命周期包含四个主要的阶段。

①考虑期。指顾客产生酒店需求并开始调查所有可选方案。

②购买期。指顾客通过综合分析评价各备选方案，从中选择最好的可选方案，实施酒店预订，产生购买行为。

③使用期。顾客在购买酒店产品之后使用酒店服务和产品的阶段。

④延伸期。延伸期是对顾客生命周期价值的延续，即酒店通过产品升级、产品维护、售后服务等获得顾客重复入住、向友人推荐等的价值。

酒店顾客关系管理贯穿顾客生命周期的全过程，通过有效的顾客关系管理，培育顾客忠诚，创造顾客价值，使酒店获得更大的效益。

（2）酒店顾客关系管理是以酒店顾客为资产的管理理念

资产在传统的管理理念以及现行的财务制度中，仅指厂房、设备、现金、股票、债券等。随着科技的发展，虽然酒店开始把技术、人才等也视为资产，然而这种划分资产的理念依旧是闭环式的，而不是开放式的。因为无论是传统的固定资产和流动资产，还是新出现的人才和技术资产，都只是产品价值得以实现的部分条件，而不是完全条件，其缺少的部分就是产品价值实现的最后阶段也是最重要的阶段，这个阶段的主导者就是顾客。酒店作为非物质产品生产为主的服务性企业，更需要视顾客为酒店的资产。

CRM 提倡并且树立顾客是酒店资产的理念，成功实现从"以产品为中心"的商业模式向"以顾客为中心"的商业模式的转化，完善了管理过程。以顾客为酒店资产的 CRM 帮助各酒店最大限度地利用其以顾客为中心的资源（包括信息、技术、人员和资产），并将这些资源集中应用于顾客和潜在顾客身上，通过缩减销售周期和销售成本，寻求扩展业务所需的新市场和新渠道，改进顾客价值、满意度、盈利能力以及顾客的忠诚度等手段，来提高酒店管理的有效性。

（3）酒店 CRM 是利用 IT 技术和互联网技术对顾客进行整合营销的过程

与其他物质性生产企业相比，酒店面对的顾客已不再是用实物产品就能够满足的顾客，而是那些想通过酒店提供的服务获得更多身心的享受，获得心灵的愉悦，与物质性需求相比较，酒店产品满足顾客期望的难度更大。因而，酒店顾客关系管理是对更广泛对象的整合，包括有形性的物质产品和无形性的服务产品，并以无形性的服务产品为主。此外，从营销的角度看，酒店顾客关系管理打破了西方传统的以 4P（产品（Product）、价格（Price）、渠道（Place）、促销（Promotion））为核心的营销方式，将营销重点从顾客需求进一步转移到顾客的保持上,保证酒店把有限的时间、资金和管理资源直接集中在这个关键任务上,实现了对顾客的整合营销。

CRM 在近年来的广泛应用则归功于 IT 技术,尤其是互联网技术的进步。如果没有以互联网为核心的技术进步的推动,酒店 CRM 的实施会遇到很大的阻力。从某种意义上说,互联网是酒店 CRM 的加速器,具体的应用包括:数据挖掘、数据仓库、呼叫中心、基于浏览器的个性化服务系统等,这些技术随着酒店 CRM 的应用而飞速发展。

5.1.2 酒店 CRM 的导入背景

1)酒店经营理念更新的需要

现代化的酒店企业经营的基本理念应该随着市场环境的变化而不断演变。正如酒店市场营销的发展一样,酒店的经营理念最初以生产为导向,这是适合于酒店业发展初期卖方市场的理念;随后酒店又确立了以销售为导向的理念,这种理念是在酒店市场竞争日趋激烈时形成的;市场经济大潮洗礼酒店业后,酒店企业普遍确立了以市场为导向的经营理念,强调对市场信号的关注;而在市场竞争更加白热化的现代社会,酒店与市场的关系,最重要、最根本地表现为酒店与顾客的关系相处得如何,因此酒店应该形成以顾客价值为导向的理念,这是一种全新的理念。顾客关系管理就是适应以顾客价值为导向的理念而产生的。

2)酒店管理模式创新的需要

随着市场的变化,酒店在目前的制度体系和业务流程下,在顾客管理方面出现了种种难以解决的问题。主要表现在:酒店业务人员无法跟踪众多复杂和销售周期长的酒店顾客;大量的工作是重复的,常出现人为的错误;在与顾客的沟通中口径不统一;由于酒店业务人员的离职而丢失重要的顾客和销售的信息等。这一系列的问题表明,酒店当前的管理模式需要改革和创新,需要进一步提升顾客管理在酒店管理中的地位,进一步完善顾客管理体系、提高顾客管理水平,进一步优化顾客管理组织,实现专业化管理。这些问题通过实施顾客关系管理则都可得到圆满的解决。

3)酒店核心竞争力提升的需要

随着现代技术的迅猛发展,酒店同行业之间产品和技术的差异化程度越来越小,市场竞争越来越激烈,酒店竞争的焦点也由产品竞争转向品牌竞争、服务竞争和顾客竞争。尤其是随着酒店顾客消费观念的成熟,对产品和服务的个性化、定制化要求也越来越高。如何在更加复杂的顾客群体中准确识别顾客的不同需求、实现与顾客的沟通和互动、建立和保持长期的友好合作关系、培育顾客忠诚,成为决定酒店核心竞争力的关键要素。因此,顾客关系管理的导入成为必然趋势,顾客关系管理的水平也成为评价酒店核心竞争力的重要指标。

4)社会信息技术飞速发展的推动

近年来,随着信息技术的飞速发展,使收集、整理、加工、利用顾客信息的质量大大提高。互联网等信息技术成为日渐成熟的商业手段和工具,越来越广泛地应用于酒店领域信息系统的构建。在先进技术的支持下,酒店 CRM 的实现也成为可能。

酒店顾客关系管理在上述需求和条件背景下被导入酒店行业的管理体系中。一些领先地位的酒店已初步感受到了顾客关系管理的理念及相关的解决方案为酒店带来的变化,它们正进一步完善技术、服务等支撑体系,以创建面向顾客的更先进的新商业模式。

5.1.3　酒店 CRM 的实施意义

随着市场竞争的愈演愈烈,传统的酒店管理系统越来越难以胜任对酒店动态顾客渠道和关系的管理,酒店 CRM 的实施将给酒店带来经营管理方式上的重大变革,对提升酒店的市场竞争力有重要意义。

1)提高酒店的运营效率

酒店 CRM 系统通过整合酒店内的全部业务环节和资源体系,带来酒店运营效率的全面提高。一套完整的酒店 CRM 系统在酒店资源配置体系中是承前启后的:向前,它可以朝酒店的各个渠道的各个方向伸展,既可以综合传统的呼叫中心、顾客机构,又可以结合酒店门户网站、网络销售、网上顾客服务等电子商务内容,构架"动态"的酒店前端;向后,它能逐步渗透至生产、设计、物流配送和人力资源等部门,整合 ERP、SIM 等系统。因此资源体系的整合,实现了酒店范围内的信息共享,使得业务处理流程的自动化程度和酒店员工的工作能力大大提高,从而使酒店的运营更为顺畅、资源配置更为有效。

2)降低酒店的经营风险

在高速运转的社会环境下,酒店业表现出很强的行业脆弱性,酒店经营容易受到外界环境的影响,具有较高的经营风险。在这种背景下,改变酒店传统的"以产品为中心,为产品找顾客"的经营理念,积极发展与顾客长期的互利关系,以顾客为中心来经营酒店,成为缓冲市场扰动对酒店造成冲击、最大限度地降低经营风险的有效途径之一。因此导入酒店 CRM 将降低酒店的经营风险。

3)提升酒店的盈利能力

实施酒店顾客关系管理对酒店盈利能力有巨大影响,表现为顾客关系管理对顾客份额的关注能为酒店带来更高的投入回报。顾客关系管理强调酒店顾客在该行业的高价值顾客总体中所占的份额,这个份额越高,酒店的盈利能力就越强。同时顾客关系管理对长期价值的重视,增强了酒店长期的可持续发展能力。有研究表明,长期的顾客关系与酒店的长期盈利能力具有高度的正相关关系。顾客关系管理强调对顾客的忠诚培养,而且顾客关系管理带来的忠诚顾客,将对酒店有巨大的贡献。

4)优化酒店的市场增值链

酒店 CRM 的应用使酒店原本"各自为战"的销售人员、市场推广人员、一线服务人员、售后服务人员等开始真正围绕市场需求协调合作,为满足"顾客需求"这一中心要旨组成强大的团队;而对于酒店后台的财务、生产、采购和储运等部门而言,酒店 CRM 亦成为反映顾客需求、市场分布及产品销售状况等信息的重要来源。如此一来便优化了酒店的服务链,极大地增强了酒店的市场增值能力。

5)转变酒店的商务模式

酒店 CRM 的实施为酒店顺利实现由传统企业模式到 EC(Electronic Commerce,电子商务)模式的转变奠定了基础。EC 的蓬勃发展客观上需要全新的管理理念,即"以顾客为中心"。创造以顾客为中心的企业必须要从策略、结构、绩效 3 方面来进行。在传统的酒店企业中,收集顾客信息首先就是个问题,即使收集到了,但能存储下来并用于酒店进行销售决策的却很少。在 EC 环境中,酒店在处理信息、从信息中创造价值、使信息成为公司资产三个层次上超越了传统企业模式。因此,酒店应用 CRM,有了一个基于 EC 的面向顾客的前端工具,为 EC 网站提供了可以满足顾客个性需求的工具,能帮助酒店顺利实现由传统企业模式到 EC 模式的转化。

6)增强酒店在新时期的竞争力

有研究表明,在新经济环境下,相对于有形资产,无形资产对企业竞争力的贡献更大,而且其贡献份额呈上升趋势。酒店企业更是如此。顾客资产作为酒店的一项重要的无形资产,其重要性已经受到了广泛的关注,成为酒店市值的要素之一。顾客关系管理的实施对于酒店在新经济时代,有效地管理酒店顾客资产,增强竞争力具有重大的作用。

5.2 酒店顾客关系管理系统

以顾客为中心、建立顾客忠诚最大化以提高酒店的经济效益是实施酒店顾客关系管理的理念和宗旨,酒店顾客关系管理系统的构建将围绕酒店顾客信息管理、全方位满足顾客的需求而展开。酒店顾客关系管理系统包括酒店顾客关系管理的理论模块和技术模块。

5.2.1 酒店 CRM 系统理论模块

酒店 CRM 的理论模块是软件开发前对系统开发目标在理论上的明确和设计,一般应用型软件的开发都要经过系统需求分析、系统设计、系统实施工程和系统维护更新几个阶段,理论模块的构建是整个系统开发的基础和指导。结合国内酒店企业的运作模式和特征,本节总结得出酒店 CRM 在理论上的完善信息流程(如图 5.1 所示),它将有助于我们研究国内酒店顾客关系管理系统在理论和技术上的构建,并逐步引导其升级。具体来说,酒店顾客关系管理系统理论模块的构建主要基于以下几个方面:

1)理念模块

酒店 CRM 系统需有明确的商业价值定位和管理理念的定位,他们为每一项决策和功能的执行提供指导方向。酒店 CRM 系统的开发理念是基于"以顾客为中心"的待客态度、顾客的价值观及整体酒店品牌的价值,来改善或加强酒店与顾客的关系,提高顾客的忠诚度,最终实现酒店利润的增长。所以,要充分地考虑如何让顾客感觉到酒店品牌的优越,酒店如何识别顾客的期望,怎样使酒店的员工更成功地分享外部顾客的信息,怎样激发员工的斗志和处理部门之间的协作等。

2)战略模块

战略是企业发展和成长的保护屏障。酒店 CRM 战略应该在目标收益及方向上与酒店发展战略保持高度的一致,它是酒店发展战略的重要组成和体现,应该为酒店创造更多的盈利机会。实施酒店 CRM 战略就是从如何创造"酒店品牌"及"酒店产品品牌"价值的角度出

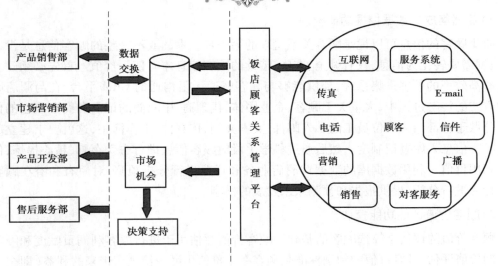

图 5.1 酒店信息流程结构图

发,发现、赢得、发展并保持有价值的顾客,并要将酒店的内外部环境、酒店战略实施和酒店的经济效益结合起来,酒店作为一种服务型企业,顾客的数量和顾客的忠诚度对酒店的发展起着至关重要的作用,忠诚的顾客非常愿意接受酒店提供的服务并愿意为此花更多的时间和资本,而且忠诚顾客及其亲身经历会影响潜在顾客的决策,从而为酒店赢得额外的利润。

3) 经验模块

随着技术的完善和实践的不断深入,人们对酒店运行的机制、管理的模式以及处理顾客之间的关系等方面都有了深刻的理解,在实际的工作中也积累了丰富的经验。好的经验可以提高顾客对酒店的满意度、信任度、归属感和较长久的忠诚度,差的经验则相反,不但会严重影响酒店与潜在顾客之间的关系,而且可能会最终失去原有的顾客。顾客与酒店多年交往的经验深刻地影响着他们对酒店的印象。所以,这就要求酒店 CRM 系统对"顾客经验"在顾客关系管理中的价值和重要性有功能上的预设。

4) 协调模块

协调机制是每个酒店所必有的模块。一是协调各部门之间的工作,使之加强沟通得以高效地运转;二是协调个人和酒店之间的关系,使之目标统一、行动一致。酒店 CRM 系统功能的协调功能应能"以变应变",无论变化来自何方:如组织结构的变化、管理体制的变更、人员的流动等。实践证明,酒店从技术上导入 CRM 已经没有太大的困难,但这并不能使酒店真正进入"以顾客为中心"的时代,唯有酒店自身从理念到行为上实现根本的转变,才能达到既定的目标。

5.2.2 酒店 CRM 系统技术模块的构建

很多国内酒店有的甚至从未有过基本的管理信息系统(MIS),这与国外知名酒店集团在信息化和自动化程度上有很大的差距和不同,也就决定了中国市场所需要的酒店 CRM 产品不是西方酒店 CRM 模型的汉化,我国酒店企业目前所需的 CRM 还处于操作层次和分析层次,具体主要包括以下几个重要的功能模块。

1）数据集成与数据挖掘功能模块

收集顾客的信息可以说是顾客关系管理的第一步。零乱或不完整的顾客信息是没有用的，数据需要转化为信息，只有健全、准确、持续的顾客信息才有使用价值。首先必须建立起完善和高效率的顾客采集系统，提供能够与顾客畅通无阻沟通的 CRM 平台，在与酒店顾客多种方式的接触过程中，大量关于顾客、企业团体、代理商、中间商的记录和商业机会的信息资料分散于各部门或岗位员工的私人邮件、文本文档、传真件、工作簿中，这就要求建立起完善的顾客信息入库登记制度。然后通过科学手段对顾客信息进行去伪存真，精心提炼，使其具备利用价值。利用数据库的数据对酒店业务和行业进行分析预测，对原有和潜在顾客的消费行为进行分析，提供报告和预测未来发展的模型。

2）顾客价值评估功能模块

顾客价值的评估是筛选顾客的基础。顾客价值评估用于进行顾客利润贡献度和顾客生命周期价值评估，顾客价值的判别标准是顾客在全价值生涯中给酒店带来的利益（即全生涯周期利润 CLP），而不是顾客在酒店当前或已有的消费额，基于对 CLP 的预测，选择顾客的当前价值、顾客的增值潜力两个维度指标对顾客进行组合排列得到：铁质顾客、铅质顾客、白金顾客、黄金顾客四种类型，同时还可建立潜在顾客价值评价模型及其应用策略、潜在顾客各种转化形态的实现条件、机理以及转化策略。CRM 系统非常关注顾客价值，并且应具备为 CRM 其他功能模块（特别是信息联络中心和门户网站）提供实时支持的能力，应该将酒店资源（如酒店推广营销经费及与顾客有效互动的方式和时间）引向潜在回报最高的顾客群。

3）顾客分类管理功能模块

顾客的分类管理是实现优质服务的前提。顾客分类管理主要包括以下内容。
①确定细分酒店顾客群的标准，包括顾客的个性化资料、消费的量与频率、入住方式等。
②对酒店同顾客群信息的进一步分析，以便识别具有不同价值的顾客或顾客群。
③对不同顾客群的管理，酒店确定不同顾客群对酒店的价值、重要程度，并针对不同顾客群的消费行为、期望值等制定不同的销售服务策略，虽然淘汰不良顾客资料可能在短期内对酒店产生影响，但没有健康的顾客渠道就不可能建立健康的酒店形象和酒店品牌。对顾客信息的分类管理将有助于提升管理和信息的功能。

4）顾客与市场信息互动处理功能模块

顾客与市场信息的互动处理是维持良好顾客关系的根本保障和措施。随着 Internet、网络、移动通信的发展，越来越多的酒店顾客习惯于通过 Web、E-mail、WAP、SMS 等方式与酒店交流沟通，电子商务和信息服务中心的建立不断完善大大地提高了酒店顾客信息的处理效率，尤其是将 CTI（Computer Telephone Integration）、IVR（Interactive Voice Response）等技术应用于信息服务中心后，系统能够自动为顾客提供顾客信息查询、历史入住明细查询等，还可为顾客提供多样化、个性化的服务，以亲切优质的服务赢得顾客的赞许和忠诚，及时反馈顾客的需求信息，实时调整服务的内容和策略，最终真正地、最大限度地发挥信息对营销和竞争的作用。

5.3　酒店顾客关系管理的实施

CRM 是一个通过积极使用信息和不断地从信息中学习提高,从而将顾客信息转化为顾客关系的循环过程。这一流程从建立顾客知识开始,直到形成高影响的顾客互动。期间需要酒店采用各种策略,建立并保持与顾客的关系,进而形成顾客忠诚。

5.3.1　酒店 CRM 的实施过程

CRM 的实施是一个往复循环的过程,是一个螺旋式提升的过程。酒店 CRM 的循环流程如图 5.2 所示,包括收集顾客信息,制订顾客方案,实现互动反馈和评估活动绩效 4 个环节,继而上升到新一轮循环。

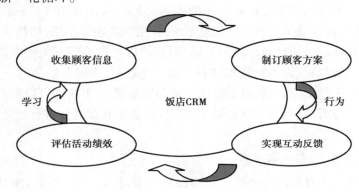

图 5.2　酒店管理信息系统概念结构图

1)收集顾客信息,发现市场机遇

酒店顾客关系管理流程的第一步就是分析酒店市场顾客信息以识别市场机遇和制定投资策略。它通过顾客识别、顾客细分和顾客预测来完成。

(1)酒店顾客识别

酒店所面对的顾客市场是一个广泛复杂的群体,不同的顾客有着不同的需求。酒店顾客识别即在广泛的顾客群体中,通过从各种顾客互动途径,包括互联网、顾客跟踪系统、信息中心档案等,收集详尽的数据,包括顾客资料、消费偏好以及入住历史资料等,储存到顾客数据库中,然后将不同部门的顾客数据库整合成为单一的顾客数据库。同时把它们转化成为管理层和计划人员可以使用的知识和信息,以便从中识别出有需求的顾客。

(2)酒店顾客细分

通过集中有需求的顾客信息,酒店可以对所有不同需求信息之间的复杂关系进行分析,按照需求差异进行顾客市场的细分,并描述每一类顾客的行为模式。通过这样的工作,酒店可以根据不同需求的顾客群体有针对性地设计和推广不同内容、形式以及功能的酒店产品,在此基础上开展一对一营销。

(3)酒店顾客预测

酒店顾客预测是通过分析目标顾客的历史信息和顾客特征,预测顾客在本次酒店消费活动中,在各种市场变化与营销活动情况下,可能的服务期望和消费行为的细微变化,以此作为顾客管理决策的依据。

2)制订顾客方案,实施定制服务

这是指针对顾客类别,设计出适合顾客的服务与市场营销活动。在现实当中,酒店对于各类顾客通常是一视同仁的,而且定期进行顾客活动。但是用 CRM 的观念来看,这样做显然不合算,CRM 要求"看人下菜"。它要求酒店在全面收集顾客信息的基础上,针对目标顾客,预先确定专门的服务项目,制订服务计划。这就加强了酒店营销人员以及酒店服务员工在顾客购买产品前的有效准备和顾客入住酒店期间的针对性服务,提高了酒店在顾客互动中的投资机会。在这一流程中酒店通常要使用营销宣传策略,向目标顾客输送产品和服务的各项信息,以吸引顾客的注意力。

3)实现互动反馈,追踪需求变化

这是酒店借助及时的信息提供来执行和管理与顾客(及潜在顾客)沟通的关键性活动阶段,它使用各种各样的互动渠道和酒店信息系统,包括顾客跟踪系统,销售应用系统,顾客接触应用和互动应用系统。通过与顾客的互动,酒店可以随时追踪有关顾客的需求变化以及顾客消费后的有关评价,从而不断修改顾客方案。在以往,市场营销活动一经推出,通常无法及时监控活动带来的反应,最后以销售成绩来判定效果。CRM 却可以随时对市场营销活动的资料进行相关分析,并且通过顾客服务中心或信息中心及时地进行互动反馈,实时调整进一步的营销活动。

4)评估活动绩效,改善顾客关系

这是酒店顾客关系管理的一个循环过程即将结束时,对所实施的方案计划进行绩效分析和考核的阶段。CRM 透过各种市场活动、销售与顾客资料的综合分析,将建立一套标准化的考核模式,考核施行成效;并通过捕捉和分析来自于互动反馈中的数据,理解顾客对酒店各项营销活动所产生的具体反应,为下一个 CRM 循环提出新的建议,以此不断改善酒店的顾客关系。

5.3.2 酒店 CRM 的基本策略

1)顾客识别策略

顾客识别策略即通过广泛收集和分析顾客数据,评估不同顾客或顾客群的价值,并进一步以顾客终生价值为标准,对酒店终生顾客进行细分,识别顾客类型,对不同类型的顾客采取不同的进攻策略。

顾客的价值包括 3 部分:历史价值,即到目前为止已经实现了的顾客价值;当前价值,即如果顾客当前行为模式不发生改变的话,将会给酒店带来的顾客价值;潜在价值,即如果酒店通过有效的营销活动调动顾客购买积极性或顾客向别人推荐酒店产品和服务等,从而可能增加的顾客价值。其中顾客的当前价值和潜在价值构成了顾客终生价值(Customer Lifetime Value,CLV),即一个新顾客在未来所能给酒店带来的直接成本和利润的期望净现值。具体的识别策略有:

（1）顾客数据收集

对于酒店而言,要建立完整的顾客信息,必须收集以下数据:个人资料(包括年龄、性别、婚姻、收入、职业等)、住址(包括区号、房屋类型等)、生活方式(包括爱好、性格、兴趣等)、态度(包括对酒店产品和服务的态度)、客源地概况(包括经济条件、气候、风俗、历史等)、顾客行为方式(包括渠道选择、入住方式等)、需求(对酒店产品以及服务的期望)、关系(包括家庭、朋友等)。

（2）顾客价值评估

对于酒店顾客而言,影响其终生价值的因素包括:所有来自顾客初始购买的收益流、所有与顾客购买有关的直接可变成本、顾客购买酒店产品的频率、顾客购买的时间长度、顾客购买其他产品的喜好及收益流、顾客推荐给朋友同事及其他人的可能、适当的贴现率。根据酒店的行业特点和酒店产品特点,建立顾客终生价值的因素分析模型,客观评估不同顾客的终生价值。

（3）目标顾客细分

合理的顾客细分是顾客关系经济学的核心,对顾客关系管理的实施至关重要。根据酒店企业的特点制定一套顾客终生价值的评判标准,据此采用聚类分析的方法对目标顾客进行细分。一般可以根据顾客的当前价值(横坐标)和潜在价值(纵坐标)将酒店顾客分为4类,其价值矩阵如图5.3所示。

图5.3 酒店顾客价值矩阵

（4）进攻策略确定

针对图5.4中位于不同象限的酒店顾客,根据顾客投资与利润分析(如图5.4所示),将采用不同的进攻策略。

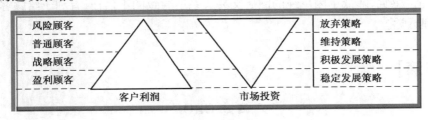

图5.4 顾客投资与利润分析

对于盈利顾客,他们是酒店利润的主要来源,应采取稳定发展策略,与其建立长期、稳定的学习型关系;对于战略顾客,由于他们将对酒店的长期发展产生重大影响,应采取积极发展策略,与其建立长期、密切的顾客联盟型关系;对于普通顾客,由于其人数众多,价值较小,应采取维持策略,与其保持原有的交易关系;对于风险顾客,由于所需投资多,预期利润小,可采取放弃策略。

案例启迪

深圳圣廷苑酒店的"指南针顾客识别系统"

圣廷苑酒店是由深圳市长城地产(集团)有限公司自主投资经营的国有控股五星级酒店,自 2001 年 8 月 31 日开业以来一直保持着较高的入住率,连续多年稳居全市五星级酒店榜首,在国际知名品牌林立的深圳酒店业犹如一株绽放的奇葩。在对待酒店顾客的问题上,圣廷苑酒店有一套非常独到的"指南针顾客识别系统"。酒店将与顾客的每一次接触的机会都视为创造价值和增值的机会,通过全员参与的过程,酒店识别出与顾客的接触面共有 90 多个。在识别这些接触面的同时,酒店还识别出这些接触面可能的、各种不同的接触方式。结合市场调研和与顾客接触的情况,酒店对顾客群按不同维度进行细分,不断校正并聚焦于目标顾客群,以使酒店有限的资源获得最大的收益。作为高档商务酒店,圣廷苑酒店把"商务顾客"识别为关键顾客,质量管理部依据目标顾客群的特征制定年度顾客需求调查方案,对包括关键顾客在内的不同顾客群采用适宜的调查方式和评价方法。近十年来,圣廷苑酒店忠诚顾客的满意度呈上升趋势,顾客重复购买比例呈上升状态,总体顾客满意度不断上升。

(资料来源:节选自"圣廷苑酒店卓越绩效模式最佳实践".http://blog.vsharing.com/coo/A1378583.html)

2)顾客保留策略

顾客保留策略即针对酒店的各级目标顾客,实施顾客关怀,拉近与顾客的关系,提高顾客满意度,从而保留价值顾客。

(1)与顾客密切接触

酒店通过各种途径,保持与顾客的密切接触,建立一种亲善的关系。例如,给顾客发送生日电子贺卡等,这些细微的动作看似与酒店经营行为无关,但是可以在顾客中间产生一种良好的"人情"感觉,降低了因单纯的酒店交易关系所导致的不信任,有利于给顾客提供一种良好的心理感觉。

【知识点滴】

酒店 GRO

GRO(Guest Relation Officer),中文称为"宾客关系主任",是近些年出于顾客关系管理的需要而出现在酒店中的新岗位,一般隶属于前厅部,主要负责与客人的沟通交流,处理客人投诉和需求,按照酒店标准运作程序最大程度满足客人。

（2）顾客提醒或建议

如顾客购买酒店产品后的初期，提醒顾客可能遇上什么问题，并提供解决方法；在顾客消费酒店产品和服务的过程中，提醒顾客还需要做哪些工作，了解顾客使用酒店特殊服务和产品的原因以及使用情况；在酒店消费结束后的适当时间，还可以根据产品关联分析，推荐顾客新的酒店产品。同时当享有酒店积点优惠等权利时，特别提醒他，以免丧失应有的权利。

（3）顾客变动趋势追踪

掌握顾客消费的地点、消费时间、消费方式，进行顾客询问或浏览，追踪顾客价值等变动，及早避免顾客流失。例如：在顾客酒店消费结束后，采取问卷、电话、邮件等方式进行顾客满意度调查，及早发现顾客投诉，及时推断顾客偏好的改变，从而及早消除顾客的不满，或随之改变酒店服务和产品的策略，保留顾客。

（4）顾客需求定制化满足

对重要顾客可制订不同的优惠方案，满足其个性需求。同时销售人员应站在顾客的立场恰当地表达酒店对顾客的优惠政策，这样会取得更好的效果。比如，酒店如果想持续吸引一位顾客，有两种优惠方案的表达方式：一种是："××先生，依照我们的记录，您是 VIP，所以您的住房我们提供六折优惠。"；另一种是："××先生，我们知道您常常需要往来上海—广州洽谈公务，我们更关心您出差旅行时能否继续保持良好的健身习惯，您可以免费使用这里的健身设施。"后者显然更能贴近顾客的心理。

3）顾客忠诚策略

顾客忠诚是从顾客满意概念中引出的概念，是指顾客满意后而产生的对某种产品品牌或酒店的信赖、维护和希望重复购买的一种心理倾向。顾客忠诚实际上是一种顾客行为的持续性。因此它既可以界定为一种行为，也可以界定为一种心态，一系列的态度、信念、愿望等，是一个综合体。它的某些组成因素对酒店而言确实非常琐碎，但对顾客而言并非如此。酒店得益于顾客的忠诚行为，而这种行为源于他们的心态。与顾客建立长期的忠诚合作关系，将为酒店带来更多的效益。CRM 的实施为酒店提供了新的顾客忠诚策略。

（1）赋予"一线员工"足够的操作技能

对于酒店而言，最前线的员工就是酒店服务人员，以及信息服务中心的接线员，这些一线员工将代表酒店与顾客面对面地接触。因此，他们在顾客中留下的印象将是非常深刻的。只有赋予酒店的一线员工以足够的操作技能，才能确保顾客对以他们为代表的酒店服务和产品的满意。

（2）与酒店合作伙伴进行协作

酒店业是旅游业的四大支柱之一，是一个与顾客的食、住、行、游、购、娱相结合的综合服务行业，任何一个酒店企业都无法脱离相关行业单独完成对客的全程服务。与酒店合作伙伴进行协作是酒店实施顾客关系管理的有效措施。通过与酒店合作伙伴进行协作，共同维护和提高酒店供应链水平，可以培育顾客对供应链企业的整体忠诚，从而提升顾客对本酒店的忠诚度，并且顾客难以被竞争对手夺去。

（3）创造以顾客为中心的酒店 CRM 文化

让顾客知道酒店以他们为重，在酒店提倡"以顾客为中心"的 CRM 文化。这不仅要求酒店的市场销售和服务部门建立"以顾客为中心"的业务流程,还需要酒店的其他部门积极响应顾客需求的变化,建立真正意义上的所有部门的运营都"以顾客为中心"。

(4)实现"一对一"服务

在正确的时间、以正确的价格、通过正确的渠道将正确的产品(或服务)提供给正确的顾客,通过"一对一"服务,满足酒店顾客的个性化需求,从而培育顾客忠诚。CRM 的实施,为"一对一"服务的实现提供的技术支持,酒店可以通过数据库中的顾客信息,开发定制化产品满足不同顾客的需求。

(5)想顾客未来之所想

要培育顾客忠诚,仅仅做到"想顾客所想"还不够,还应当做到"想顾客未来之所想"。CRM 的实施实现了这种可能。CRM 中所建立的预测模型可以帮助酒店通过对顾客和市场变化的追踪,制定未来市场开发的准确策略、开展更成功的市场攻势。真正实现"想顾客未来之所想"。

案例启迪

泰国东方大酒店:将培育顾客忠诚做到极致

在世界十大酒店之一的泰国东方大酒店,你也许从未瞄过他们的服务员一眼,但他们却知道你是个有价值的老顾客。他们会在把你提升为头等顾客后,优先给你提供服务。楼层服务员在为你服务的时候叫出你的名字,餐厅服务员会问你是否会坐一年前你来的时候坐过的老位子,并且会问你是否需要一年前你点过的那份老菜单。当到你的生日的时候,你还可能收到一封他们寄给你的贺卡,并且告诉你,他们全酒店都十分想念你。东方大酒店几乎天天客满,不提前一个月预订很难有入住机会。用他们的话说,只要每年有十分之一的老顾客光顾,酒店就会永远客满。非常重视培养忠诚的顾客,并且建立起一套完善的顾客关系管理体系,这就是东方大酒店成功的秘诀。

(资料来源:节选自"世界十大饭店之一的泰国东方饭店". http://3y.uu456.com/bp-2f190d46a89s6bec097se3e1-1.html)

5.4 酒店顾客关系管理的保障

酒店成功实施 CRM,需要技术、人员、资金等资源的注入,同时要有适合其实施的业务流程和组织结构。它们构成了酒店 CRM 实施的保障体系。

5.4.1 信息技术保障

CRM 工程的技术核心是利用现代科学技术有效地分析和建立顾客数据集成和互动的信息沟通系统,利用相配套的软件为顾客提供在线或 24 小时的有效服务。一方面,利用高信息化的数据库将酒店内外部顾客资料数据集成到同一个系统里,让所有与顾客接触的营销、服务人员都能按照授权,实时地更新和共享这些信息。另一方面,利用高效的信息流,使每一个顾客的需求都触发一连串规范的内部作业链,使相关业务人员紧密协作,快速而妥善地处理顾客需求,从而提升酒店的业绩与顾客满意度。

1)高信息化的数据库

存有顾客详尽数据的中央数据库,是酒店内统一的也是唯一的高信息化的决策支持系统,它需要利用信息技术实现数据与知识的转换。

(1)完备的数据信息功能

以顾客为中心的酒店数据库是一个酒店顾客信息的金矿,是全酒店进行决策的信息基础。为了确保顾客信息的交流,完善数据的信息功能,数据库自身需要具备以下特征。

①可容纳大量数据。即数据库必须可以容纳大量的详细数据。包括与酒店顾客的每一笔交易,每一个顾客电话,每一次顾客称赞或投诉等都必须记录在案。

②可持续加载数据。即数据库必须具备因业务和交易的不断进展而持续加载数据的能力。因为随着酒店业务和交易的不断进展,顾客情况会有新的变动,需要在数据当中添加新的顾客信息。

③数据信息可共享。即数据库应该为酒店营销和管理部门以及其他部门的人员共同使用。因为酒店 CRM 不仅仅是关于酒店市场营销的,而是关于整个酒店处理对客关系的问题。因此数据信息应该可以共享。

④可不断扩大容量。即数据库必须是可以扩展的。酒店规模的不断扩大,顾客交易的不断成功,都要求酒店数据库随之不断升级,根据营销增长的需要而不断扩大容量,容纳更多信息。

⑤可保护敏感数据。即数据库必须对一些敏感的顾客数据提供足够的保护,这是顾客正当的权益要求。

⑥以历史数据为基础。即数据库的成功只能依赖于长期详尽的酒店历史数据,若按预期的情况去设计数据库必然会失败。

(2)完善的信息转换能力

数据库的建立完善了酒店的信息结构,但数据本身尚不能表达顾客意愿,在数据库的成功应用中还存在一个信息转换的流程,包括将顾客知识转化为数据以及数据转化为信息两个方面。因此酒店在具备高信息化顾客数据库的同时,还必须完善这两种能力。

①将顾客知识转化为数据的能力。顾客信息的收集,除了一部分数据可以从内部或外部的数据文件和数据库中访问、获得、复制或摘录,更多的是直接来源于顾客的知识化信息,它不能直接被数据库系统所容纳,必须按照数据库中已有的分类进行转换。这一流程要结合酒店行业的性质和普遍信息接受的变换形式把数据转换成共同的特征,它通常需要一些巧妙的处理手段和一定的业务知识,再加上对数据来源和数据意义的清晰理解,这是数据库应用最艰难的过程。

②将数据转化为信息的能力。详细的顾客知识,指的是关于交易的原始数据,这才是成功的酒店用来获得并保持盈利顾客的关键所在。要想创造一种能够共享的酒店决策环境,就必须把原始数据转化为可以指导行动的信息。这就需要借助于信息访问和知识发现工

具——信息技术。它可以帮助酒店从所有适当的数据信息来源中获取顾客知识,进而引导顾客需求,培育顾客忠诚。

2)高效的信息流

在顾客关系管理过程中,信息流是酒店与顾客之间双向流动的全过程,它贯穿于酒店生产、交换和消费的各个环节。任何一个环节的信息流动出现问题,都会导致顾客的不满。因而顺畅高效的信息流程是 CRM 的基础和保障。

5.4.2　人员团队保障

酒店在实施 CRM 中还必须重视人的因素,他们对 CRM 的成功实施是极为重要的。

1)获得酒店管理层认可

实施 CRM 应当取得酒店高层领导的支持以及管理层的理解和共同认可。这是 CRM 实施获取其他保障的基础,否则将成为 CRM 实施的最大阻碍。作为酒店的高层领导,应当从总体上把握这个 CRM 的项目实施,并扫除实施道路上的障碍。他们将为实施计划设定明确的目标、向团队提供为达到目标所需时间、财力、人力和其他资源,并推动该目标从上到下的实施。同时作为酒店的管理层人员应当具备对实施 CRM 项目的充分理解和协作支持,才能使 CRM 项目顺利开展。

2)成立 CRM 实施团队

在实施 CRM 时,酒店要组织一支多功能的实施团队。这支团队应当在四个方面具有较强的能力:一是具有进行酒店业务流程重组的能力,团队成员需要对其流程的关键部分进行改造,使之符合 CRM 系统的要求;二是具有了解系统的顾客需求状况的能力,团队成员应该根据酒店的工作流程对 CRM 工具进行修改;三是具有掌握一定技术,以支持相关功能实现的能力;四是具有改变管理方式的能力。团队成员可以帮助顾客适应和接受新的业务流程。酒店可以从组织内部各部门中或通过外部招聘的形式寻找适当人员充实团队的力量,以保证团队成功实施 CRM。

3)进行全员管理培训

员工对顾客关系管理的正确认识以及对相关技术知识的掌握,也是成功实施 CRM 的重要保障。酒店首先应该通过全员培训,在酒店中形成从领导到员工对 CRM 重要性的正确认识,并积极配合实施,使 CRM 融入到酒店的每个运作环节之中。同时,酒店应通过持续的员工培训,使他们能够成功地运用这一系统并以此建立酒店和顾客的关系,酒店将从对员工的培训和顾客的支持中获利。

5.4.3　管理组织保障

CRM 系统的实施是一个管理项目,而非仅仅是一个 IT 项目。要想成为一个"以顾客为中心"的酒店组织,必须要重新定义酒店的业务方法,这需要更多的员工授权,灵活的产品(服务)价格模型,以及扩充的产品特征(利益)等。因此 CRM 的实施不可避免地会引起酒店业务流程的重组和组织结构的调整。

1)业务流程重组

业务流程重组是指利用信息技术,对酒店的业务流程进行彻底的再思考和重新设计,从而提高顾客满意度,取得经营业绩质的飞跃。在 CRM 中,它包括酒店的销售实现、市场营销、顾客服务 3 个业务流程的优化;酒店与顾客接触、交互、合作的业务流程(联络中心管理、业务信息系统、CRM 集成管理)优化和重组两个方面。

首先,专业技术人员需要预测顾客与竞争对手在未来 5 年内会如何变化,而 CRM 又是如何跟进并驱动这一变化的。然后,通过调查和业务分析,确定哪些领域最需要自动化,哪些领域需要业务流程的改善。最后进行战略规划、评估,实现以顾客为中心的业务流程重组。重新设计的业务流程要使每一步都尽可能有效执行,并配合顾客的需求。要配合顾客的需求,酒店业务流程的设计必须考虑以下 4 个方面:第一,向顾客推销产品的方式、内容以及所耗费的人、财、物。第二,如何让顾客接收酒店信息和顾客如何方便地购买酒店的产品。第三,了解如何吸引新顾客,使之成为回头客。第四,如何使不满意的顾客回心转意。总之,将流程与顾客连接到一起,能更好地提高顾客满意度,使对顾客需求的反应更迅速。

2)组织结构再造

CRM 价值链要求酒店的组织结构必须以顾客为导向,必须改变过去以产品或品牌为导向的组织形态,形成一个以了解顾客、服务顾客为目标的组织形态,以便使组织更接近顾客。为此酒店组织结构必须体现从以产品为中心的内部导向型组织转向以顾客为中心的市场驱动型组织。两者的比较见表 5.1。

表 5.1　内部导向型组织与市场驱动型组织的比较

项　目	内部导向型组织	市场驱动型组织
发展战略	被动反应型 短视,目标不体现顾客需求	主动出击型 长远,目标体现对顾客价值的创造
顾客和市场关注程度	不关注或弱关注,以产品为中心	强关注,以顾客为中心
对待竞争对手和合作伙伴	缺乏竞争和合作意识 不关注竞争对手 竞争中处于劣势	具有市场竞争和合作意识 对竞争环境有清醒的认识 竞争目标明确,竞争力强
顾客关系	与顾客关系松散,不了解顾客需求	与顾客关系紧密,熟知顾客需求

5.4.4　合理规划保障

合理的 CRM 规划是酒店成功实施顾客关系管理的必要保障。顾客关系管理的主要目标是建立良好的顾客关系,培养忠诚的顾客群;在与顾客的每一个"接触点"上都更加接近顾客、了解顾客、关怀顾客;最大限度地增加利润,提高市场占有率。要实现这一目标,在战略开发中必须要有明确的长远规划。同时一项完备的 CRM 系统需要 3~5 年的时间,需要将这一中长期规划分阶段、分步骤地加以实施,从最迫切、最可行的部分开始,逐步完成。因此还必须明确各阶段的规划目标。同时管理者还要分析研究如何将 CRM 的实施与酒店的中长期发展战略结合起来,确定较为详细的实施计划。通过合理的规划,科学安排实施进程,严格进行过程控制,以保证 CRM 项目的成功实施。

5.4.5　企业文化保障

企业文化是酒店的指导思想、经营理念和工作作风。实施顾客关系管理的初始阶段，一些员工往往会由于其既得利益和工作习惯受到冲击而拒绝接受和采用。因此，搞好企业文化建设，改变酒店上上下下的管理理念、行为准则、传统习惯也是实施顾客关系管理的重要保障环节。具体地说，要做好3方面的工作：一是培训，侧重于讲解新经营理念、CRM的运作方式、顾客沟通技巧等。二是将顾客置于酒店组织的中心，使酒店各部门围绕顾客进行协调与合作，全体员工不断提高团队合作意识，树立整体效益观念，共同满足顾客的个性化需求。三是采取由上而下的阶梯传导方式实施顾客关系管理，由各级管理层带动本部门员工完成具体任务。

5.4.6　专业化管理保障

顾客关系管理涉及酒店评价、整体规划、技术集成等多项工作。要实施这一复杂的系统工程，单靠酒店自身的力量恐怕难以奏效，需要求助于社会专业化顾客关系管理组织。一是采用公开招标的形式寻求CRM解决方案，邀请有关专家、技术设备厂商以及电子商务咨询公司等，研究酒店现状，提出前景好、技术一流并适合酒店自身特点的CRM产品；聘请专家对酒店的相关人员进行CRM原理培训和操作培训，协助酒店实施CRM。二是采用CRM"外包"形式，把顾客关系管理交给社会力量，由已有成功案例的专业服务公司对酒店顾客关系管理的实施进行专业化的运作。

第6章 酒店人力资源管理

【开篇案例】

马里奥特的经营管理智慧——员工第一

　　万豪国际集团创立于1927年,从一个小规模的啤酒店成长为世界顶级酒店集团,经历数十年风风雨雨都一直坚持着创始人马里奥特先生的经营思想:你如能使员工树立工作的自豪感,他们就会为顾客提供出色的服务。这种"员工第一"的经营哲学也正是万豪得以成功的秘诀。

　　马里奥特对人的管理非常有特点,它拥有最大的集权式的人力管理部门。从1938年起开始举办年度员工晚会,为员工集体上保险,赠送圣诞礼物、服务年限礼物,建立员工建议系统以改善员工关系。作为第一个倡导利润共享计划的人,马里奥特鼓励员工购买公司股票,在20世纪90年代每年拨出约2 000万美元的利润来发给员工。为了吸引最好的员工,马里奥特采用新的工作设计和交叉培训,引导员工以最小的成本实现客人最大的满足,因而马里奥特酒店的劳动生产率明显比其他酒店要高。马里奥特强调激发员工的自豪感,充分授权给员工,让员工创造性地解决客人的问题,通过晋升与提高的机会来激励他们、留住他们。

（资料来源：节选自：服务精神——马里奥特之路（The Spirit to Serve：Marriott's Way），作者：J. W. Marriott, Kathi Ann Brown，出版社：HarperCollins Publishers，出版时间：1997）

进入 21 世纪，人力资源与知识资本优势的独特性成为企业重要的核心技能，人力资源的价值成为衡量企业整体竞争力的标志。酒店是典型的服务性行业，提供的产品具有无形性，员工与顾客面对面提供服务的过程也就是酒店产品的生产过程。酒店业的这种特殊性决定了酒店人力资源管理将贯穿酒店服务的全过程。为了全面提升酒店的服务质量，提高酒店管理水平，必须将酒店人力资源管理纳入酒店管理的理论体系中。因此，酒店人力资源管理是酒店管理概论体系中的一项重要内容。

6.1　酒店人力资源管理特色

6.1.1　酒店人力资源管理的特点

酒店人力资源管理，是以推动酒店业可持续发展为目的，结合酒店业自身的行业特点，将现代科学的人力资源管理理论应用于酒店企业管理当中，为酒店从业人员提供包括人力资本升值在内的服务，满足员工的需求，从而实现顾客的满意，促进酒店的顺利发展。

概括起来，酒店人力资源管理具有以下特点。

1）综合性

酒店人力资源管理主要是对组织内的人的全面管理，而人是复杂的，因此，酒店人力资源管理需要综合考虑多方面的因素，如环境因素、经济因素、文化因素、心理因素、生理因素等，涉及社会学、经济学、管理学、心理学、组织行为学等学科。在实际操作中，针对酒店员工的素质的考察也是全面、综合、系统的，除了需具有丰富的综合知识、专业的操作技能、较强的信息沟通能力、良好的服务态度和服务意识外，还必须具备良好的政治思想素质、品德修养和职业道德等。这些都突出体现了酒店人力资源管理的综合性。

2）动态性

酒店业有一个很显著的特点，就是从业人员的流动性特别大。据调查，1996 年北京市几家著名酒店的员工流动率平均为 26.4%～34.5%，其中大中专以上学历的员工流动率高达66.7%，熟练的一线员工流动率更高。酒店业的高员工流动率，是一个世界性的问题。据统计，美国 1997 年酒店业一线员工的流动率是 91.7%，经理流动率为 13.5%，督导流动率为11.9%，造成巨额的费用流失。1998 年全美酒店企业每位员工的流失平均带来的损失也高达 5 000 美元。针对酒店人员的高流动性，酒店人力资源管理需要充分了解影响员工高流动的因素，分析引起员工高流动的根本原因，然后根据不同的原因，采取不同的管理措施，实施酒店人力资源的动态管理。

3）服务性

服务性是酒店行业的重要特征，也是酒店人力资源管理的重要特征和理念。美国罗森帕斯旅游管理公司总裁罗森帕斯曾向"顾客就是上帝"的传统观念提出挑战,他认为"员工第一、顾客第二"(Employees come first, customers second)是企业成功之道。他认为只有把员工放在第一位,员工才有顾客至上的意识。由此可见,酒店人力资源管理是酒店实施服务竞争战略、高质量完成服务过程、实现酒店组织目标的必要保证。酒店企业人力资源管理始终体现着"以人为本"的管理理念,人力资源管理的管理并非行政式的"管"人,而是一种柔性的人性化管理,它通过在营造酒店良好的组织文化和竞争氛围的同时,从员工的实际需求出发,进行谋求员工利益和企业利益共同发展的一系列的服务活动,所以酒店人力资源管理体现的是一种为员工服务的特点。

6.1.2　酒店人力资源管理的目标

酒店人力资源管理就是通过对酒店人力资源进行有效的利用、管理、挖掘和激励,并制定相关的人力保障体系,使人力得到最优化的组合和积极性的最大发挥,以保证酒店的高效运转和优质服务,从而提高酒店的经济效益和社会效益。可以看出,酒店人力资源管理的目标就是通过其管理职能的实现,达到酒店企业效益的实现。具体来说,即提高员工的工作绩效和效益,在实现酒店目标的基础上,努力实现员工的个人目标,使酒店与员工实现共同发展。酒店人力资源管理的目标体系可以分为3个层次,员工绩效、组织绩效以及员工和酒店的协调发展。

1)员工绩效

酒店所提供的产品主要是面对面的服务,因此,造就一支高素质的员工队伍是酒店经营的基础。酒店人力资源管理的基本目标就是要做好人力资源开发工作,充分调动员工的积极性、主动性和创造性,做到人适其职、职得其人、人尽其才、才尽其用。员工绩效主要体现在工作满意度和工作稳定性上。工作满意度既是员工工作成果的表现,也是激发其继续不懈努力的动力之一;工作稳定性,则能体现企业和员工之间的信任关系。

2)组织绩效

有了优秀的员工并不代表酒店就会有好的效益,只有在良好的组织文化和工作氛围下,帮助员工进行职业规划,并提供很好的发展机会,将素质良好的员工个体整合成高效率的组织体系,从而形成组织绩效大于个人工作绩效之和的酒店绩效状态。组织绩效主要体现在生产率的提高和酒店形象的良好塑造。

3)协调发展

员工的忠诚度是员工主观上有强烈的忠诚于酒店的愿望,这种愿望往往是由于组织与员工目标的高度协调一致:组织帮助员工发展自我和实现自我,员工共同努力帮助酒店实现组织目标。这就是员工与组织协调发展的直接表现,这也是酒店人力资源管理所追求的最终目标。

6.1.3　酒店人力资源管理定位

酒店行业具有较强的敏感性,受市场变化的影响很大。因此,酒店人力资源管理的定位不仅要研究消费者的需求和行业的发展趋势等酒店市场环境,还要结合自身的优、劣势及经营理念进行分析,最终确定本酒店的人力资源管理的总体定位。

1)酒店人力资源管理的环境分析

酒店人力资源管理的环境分析包括酒店外部环境分析和酒店内部环境分析。酒店外部环境主要包括国家的政治经济环境、政府的政策、法律、产业结构、外在劳动力市场和工会等。较其他行业而言,酒店业的发展更依赖于国家的政治经济环境的繁荣与稳定,人力资源的供给和需求对酒店业的发展也有很大的影响。例如,2003年的"非典"事件对我国酒店人力资源管理就是一个很大的考验。当整个行业陷入危机,酒店如何实现人力资源的配置和企业的效益相协调,是一个相当重要的问题。在非典期间,有的酒店无力支付大量的人力成本,只能大量辞退员工,这引起了整个行业的失业恐慌;有的酒店则利用这个机会对员工进行培训,加强内部人力资源的整合,还打出共同努力,共渡难关的口号,从而加强了组织的凝聚力。

酒店人力资源管理的定位在很大程度上受到酒店内部环境的影响,主要包括酒店组织机构、企业文化、财务状况、经营理念等。酒店的组织机构设置通常是比较扁平的,这既是业务特点的要求也是酒店内部良好沟通和信息传递通畅的保证。目标、人员、职位、责任、协作关系、沟通等组成了组织机构运行的基本要素,组织机构的变化会影响人力资源管理的定位和作业,同时需要有人力资源管理的支持;企业文化是酒店企业的灵魂,是直接影响酒店员工工作绩效和经营效益的关键因素;酒店人力资源管理的定位也要基于酒店的实际财务状况而定,人力资源管理的实施需要企业经济收入的支持,员工的招聘制度、员工培训、薪酬政策、劳动关系等都受到酒店财务状况的限制。另外,酒店的经营理念是指导酒店在市场竞争中取得优势的企业价值观和经营思想,不同的经营理念对员工的工作信念和行为的要求是不一样的,每个经营理念的实施都依赖于人力资源的有效配置和组合。因此,酒店人力资源的定位还受企业经营理念的影响。

2)酒店人力资源管理的战略定位

知识经济时代和信息时代的新时代特征表明了酒店的人力资源管理的定位应该是人性化和科学化标准的组合。美国康奈尔大学的研究显示,人力资源管理战略可以分为3大类:吸引战略(Inducement Strategy)、投资战略(Investment Strategy)和参与战略(Involvement Strategy)。

使用吸引战略的酒店,推行多项薪酬政策,以丰厚的待遇来吸引员工,从而达到员工的稳定性和可靠性;采用投资战略的酒店比较注重创新,对员工的培训、潜能的开发和组织关系的协调比较关注,将员工视为主要投资对象,旨在建立长期的工作关系,员工工作保障高;推行参与战略的酒店,决策权力下放至底层,使大多数员工在参与酒店发展的决策中,有归属感和成就感,从而提高酒店员工的参与性、主动性和创新性。

总的来说,酒店人力资源管理的战略定位在人力资源管理中起主导作用,为酒店人力资源管理的政策制定、作业实施和管理系统的建立等奠定基调。酒店人力资源管理的战略定位是依据酒店的外部和内部环境,在相应的企业文化和经营理念下,确定酒店对待人力资源的价值观,从而选择适合酒店自身特点的总的人力资源发展思路。

6.2 酒店人力资源管理体系

酒店人力资源管理的内容体系包括：人力资源规划、工作分析、人员招聘、培训与发展、绩效考评、薪酬管理、沟通与激励、劳动关系等。

6.2.1 人力资源规划

人力资源规划是一种战略性和长期性的活动，与酒店的总体经营战略目标有很大的关系，是酒店发展战略及年度计划的重要组成部分，是人力资源管理各项工作的依据。

人力资源规划必须保持与内、外部环境的一致，从组织的目标和任务出发，实施动态的规划，在使酒店内部员工的招募、甄选、配置、培训以及绩效考评等人力资源规划的设计相互匹配和协调的同时，还应与外部的业务动态和人力资源市场相一致，从而保障酒店未来发展所需的人力资源配置，实现酒店与员工个人的同步发展。酒店人力资源规划具体包括人员招聘计划、员工培训和使用计划、薪酬计划、离退休计划等有关人力资源的行动计划和预算，其实质在于选择所追求的酒店发展目标和实现目标的最佳方案。

1）人力资源规划的内容

酒店人力资源规划的内容一般包括广义的人力资源规划和狭义的人力资源规划两部分。广义的酒店人力资源规划包括如下内容。

（1）酒店人力资源的发展

酒店人力资源的发展是指酒店人力资源的增补和素质的提高。人力资源规划的任务之一就是根据对现有人员状况的分析，预测诸如自然减员、竞争等造成的职位空缺，拟定人员的增减、调整与培训计划。随着业务的变更和组织的变动，需要通过增补来改变人员素质结构，或通过培训等手段来提高员工的素质，进而提高组织整体的人员素质。

（2）酒店人力资源的转移

适当的人员流动，是酒店维持自身活力和组织先进性的保证。人力资源规划也包括职业转移的规划，是酒店编制员工招聘、培训计划的基础之一。职业的转移一般包括转移原因、职业转移的工种和人数、安置的去向和措施等内容。因而了解人员流动的根本原因，进一步为酒店员工的利益着想，能保证人力资源管理更好地持续进行。

（3）酒店人力资源的保护

规划好人力资源的保护能有效地提高员工工作能力，给予他们充分的民主权利，免去工作的后顾之忧，使之在工作中保持旺盛的精力和热情。酒店人力资源的保护包括安全规划，卫生规划，保健规划，福利规划等。

狭义的酒店人力资源规划有两个层次。

第一，酒店人力资源总体规划。即在计划期内人力资源开发与管理的总体目标、总政策、实施方案和总预算的安排。

第二，酒店人力资源业务计划。包括人员的招聘计划、补充计划、分配计划、提升计划、培训计划、工资计划、保险福利计划、离退休计划、劳动关系计划等。

2）人力资源规划的程序

酒店人力资源规划的程序模型如图6.1所示,可分为4个阶段、7个步骤。

①准备阶段——确定目标、收集信息、预测人力资源需求、预测人力资源供给。

②编制阶段——综合平衡并制定人力资源规划。

③审批执行阶段——经审批后,实施人力资源规划。

④反馈阶段——收集反馈信息。

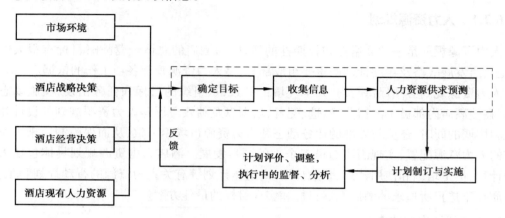

图6.1 人力资源规划的程序模型图

3）人力资源规划的方法

（1）资料收集法

资料收集,即对现有酒店的人力资源状况进行调查与核实。收集资料是编制人力资源规划的前提条件之一,酒店可以从以下3方面收集资料。

①人员使用的资料;

②年龄结构的资料;

③人员素质的资料。

（2）预测法

人力资源的预测是建立在对未来人力需要的准确预测上,并进行系统的人力资源安排。人力资源的预测是一项技术性很强、难度很大的工作,其准确度直接关系到人力资源规划的效果,是规划中的关键性工作。在充分考虑影响因素的情况下,预测应采用以定量为主,结合定性分析的各种科学预测方法。例如对人力资源需求的预测,就有总体需求结构分析预测法、人力资源成本分析预测法、人力资源学习曲线分析预测法、比例法、分合性预测法、团体预测法等多种科学预测方法。

（3）平衡法

所谓平衡法是指从客观经济规律出发,对人力资源规划的各项指标进行统筹安排,使其与酒店总体经营计划,酒店项目开发计划等协调一致,规划期的人力资源需求量与酒店内部人力资源供给量,需从数量、工种、岗位等各方面进行平衡,以便调剂余缺、合理安排、适当招聘。人力资源规划编制的平衡法一般通过编制计划平衡表来完成。

6.2.2 工作分析

酒店人力资源管理的一切职能,都要以工作分析为基础。只有做好了工作分析,才能据此完成酒店人力资源规划、绩效评估、职业生涯设计、薪酬设计管理、招聘、甄选、录用工作人员等工作。工作分析可以为制定有效的人力资源规划提供科学依据,为选拔合格的人才提供客观标准,为设计人员培训与开发方案提供依据,为绩效考评提供科学标准以及为薪酬制度提供公平性保障。

1)工作分析的内容

工作分析一般包括两个方面的内容:确定工作的具体特征;找出工作对任职人员的各种要求。其中涉及多方面的要素,酒店可以利用工作分析公式(The Job Analysis Formula)中确定的7项要素,即:

①工作主体(Who)——特定工作岗位对与其相匹配员工的个体特征描述。

②工作内容(What)——所要完成工作的任务、职责、流程等具体行为过程。

③工作时间(Time)——完成工作的具体时间要求。

④工作环境(Where)——包括工作作业的硬件物理环境和酒店组织文化氛围等软件社会环境。

⑤工作方式(How)——高质量完成工作所需的设备条件和物质材料,以及工作的方法和程序。

⑥工作原因(Why)——说明工作的性质和重要性。

⑦工作关系(for Whom)——工作的隶属关系和酒店内、外与工作内容相关的各个对象之间的关系。

通过全面、系统的分析,结果主要表现为工作描述和任职说明。规范的工作描述书包括工作名称、工作活动、工作程序、物理环境、社会环境、聘用条件6个方面,它主要是要解决工作内容与特征、工作责任与权力、工作目的与结果、工作标准与要求、工作时间与地点、工作岗位与条件、工作流程与规范等问题。而任职说明书,旨在说明担任某项职务的人员必须具备的生理要求和心理要求,主要包括一般要求:年龄、性别、学历、工作经验;生理要求:健康状况、力量与体力、运动的灵活性、感觉器官的灵敏度;心理要求:观察能力、学习能力、解决问题的能力、语言表达能力、人际交往能力、性格、气质、兴趣爱好等。

随着现代科技、知识的不断发展,在酒店管理中,对每个人在酒店中的位置问题,已经开始尝试按照现代数学方法进行模糊定位。传统的工作说明书当遇到跨部门、跨职能的团队合作问题时就无法发挥很好的作用,而且无法清楚地确定一个人在酒店中的定位问题。取而代之的是角色说明书,即对人力资源进行分层分类的管理,从不同层次不同类别来确定员工的任职资格、行为标准和工作规范。

2)工作分析的程序

工作分析是对工作进行全面评价的过程,这个过程可以分为6个阶段,各个阶段的主要工作如下。

（1）准备阶段

明确目的；成立工作小组；确定样本（选择具有代表性的工作）；分解工作为工作元素和环节；确定工作的基本难度；制定工作分析规范。

（2）设计阶段

选择信息来源；选择工作分析人员；选择收集信息的方法和系统。

（3）调查阶段

编制各种调查问卷和提纲；广泛收集各种资源。

（4）分析阶段

审核已收集的各种信息；创造性地分析，发现有关工作或工作人员的关键成分；归纳、总结出工作分析的必需材料和要素。具体可从4个方面进行分析：①职务名称分析：职务名称标准化，以求通过名称就能了解职务的性质和内容。②工作规范分析：工作任务分析；工作关系分析；工作责任分析；劳动强度分析。③工作环境分析：工作的物理环境分析；工作的安全环境分析；工作的社会环境分析。④工作执行人员必备条件分析：必备知识分析；必备经验分析；必备操作能力分析；必备心理素质分析。

（5）运用阶段

促进工作分析结果的使用。

（6）反馈调整阶段

组织的经营活动不断变化，会直接或间接地引起组织结构和分工协作体系的相应调整，可能产生新的职务和引起部分原有职务的消逝。

3）工作分析的方法

工作分析的方法多种多样，但酒店在进行具体的工作分析时要根据工作分析的目的、不同工作分析方法的利弊，针对不同人员的工作分析选择不同的方法。一般来说，工作分析主要有资料分析法、问卷调查法、面谈法、工作日记法、现场观察法、工作参与法、关键事件法等。

①资料分析法。其主要是对酒店已有的各种涉及工作分析的历史资料，以及行业内相似职位的数据统计进行分析的一种方法。这种方法实行的成本较低，但缺乏准确性。

②问卷调查法。其是由工作分析人员编制设计问卷，要求相关人员以书面形式回答，从而快速、有效地获得工作相关信息的一种调查方法。问卷调查法费用低、速度快；节省时间、不影响工作；调查范围广，可用于多种目的的职务分析；缺点是需要说明和统一，否则会因理解不同而产生信息传递误差。

③面谈法。其是与担任有关工作职务的人员一起讨论工作的特点和要求，以获取相关工作信息的一种调查方法。面谈法易于控制，可获得更多的职务信息，但工作信息的判断易受分析者观点的影响；面谈者易从自身利益考虑而导致工作信息失真；职务分析者所问问题的质量会影响信息收集的质量；不能单独使用，要与其他方法结合使用。

④工作日记法。是让员工用工作日记的方式记录每天的工作活动和工作中出现的问题，作为分析资料的方法。这种方法要求员工在一段时期内对自己的工作情况系统地记录下来，记录的细节可能对工作分析有很重要的作用，但也可能因个人因素而使某些信息

失真。

⑤现场观察法。其是在工作现场运用感觉器官或其他工具,通过观察员工的实际工作活动和行为,并以文字、图表和影像等多种方式来记录工作信息的收集方法。要求观察者有足够的实际操作经验,可广泛、客观地了解信息,但它不适于观察工作循环周期很长的、脑力劳动的工作,对偶然、突发性的工作也不易观察,不能获得有关任职者要求的信息。

⑥工作参与法。其是工作分析者直接亲自体验工作的整个过程,从中获取工作信息的方法。此方法获得真实信息,只适应于短期内可掌握的工作,不适于需进行大量训练或有危险性的工作分析。

⑦关键事件法。其通过酒店管理人员和工作人员的回忆,获取比较关键的工作特征和事件的资料。所研究的工作可观察、衡量,分析资料适应于大部分工作,但归纳事例需消耗大量时间;易遗漏一些不显著的工作行为,难以把握整个工作实体。

6.2.3　员工招聘

1）员工招聘的原则

酒店员工招聘,是根据酒店的经营目标、人力资源规划及业务部门对所需员工的工作要求,由酒店人力资源管理部门主持进行的招聘、考核与挑选优秀、合适员工的业务活动过程。员工招聘是确保员工队伍良好素质的基础,关系到酒店的生存和发展。因此,员工的招聘工作是十分复杂的,需要遵循一定的原则。

（1）遵守法规原则

员工的招聘要符合国家的相关法律、政策,坚持《中华人民共和国劳动法》所规定的相关用人条款,实现平等就业、照顾特殊群体、男女平等、有效订立劳动合同等。

（2）双向选择原则

在酒店和劳动者之间建立起来的平等选择机制,是劳动力资源配置的基本原则。它一方面促使酒店为招揽人才而不断提高自己的效益,提高应聘率;另一方面又能使劳动者努力提高科学文化知识和专业技能,增强竞争力。

（3）公开竞争原则

以广告或其他方式发布招聘公告,造成社会舆论,形成竞争局面,达到广招人才的目的。公开招聘提高了招聘的透明度,体现了机会均等、人人平等的公平竞争原则。同时公开招聘为求职人员提供了信息,便于他们选择中意的酒店和工种。

（4）考核择优原则

考核是对应聘者业务水平、工作能力和工作态度的考查,考核择优是在对应聘者进行全面考核的基础上选优任用,做到任人唯贤。这是保证所招人员质量的前提,也是应聘者平等竞争的重要条件。

（5）效率优先原则

力争用尽可能少的成本招聘到适应酒店需求的高素质人才。招聘成本包括招聘费用;因招聘不慎而重新招聘时所花费用,即重置成本;因人员离职给酒店带来的损失,即机会成本。高的招聘效率体现在用最低的招聘成本,招聘到相关岗位的最适合者。

2)员工招聘的程序

员工招聘的程序是否科学、合理,直接关系到最后录用人员的质量,同时也影响着整个招聘工作的效率。人员招聘包括两个环节,即招募和甄选。招募是酒店为吸引更多更好的人员前来应聘而进行的一系列前期活动;甄选则是通过各种方法和手段,选取最符合工作需求的应聘者。人员招聘可分为 4 个阶段。

（1）筹划阶段

这一阶段是员工招聘的起点,主要包括以下内容。

①根据酒店经营情况和内、外劳动力资源状况,制订招聘计划。

②根据招聘量的大小和招聘对象的重要程度成立招聘小组,并挑选和培训招聘工作人员。

③确定招募途径,是内部选拔还是外部聘用,是员工推荐还是广告招聘,是聘用应届毕业生还是聘用有工作经验者等,并拟定招聘简章。

（2）宣传阶段

这一阶段承上启下,直接影响着招聘的效果。主要包括如下内容。

①大力宣传、吸引和鼓励求职者踊跃应聘。

②应聘者填写求职申请书,通过求职申请书,酒店可以大致了解应聘者的基本条件。（表 6.1）

表 6.1　某五星级酒店求职申请表

Position Applied For 申请职位:			Second Choice 第二选择:			
Salary Expected 要求薪金			Available Date 可上班日期			PHOTO 近照
Chinese Name 中文名字			English Name 英文名字			
Native Province 籍贯			Contact No.联系电话			
Home Address 住址			ID No.身份证号码			
Age 年龄	Sex 性别	Height 身高	Religion 民族	Second Language/Grading 外语/等级		
EDUCATION 学历		Name of school 学校名称	Years attended 年度		Certificate Obtained 所得之学位/证书	
			From 由	To 至		
Professional Training 专业训练						
University 大学						
Secondary School 中学						
Other Studies 其他						

续表

FAMILY 家庭主要成员	Name 姓名	Age 年龄	Place of work 工作单位	联系电话 Phone No.
Father 父亲				
Mother 母亲				
Wife or Husband 配偶				
Boys or Girls 子女				

Do you have any family members working in this hotel? 是否有亲属在本酒店工作？□No 否 □Yes 是

Chinese Name 中文名_____ English Name 英文名_____

Department 部门_____ Position 职位_____ Relationship 与本人关系_____

EMPLOYMENT RECORD 受雇记录

List present job first(先填现任的工作)

Name and Address of Employer 受雇公司名称及地址	From 由 月　年 Month Year	To 至 月　年 Month year	Position Held 所任职务	Gross Monthly Salary 税前月薪	Reason for Leaving 离职原因

PER-EMPLOYMENT STATEMENT 入职宣言

I certify that to the best of my knowledge, the foregoing statements and medical history information given by me are true. I understand that if I am employed, any misrepresentation or omission by me herein will be sufficient cause for dismissal from the service of ×× Group. I also authorize any investigation of the above information for purposes of verification. Any payment made by the Company during absence due to sickness or accident is at the discretion of the Company, and not a legal liability. I consent to taking any pre-employment physical examination required by the Company and such future physical examinations as may be required by the Company.

本人在此求职申请表所填报之一切属真实及正确,如有隐瞒或虚报,愿意接受无偿之立即解雇处分。本人并授权于酒店作出一切有关本人之查询。本人愿意接受就职前和就职后如有需要之体格检查。

PLICANT'S SIGNATURE　申请人签名　　　　　　　　DATE　日期_____

（3）测试阶段

这一阶段是招聘工作的关键所在。主要包括以下内容。

①核查应聘者个人资料。

②初次面谈,通过与应聘者面对面的接触可以确定应聘者仪表、表达能力等是否符合酒店的要求,面谈包括无计划的、结构化的、复试及团体面谈、压力式面谈等。

③测试,目的是了解应聘者的知识和专业技能的水平,测试的内容与方式以职务所要求的范围和标准为基础。(表 6.2)

表 6.2 某五星级酒店应聘人员测试评估表

INTERVIEW COMMENTS 接见评估	代号　A =EXCELLENT　B =GOOD　C =FAIR　D =POOR CODE　　优异　　　良好　　　可　　　劣			
	代号 CODE	备注 REMARKS	代号 CODE	备注 REMARKS
GENERAL APPERANCE 外貌				
PERSONALITY 性格				
ATTITUDE 态度				
COURTESY 礼貌				
JOB KNOWLEDGE 职位知识				
INITIATIVE 主动性				
CONFIDENCE 自信心				
LANGUAGE 语　言	English 英　语			
	Putonghua 普通话			
	Others 其　他			
INTERVIEWER 接见者	第一次接见部门 FIRST INTERVIEW _____ DEPT. 由 BY _____ □推荐　　　　　□考虑中　　　　□不接纳 □RECOMMENDED　　□PENDING　　□REJECTED 签名 SIGNATURE: 日期 DATE:			
	第二次接见部门 FIRST INTERVIEW _____ DEPT. 由 BY _____ □推荐　　　　　□考虑中　　　　□不接纳 □RECOMMENDED　　□PENDING　　□REJECTED 签名 SIGNATURE: 日期 DATE:			

（4）录用阶段

将多种考核和测验结果进行综合评定,确定出录取的人员名单。主要包括以下内容。

①任用面谈,在基本确定录用后,在正式任用之前还要对应聘者的个性、经验、兴趣、技能、抱负作进一步的了解,确保人适其职。

②体格检查,体检是酒店招聘中非常重要的一环。

③审查批准,确定录用名单。

④以书面形式通知应聘者,签订劳动合同。

⑤对未被录用者表示感谢和歉意。

⑥进行岗前培训、试用与安置。

6.2.4　员工培训

酒店是劳动密集型的服务型企业,仅有豪华的硬件设施和先进的技术装备是不够的,更需要员工的个体素质和组织的群体素质作保证。从酒店角度看,员工培训可以使酒店市场竞争水平不断提升,竞争的重心转移到人才的竞争;可以提高管理人员的管理决策水平;可以降低损耗和劳动成本;可以促进员工掌握新技术和先进正确的工作方法,大大提高服务质量等。从员工的角度看,员工培训可以提高员工素质,通过"培训—工作—再培训—再工作"持续的循环不断提升员工素质;可以为员工的自身发展提供条件,通过为员工提供人力资本增值服务,使其不仅能出色地完成本职工作,还能跨出本职位的限制,更好地完成更复杂和困难的工作,为其职业人生进一步发展提供条件和保障。

1）员工培训的类型

（1）按培训性质划分

①岗前培训。岗前培训即对新招聘的员工在正式上岗之前的企业文化和业务培训。目的是让员工能尽快适应岗位职责的要求,能顺利完成本职工作。通过岗前培训为酒店提供一个专业的、高素质的员工队伍,以保证酒店服务的质量。

②在职培训。在职培训是对在职职工进行的以提高本岗位工作能力为主的不脱产训练形式。在职培训有利于改善现有人员素质不适应工作需要的局面,从多方面提高员工的业务水平,同时又不影响正常工作的进行和酒店的运转。

③转岗培训。转岗培训是指员工由于工作需要或是个人能力的突出体现,需要从一个岗位转向另一个岗位,使转岗人员在短时间内能适应新工作岗位的培训。

④技术等级培训。技术等级培训是按国家或行业颁布的技术等级标准,为受训人员达到相应级别的技术水平而进行的有关级别的训练活动。集中培训与所评技术等级相关的内容和技能。

（2）按培训对象划分

①职业培训。职业培训主要针对基层员工,培训的重点放在基层员工的具体操作能力和服务技巧上。

②发展培训。发展培训主要针对管理层员工,培训的重点为培养和发展管理人员的观念意识与决策督导技能。要求管理者全面了解和掌握酒店内外的经营环境和酒店自身的竞争实力,扩大管理者的经营视角,从而更好地实施各项管理服务职能。

（3）按培训内容划分

①道德培训。注重员工的思想素质培养，从社会公德和职业道德方面对员工进行培训。职业道德认识、情感、意志和信念是员工对职业道德现象的感知、理解与接受的程度。只有员工有了高的思想道德素质，酒店的对客服务才能真正做到体贴入微，酒店的形象才能得到社会各界人士的认可和好评。

②知识培训。知识培训是按岗位要求对培训者进行专业知识和相关知识的教育活动。内容具有很强的专业性和客观操作性，从而提高员工的岗位作业能力。根据不同知识层次的员工，要进行不同的知识培训，力求每个员工经过知识培训之后，都能有不同程度的提高。

③能力培训。知识是基础，能力是关键和重心。酒店从业人员的能力表现在多个方面，观察能力、记忆能力、思维能力、想象能力、操作能力、应变能力、交际能力、艺术欣赏能力等。能力的培训就是训练员工在具体工作中，能综合运用多项能力，保证服务产品的质量。

（4）按培训地点划分

①酒店内培训。酒店内培训是利用本酒店的培训资源对员工进行的脱产、半脱产或在职的培训活动。由于酒店对员工比较了解，在本酒店培训能针对实际作业中出现的问题进行专门的培训，且费用较低，对组织的正常运作影响不大。

②酒店外培训。酒店外培训包括输送员工到培训院校进修、参加培训和到国外有关单位考察学习等，还包括组织到各种训练营的集训活动。有助于员工系统学习专业知识、开阔视野、交流经验、团结合作，并有良好的激励作用。

2）员工培训的内容

（1）普通员工的培训

普通员工的培训主要在于学习酒店及各部门的各项规章制度，掌握岗位的职责与要求，提高业务水平与操作技能，并根据普通员工所从事的工作，以专业培训和岗位培训为主。

（2）专业技术人员的培训

财务人员、工程技术人员、厨师等，需要接受各自专业技术培训，了解政府政策，掌握本专业的理论知识和业务操作方法，从而提高专业技术的专业技能。

（3）管理人员的培训

基层管理者的培训应注重充实知识，提高实际工作能力，高级管理者需了解政府的有关政策、法规与方针，学习与掌握现代管理理论与知识，提高预测能力、控制能力、决策能力等。

3）员工培训的方法

（1）操作示范法

操作示范法是对专业操作技能要求较高的岗位培训所设置的，为了使受训者熟练掌握正确的操作方法，安排部门专业操作技能很好的员工在工作现场或模拟的工作环境中利用实际使用的器材，进行讲解和示范的培训方法。包括讲授示范操作与模仿两道基本程序。

（2）职务轮换法

职务轮换法是对有潜力的员工实施在不同部门相应职位或不同职位上轮岗工作，以提高员工整体素质和能力，发现其优势所在，从而充分发挥其工作的积极性，提高工作效率。

（3）见习带职培训法

见习带职培训法是酒店对新聘用员工的一种试用机制，在见习期内实施岗位的培训工作，见习期满后进行考察，合格者进一步留在企业就职。

（4）角色扮演法

角色扮演法是让员工模拟实际情景，扮演工作中的不同角色进行训练的一种方法。培训者可以选取工作中主要的、常见的、特殊的场景，要求员工扮演工作所涉及的不同角色，实现角色互换，让受训者体会到工作的不同侧面，从而提高服务的质量和水平。

（5）参观考察法

参观考察法是组织受训员工参观本酒店或其他酒店，甚至是出国考察学习的一种方法。让员工在参观考察中进行横向和纵向的比较，发现自身的不足和先进者的优势所在，学习借鉴别人的先进工作经验和工作方法。

（6）案例研讨法

案例研讨法是针对一些工作中的重要问题进行集体讨论的培训形式。在对特定的案例分析和辨证中，受训员工集思广益，畅所欲言，各抒己见，不断汲取新的思想，让员工开阔视野，学习经验和方法。案例研讨法的案例需要具有典型性、普遍性和实用性，从而提高员工解决实质性问题的能力和技巧。

（7）视听教学法

视听教学法是运用现代高科技电子的技术和成果，将影像、网络等运用于培训教学中，提高培训的质量和效率，还可以降低成本。

案例启迪

日臻完美——香格里拉酒店集团重视内部培训

香格里拉酒店集团于 2003 年建立了流动学习中心，选择重要的枢纽地区和主要城市作为培训地点，由集团和外聘的培训人员对员工进行系统多样的有关领导和管理方面的培训，为他们在集团内提供各种学习的机会。2004 年 12 月，集团位于北京附近的香格里拉酒店管理培训中心正式开幕。该中心针对现有的香格里拉酒店集团员工以及社会人员设置了一系列培训课程，内容涉及厨艺、餐饮服务、前厅、客房、洗衣、工程、培训和发展，以及人力资源管理等诸多方面，所有课程都包括教学部分及其在酒店实际工作中的实习培训。2005 年 4 月，香格里拉酒店集团携手康纳尔网络大学，推出管理人员在线培训计划，培训课程涉及 5 个领域：人力资源管理，管理的本质，殷勤待客和餐饮服务管理，策略管理和财务管理，共计 57 门课程。此外，香格里拉酒店集团 2005 年开始还专门针对酒店的市场销售人员开展"明星"培训计划，它融入了香格里拉酒店集团企业文化的精髓，培训内容涵盖基本销售技巧、谈判技巧、策略销售管理以及营销领导与动机。

（资料来源：搜狐旅游.日臻完美——香格里拉重视内部培训. http://www.cntour2.com/viewnews/2009/5/11/0511144253_1.htm）

6.2.5　绩效考评

酒店绩效考评,是酒店人力资源管理部门依照一定的工作标准,采取科学的办法,考核评定员工对其职务的理解程度和职责履行程度,以确定其工作成绩的管理办法。员工绩效考评的主要目的在于通过对员工全面素质的综合评价,判断他们的职务贡献,并以此作为酒店人力资源管理的基本依据,切实保证员工培训、报酬、调职、晋升、奖励、惩戒或辞退等工作的科学性。以公开、公正为原则的绩效考评在酒店的经营和人力资源管理中均起到很大的作用。

1)绩效考评的内容

绩效考评包括员工素质评价和员工业绩评价两个方面。具体内容包括德、能、勤、绩4个方面。德,是员工的精神境界、道德品质和思想追求的综合体现。德的衡量标准也随着时代和行业的发展在不断地变化,它决定了一个人的行为方向、行为强弱和行为方式,具体化、标准化的德的考评具有重要的意义。能,即员工在工作中所体现的能力素质,包括体能、学识、智能和技能等方面。体能主要指与员工身体状况有关的年龄、性别和健康状况等;学识主要包括文化水平和相应的思维能力等;智能包括记忆、分析、综合、判断、创新等方面的能力;技能主要包括操作能力和组织能力等。勤,指员工的工作态度和敬业精神,如工作热情、积极性和主动性、出勤率等,强调员工的强烈责任感和事业心。绩,指员工的工作业绩,包括工作的数量、质量、经济效益和社会效益,这是员工绩效考评的核心内容。在了解整个酒店业务管理流程的基础上,需根据不同的考评目的,将德、能、勤、绩分解成若干个子项目予以考评。

2)绩效考评的方法

(1)业绩评定法

业绩评定法是一种被广泛采用的绩效评定法,要求评价者根据员工的表现来对各个细化了的评价指标进行判断、打分。这种方法的优点在于简便、快捷,易于量化。其缺点在于容易受主观因素和社会关系的影响。

(2)工作标准法

工作标准法,又称劳动定额法。劳动定额是指在一定的物质、技术条件下,在充分调动员工积极性和酒店经营活动顺利开展的基础上,每个员工应保证完成的工作量指标。工作标准法就是将员工的工作成效与企业制定的劳动定额相比较,以确定员工绩效的考评方法。此方法有明确的量化参考标准,易于作出评价结果。其缺点是对于难以量化的工作,无法准确作出评定。

(3)排序法

排序法是一种把限定范围内的员工按绩效表现从高到低进行排列的一种绩效评价法。这种绩效表现既可以是整体绩效,也可以是某项特定工作的绩效。这种方法的优点在于简单易行、速度快,可以避免主观误差,其缺点是标准单一,绩效结果偏差较大,容易使员工的自尊心受到打击,而且不同部门间无法进行比较。

(4)硬性分配法

硬性分配法是将限定范围内的员工按照一定的分布将其划分为几个等级,每一个等级规定一定的人数。例如规定 10% 为优秀,15% 为良好,60% 为合格,15% 为稍差,把员工划分到不同类型中。这种方法在实际实行中缺乏公平性和客观性,但可以减少趋中误差。

（5）关键事件法

按照这种方法,管理者把员工在考察期内所有的对部门效益产生最大积极或消极影响的关键事件都记录下来,经过汇总后就能反映员工的全面表现。该方法的针对性强,结果不易受主观因素的影响,但是容易产生以偏概全的误差,如果考察期较长,还会给管理者增加很大的工作量。

（6）目标管理法

目标管理法（Management By Objectives,MBO）是考评者与员工经过共同讨论,制定员工在一定时期内所需达到的绩效目标,同时还确定出实现这些目标的方法和步骤。这种考评方法的基本程序是:

①管理者和员工联合制定评价期内要实现的工作目标,并为实现特定的目标制定员工所需要达到的绩效水平。这些目标常用营业额、利润、竞争地位或酒店内人际关系来表示。

②在说明酒店员工状况的同时,监督者和员工还根据业务和环境变化修改或调整目标,并经常关注每个员工目标实现的情况,帮助员工制定具体措施以保证目标的实现。

③管理者和员工共同检测目标的实现程度,对照目标衡量成果,并讨论失败的原因。

④当目标管理的循环即将结束时,管理者和员工共同制定下一评价期的工作目标和绩效目标,开始新一轮的循环。

实行目标管理法,绩效评价者起到了提供顾问和咨询的作用,具有充分的民主性和培养性特点,执行过程由下级自主执行。这使员工增强了工作自主性和独立性,能促进员工的工作满意度,进而使其以更积极的态度投入工作。

随着对人力资源绩效管理研究的深入,90% 的国外企业都采用平衡计分卡的绩效考核制度。这种考核将指标一层层地进行合理的分解。它包括很多考核内容,比如财务面、顾客面、过程面、成长面、短期和长期的影响等。比起目标管理法,此方法可以弥补目标分解不够细化和过程无法了解等缺陷。酒店可以针对自身的特点,结合环境的变化,采取科学合理的绩效管理办法,提高员工的工作绩效。

6.2.6 薪酬管理

1）酒店确定薪酬的依据和原则

（1）确定薪酬的依据

薪酬是酒店对员工给酒店所作贡献的一种肯定,是酒店给予员工的各种财务报酬,包括薪金、福利及各种奖励。确定薪酬的依据有:

①绩效考评的结果。绩效考评是评价员工工作成绩、奖励优秀的基本依据。薪酬的确定也要依据绩效考评的结果,使薪酬的发放公平、客观。

②职位的相对价值。酒店应当系统地评定各个职位的相对价值,依照每一职位的工作对酒店的贡献率、相对重要性、工作性质、工作经验、特殊技能、履行职责的风险等来评定各个职位的排列顺序,并以此作为职员获取薪酬的依据。

③劳动力市场供求状况。薪酬相当于劳动力的市场价格,劳动力市场的供求变化直接

影响着价格的变化,相应的薪酬水平也会随之变化。因此,要注意劳动力市场的价格变化趋势,进而确定薪酬的多少。

④居民生活水平。社会进步、经济发展的突出体现就是居民生活水平的提高,酒店的薪酬水平与当地居民的生活水平也具有客观的可比性。

⑤酒店财务状况。酒店薪酬发放资金的来源是财务部,只有酒店有可观的经营效益,才会有更多的资金进一步投入到薪酬上。酒店的财务状况,直接影响到酒店的薪酬水平,尤其是可以浮动的那一部分,如奖金和福利等。

(2)薪酬管理的原则

薪酬的管理要达到预期的效果,还必须遵守一定的原则。

①公平性原则。公平理论(Equity Theory)是由斯达西·亚当斯(J. Stacey Adams)提出的,认为员工会首先思考自己所得与付出的比率,然后将自己的所得与付出和他人的所得与付出进行比较。公平性原则是酒店人力资源管理的一条总原则,薪酬制度的设计对内公平会使得员工满意和起到激励的作用,对外公平将取得竞争优势。

②激励性原则。薪酬虽不是激励的唯一因素,但却是关键性的因素。按劳分配、多劳多得能够促进员工的工作效率,提高员工满意度。

③个性化原则。薪酬制度的制定不一定具有压倒性的竞争优势,可以根据酒店自身的特点和资源来确定酒店的薪酬水平。高薪酬固然能留住大量优秀的人才,但诸如工作保障、升职机会、工作环境等因素也同样可以影响员工的满意度。因此,薪酬制度的设计可以有个性化的特征。

④合法性原则。酒店人员流动性大,结构复杂,薪酬制度也形式多样,但一定要符合国家法律、法规,如《劳动法》《公司法》等的规定。

2)酒店薪酬的结构设计

薪酬有直接和间接两种表现形式,直接薪酬由工资和奖金组成,间接薪酬又称福利,由集体福利、补助、带薪休假和保险组成。

(1)工资制

①结构式工资制。结构式工资制是由若干具有不同功能工资组合而成的分配制度。主要由基础工资、职务工资、工龄工资、效益工资、津贴等部分构成。基础工资又称固定工资,是按国家政策和满足员工基本需求而设计的。职务工资又称岗位工资,是根据工作分析中员工所担任的职务或岗位级别来确定的。一般职务越高,责任和风险越大,贡献越多,岗位工资就越高。工龄工资是根据工龄的长短而确定的工资部分。效益工资又称奖励工资,它根据酒店的效益好坏和员工的表现而浮动。结构式工资制在一定程度上体现了按劳分配的原则,具有操作简单、直观简明的特点,适合中、小型酒店。

②岗位等级工资制。岗位等级工资制是按照各个不同岗位和每一个岗位中不同等级而确定工资标准的工资制度。根据岗位规模、职责范围、工作复杂程度、人力资源市场价格等方面综合评定各个岗位和岗位内部不同等级的工资水平。其中,岗位规模是指该岗位对酒店的影响程度和影响范围;职责范围是指完成工作独立性难度,沟通频率和方式;工作复杂程度指任职资格、作业的难度、工作环境等;人力资源市场价格是人力资源供求状况和所需人才市场价值的体现。综合评定这些因素,利用点数法分析和测定酒店各个岗位的点数,根

据不同的点数,将岗位划分为不同的等级以及同级岗位内部的不同等级,从而确定各个等级的工资水平。

③计件工资制。计件工资制,最初是从工业产品制造中开始的,酒店行业的计件工资制是根据员工所完成工作如按客房出租率、餐厅营业额、商品销售量等衡量要素的数量、质量和所规定的计价单价核算而支付劳动报酬的一种形式。工资的数额由工作标准和工作成效决定,是典型的按劳分配。这种工资制,最好与其他的工资制结合使用,才能达到较好的效果。

案例启迪

某五星级酒店客房部计件工资管理方案

为提高员工工作积极性和工作效率,体现多劳多得的原则,现对客房部楼层员工工资实行计件考核,具体规定如下:

一、考核范围及标准

1.考核对象:客房楼层服务员,每人每月保底工资 200 元。

2.考核标准:

标 准 房:退房(C/O) 2 元/间;住房(O) 1 元/间;干净房(VC) 0.3 元/间。

普通套房:退房(C/O) 2.5 元/间;住房(O) 1.5 元/间;干净房(VC) 0.5 元/间。

豪华套房:退房(C/O) 3 元/间;住房(O) 2 元/间;干净房(VC) 0.8 元/间。

二、操作方法

1.由每日客房部值班督导根据当天客房清扫情况统计每位员工清扫房间数,完成客房每日清扫记录表。

2.根据客房清扫记录表编制每日客房计件统计表,上报财务审核,并附上当日房态表。

3.财务审核人员根据当日的房态记录及当日离店房间数量进行核对,无误后签字确认。

4.月末由财务部根据每日客房计件统计表统计每位员工应得工资,上报综合办编制工资表。

三、管理规定

1.经济房与管理房视同为标准房考核。

2.客房部需认真准确统计员工实际清扫房数,按时报财务部。

3.财务部应认真核对每日客房统计数,把好审核关。

4.客房部应将员工每日应得工资数进行张贴公布,以保证公平公正。

5.考核员工的违犯或不达标扣款将从保底工资中减扣。

6.其他部门协助抢房者,经客房部负责人批准,并经检查合格,可纳入此方案。

(资料来源:节选自:百度文库"酒店客房计件工资方案",http://wenku.baidu.com/link?url=q5IgtBTVEHJjrW4IJbfw2duNKZWp7ixCXsRj3spj9WqfuGCWHWV2Bu3SyjQGMoj36BeUCVCJQrPVqjz4BvHMSb_7OmMuKaG2UJx27VsFf-3)

（2）奖金

奖金是酒店对员工付出的超额劳动或优秀表现而支付的一种劳动报酬。它是员工工资的一种必要的补充形式，能够及时、准确地反映出员工的劳动成效，起到很好的激励作用。按照奖励内容可分为单项奖和综合奖；按奖励的对象可分为个人奖和集体奖；按时间可分为月度奖、季度奖和年终奖。单项奖是以员工完成某一项主要指标的情况作为得奖的条件，该奖项目标单一，考核项目少，简单易行，且通常是一次性奖励；综合奖则是按照已确定好的考核指标，考虑员工多项指标要素的得分而取得的奖励。

（3）福利

福利泛指酒店内所有的间接报酬，多以事物或服务的形式支付，是报酬的一种有效补充形式。常见的福利形式有，集体福利：子女入托、免费工作餐、职员公寓、医务室、阅览室、活动室等；福利补助：工伤抚恤金、通勤补助、住房补贴、度假旅游补贴等；休假：带薪休假、婚丧假、年休假、产假等；保险：劳动保险、医疗保险、养老保险等。福利的主要作用是满足员工的安全需要，同一酒店员工所享受的福利差别不明显，如果适当增加员工根据自己需要选择福利项目的权利，会提升员工满意度。

【知识点滴】

我国的法定休假日、休息日与带薪休假规定

国务院最新修订的《全国年节及纪念日放假办法》规定，自 2008 年 1 月 1 日起，我国每年的法定休假日为 11 天，包括元旦节 1 天、春节 3 天、清明节 1 天、劳动节 1 天、端午节 1 天、中秋节 1 天、国庆节 3 天。法定休息日是指每周星期六、星期日两天，即双休日。国务院自 2008 年 1 月 1 日起颁布并实施的《职工带薪年休假条例》规定，机关、团体、企业、事业单位、民办非企业单位、有雇工的个体工商户等单位的职工连续工作 1 年以上的，享受带薪年休假。单位应当保证职工享受年休假。职工在带薪年休假期间享受与正常工作期间相同的工资收入。职工累计工作已满 1 年不满 10 年的，年休假 5 天；已满 10 年不满 20 年的，年休假 10 天；已满 20 年的，年休假 15 天。国家法定休假日、休息日不计入年休假的假期。

6.2.7　素质培养

随着经济的发展，酒店业进入了快速发展时期，酒店业的竞争归根到底是人才的竞争，在知识经济时代，人才不仅是生产要素，更是宝贵的资源，人才是企业的灵魂。员工各方面的素质的提高能够提升酒店的服务质量，从而提升酒店的美誉度，提升其在行业中的地位。良好的职业素质是酒店长远发展的需要，对于酒店提升自身的竞争力有着重要的作用。作为酒店的员工，应该具备如下职业素质。

1）服务意识

服务意识是指酒店员工表现出的热情、周到、主动为客人提供良好服务的意识和行为，是提高酒店服务质量的关键。明确自己的岗位职责，认真、热情地做好每一项工作，增强热

情服务意识,具体为微笑待客,时刻关注客人的需求,热情真诚,为顾客提供周到的服务。同时,要把握细节,增强服务意识。细节体现水平、体现效率、体现质量,要树立重视细节的服务理念,增强把握细节的本领。这种服务意识就是一种态度问题。

2)沟通能力

酒店的人际关系较为复杂,在酒店服务中,表达与沟通能力是非常重要的,酒店人员需要处理好与客人、同事、上下级之间的关系,这需要酒店员工具有较强的交流沟通能力与技巧。与客人、同事、上下级交流沟通,及时化解人际关系中的误解与矛盾,学会倾听意见及建议。尤其是在服务过程中出现的一些问题更加需要员工用合理的方法去沟通,从而使工作顺利进行。

3)合作能力

团队的力量大于个人,个人的价值在集体中才能得到最好的体现。酒店工作需要整个酒店的各部门以及员工的密切合作才能实现,只有酒店的员工团结合作、顾全大局,酒店才能获得整体利益。酒店员工具备良好的合作能力,与同事、上下级之间相互支持、相互配合,酒店才会有较强的凝聚力和战斗力,造就一加一大于二的结果。酒店员工不仅要有个人能力,还需要有在不同的位置上与其他成员合作的能力。

在酒店业的竞争中,酒店管理人员和员工素质有着十分重要的作用,一支高素质的酒店管理和服务人员队伍,是酒店人力资源管理中非常重要的一环,酒店人员的素质培养与能力提升,对于酒店实现长远、全面发展意义深刻。

6.2.8 沟通与激励

1)沟通

(1)沟通的含义和作用

沟通是人与人之间或群体之间传达思想、交换信息和建立理解的社会过程。从某种意义上说,酒店的整个运作和管理过程都与沟通有关。沟通可以协调酒店的各个单体和要素,使之团结在一起,增强酒店的凝聚力;沟通是酒店领导者激励下属,实现领导和管理职能的基本途径;沟通是酒店内部与外部相互联系的桥梁。沟通在管理中,尤其是在人力资源管理中,起到了非常重要的作用。

(2)沟通的分类

沟通按照沟通的方法可分为口头沟通、书面沟通、非言语沟通、体态语沟通、电子媒介沟通等。

按照组织系统,沟通可分为正式沟通和非正式沟通。一般来说,正式沟通是以酒店正式组织系统为渠道的信息传递;非正式沟通是以非正式组织系统或个人为渠道的信息传递。相比而言,非正式沟通主要传播的是所关心的和与其相关的信息。非正式沟通具有信息交流快、准确、效率高等特点,但也可能带有一定的片面性。因此,酒店如何利用好非正式沟通的作用,增强员工舆论导向,对调动员工工作积极性非常重要。

按照沟通的流向,沟通可分为下行沟通、上行沟通、平行沟通。下行沟通是自上而下的沟通,即上级将政策、制度、目标、方法等告知下级;上行沟通则是自下而上的沟通,即下级向上级反映情况、提出要求和建议、请求支援等;平行沟通是平等级别组织间的沟通。

酒店内部沟通可以根据不同沟通方式的优缺点,针对具体情况进行选择和运用,进而建立起酒店的沟通网络体系。一个高效的沟通网络体系能够最大限度地调整员工的精神状态,减少人际误会、矛盾乃至冲突,使全体员工相互信任、团结一致,实现员工与酒店组织目标的统一。

2)激励

激励,简而言之就是激发和鼓励。激励的目的是使人的潜能得到最大限度的发挥,通常潜能不会主动地发挥,而需要外界的刺激和引导,形成一种推动力或吸引力,通过自身的消化和吸收,产生一种自动力。这也就是激励的作用过程。因此,激励的实质就是激发人的内在潜力,开发人的能力,充分调动人的积极性,使每个人都感到才有所用,力有所展,劳有所得,功有所赏,从而自觉地努力工作。

(1)激励的类型

按激励的内容,可分为物质激励和非物质激励。物质激励作用于员工的物质生活需求,从马斯洛需求层次理论可以了解到物质的需求是基本需求,只有满足了基本需求,才能很好地进行精神追求,挖掘潜力,完成好工作。物质激励的方式有奖金、分红、持有公司股份等。非物质激励则是针对人的精神需求,提供精神满足的激励,如上级的夸奖等。

按激励的性质,可分为正激励和负激励。正激励就是对员工目前的行为表示满意,并通过表彰和奖赏来保持、巩固和发展这种行为,以达到激励的目的。负激励则是员工的行为和表现不符合组织的要求,而通过教育批评或惩罚的方式来进行激励的过程。这两种激励的方法都要注意把握"度"的问题,否则会引起员工的反感,导致激励的失败。

按照激励的形式,可分为内激励和外激励。内激励是从员工的心理特点出发,通过启发和诱导,激发其主动性和积极性,使其在工作上投入极大的热情。外激励则是运用外部环境条件来制约员工的行为动机,加强团体合作,从而达到组织和个人的目标一致性。

(2)激励的机制

①薪酬激励机制。薪酬是员工从事劳动,而得到的以货币形式和非货币形式所表现的补偿,是酒店支付给员工的劳动报酬,是保障和改善员工生活的基本条件。通过设立科学合理的薪酬制度,充分体现公平性和效益性,对核心人才给予薪酬倾斜,其中奖金部分所起到的激励作用最为显著。

②竞争激励机制。安定的工作环境不利于发挥员工的聪明才智,只有竞争的环境才能有效地调动员工的工作激情,激起员工奋发向上的工作干劲。员工也希望在工作中得到成长和发展,并获得满意。为了实现这种愿望和要求,酒店有必要帮助他们制订好职业发展计划,使其有明确的奋斗目标,在竞争环境中,不断得到发展。

③领导激励机制。一个企业经营的好坏在很大程度上取决于管理者的战略眼光和管理水平,一个好的人力资源管理者应该具备合格的人力资源管理专业技术以及良好的 IQ 和 EQ。在酒店人力资源管理过程中,应充分理解员工,关怀员工,信任员工,增强员工的自尊、自主意识,进行合理的授权,在精神上激励员工,这就是领导者激励机制。

④文化激励机制。企业文化,是指酒店在处理外部环境和内部环境整合的过程中所形成的共同思想和价值观念、作风和行为准则。优秀的企业文化能够培育员工的认同感和归

属感,建立起成员和组织之间的相互依存的关系,使之凝聚在一起,达到自我激励、自我改造、自我调控、自我完善的目的。

⑤综合激励机制。综合激励机制,是指运用多种手段,多方面、多角度的综合的激励机制。例如综合运用榜样激励、培训激励、任务激励、环境激励、荣誉激励等,针对不同员工的不同特点,使用对员工个体最有效的激励方式,以达到最好的激励效果。

案例启迪

假日酒店推出全新品牌推广活动

全球最具知名度的酒店品牌之一——假日酒店及假日度假酒店近日推出全新品牌活动,以"尽享欢乐在此刻"(Moments of Joy)为理念全方位开展一系列品牌活动,延续并优化为客人倾力打造旅途中欢乐时光的愿景。此次品牌推广活动耗资千万,将会推出以"家庭""商旅"和"欢聚"为主题的三轮推广热潮,结合线上线下的多种渠道,为消费者讲述不同的旅途在假日酒店及假日度假酒店度过的欢乐时光。假日酒店希望传递给大众一个真实、亲切、欢乐的品牌形象,为所有人提供相聚在一起、共享欢乐时刻的舒适空间。其中,第一季以"家庭"为主题的宣传片《小小的梦想》已于2015年9月11日登陆湖南卫视《爸爸去哪儿》及浙江卫视《中国好声音》两档热播节目的广告时段,揭开"尽享欢乐在此刻"品牌活动的序幕。此次推广活动是假日酒店品牌首次在中国主流电视媒体上进行广告投放。

(资料来源:节选自:国际在线"假日酒店推出'尽享欢乐在此刻'全新品牌推广活动",http://gb.cri.cn/44571/2015/09/23/7872s5111787.htm)

6.2.9 劳动关系

劳动关系主要是指酒店所有者、经营者、管理者、普通员工及其工会组织之间在酒店经营活动中形成的各种权、责、利关系。主要涉及两方面的内容:劳动者同用人单位之间有关工作方面所形成的劳动关系;代表单个劳动者利益的工会同用人单位之间所形成的劳动关系。劳动关系的管理涉及各方的利益,具有一定的复杂性。

1)劳动合同及其管理

劳动合同是劳动者与酒店确定劳动关系、明确双方权利和义务的协议。劳动合同的签订是劳动者与酒店劳动关系确立的标志。《劳动法》规定,劳动合同一经依法订立,即具有法律约束力,当事人必须履行劳动合同规定的义务。这为稳定酒店员工劳动关系,减小流动率,建立长期的合作和提高员工的忠诚度提供了可能。

劳动合同的管理包括劳动合同内容的确定,劳动合同的期限,劳动合同的订立与变更,无效合同的判定,劳动合同的终止与解除,违反劳动合同的责任等。

2)劳动安全与劳动保险

劳动的安全管理在酒店显得格外重要,在酒店从业人员的日常工作中,安全因素需要随时注意。酒店常常因为员工的人为失误,机器故障及危险物质、能源的储存不当等,造成无法弥补的安全事故。因此,要在实际操作中,提高安全意识,实施严格的安全责任制,制定安全操作规范,紧抓安全事故的防范和预防。从而保证全体员工在一个安全的环境中,全身心地投入工作。

劳动保险是一种社会保险,是保证员工在遇到各种特殊困难时,能够得到一定的物质帮助,以尽快恢复正常生活的一种安全保障形式。包括:员工因工负伤、致残、死亡保险;员工非因工负伤、致残、死亡保险;员工疾病的公费医疗保险;员工生育保险;员工退职、退休保险;员工直系亲属的保险等。

3)工会组织与民主管理

工会组织是以协调雇主与员工之间的关系为宗旨而组成的团体,包括员工工会、雇主商会以及由员工与雇主组成的其他合法组织。这里所谈到的工会主要是指员工工会,是以员工利益为基础,与雇主进行有效沟通的一种组织形式。员工可以通过工会获得教育、援助、福利和优惠服务,参加酒店的民主管理、参与政治活动等。

6.3 酒店人力资源开发

酒店人力资源是酒店人力资本的主要组成部分。酒店业竞争的加剧对酒店人员的个人素质和职业能力也提出了更高的要求。所谓酒店人力资源开发,简单地说,就是指为使酒店更好地发展而进行的酒店人才潜能的挖掘和能力的培养。尤其是制定发展战略、落实酒店政策、提升人才的综合素质能力等方面。

6.3.1 酒店人力资源开发的意义

1)提升酒店核心竞争能力

酒店人员直接关系着酒店的发展,尤其是酒店管理人员,其直接或间接地参与到酒店发展战略、酒店经营管理决策等关系酒店发展的重大问题,直接操纵整个酒店的日常经营管理事务。因此,酒店管理人员的领导能力和管理能力至关重要,在竞争日益激烈的酒店市场,我国酒店企业能否在国外强势的酒店品牌面前立足并与之抗衡,酒店人员的素质能力起着决定性作用。从某种意义上说,酒店人力资源开发是酒店核心竞争力的体现。因此,提升我国酒店人力资源的开发能力,不断培养并塑造高素质的酒店管理人才,是我国酒店具有核心竞争能力的关键。

2)创造和实现酒店价值

酒店是一个服务性行业,为顾客提供的产品和服务主要通过酒店员工的对客服务来体现。员工的服务技能和服务水平直接关系到酒店产品和服务的质量。酒店中高层管理者操纵酒店的日常经营管理事务,有效地组织酒店员工从事酒店服务的生产和销售,对员工的工作进行标准化和规范化的管理,不断考核评估员工的工作,培训员工的服务技能,通过全面的质量管理真正保证酒店的产品和服务质量,从而创造酒店的价值。因此,不断对酒店人员进行能力提升和素质培养,对保证酒店产品和服务质量、实现酒店价值有着重要的意义。

3）推动酒店持续发展

随着中国加入 WTO,我国酒店业逐渐实现与国际接轨。当前,洲际、万豪、希尔顿、喜来登等众多国际著名的酒店品牌纷纷落户中国,中国酒店业市场竞争将更加激烈,同时酒店消费者对酒店服务的要求也不断提高。在这样的市场环境下,酒店管理人员必须不断提升自己的职业能力和自身价值,才能跟上酒店业快速发展的步伐。因此,对酒店人员进行素质和能力培训是保证酒店持续发展的动力。

6.3.2　酒店人力资源开发的价值诉求

酒店人力资源的开发是实现酒店目标的主导要素,是酒店核心竞争力的重要体现。酒店核心人才独特的领导方式和管理方式以及对市场机遇的及时把握和对酒店资源整合的能力是酒店获得持续竞争能力的重要条件。那么,什么样的酒店人才才能真正担负起酒店经营管理的重任呢?

1）道德价值是前提

酒店人员的道德价值指酒店人员必须具备高尚的职业道德、理智的从业态度和强烈的社会公德,有健康乐观的身心条件,有宽容大度、正直善良的思想品德,有谦虚谨慎、热情无私的人格魅力,同时还要有良好的身体素质和心理素质,有能面对外部不确定性环境的心理承受能力。

2）资源价值是基础

酒店人员的资源价值指酒店人员必须具备与其工作职能相匹配的知识结构,必须有一定的专业知识技能和较为丰富的工作经验,如经营管理、组织决策、人事配备、执行控制等,以便能够很好地胜任所担当的职务。

3）能力价值是核心

酒店人员的能力价值是酒店人员应具备的核心价值,是指酒店人员能够在不断变化、竞争激烈的市场环境中创造酒店价值、实现酒店目标的能力,包括领导创新能力、整体运筹决策能力、人际关系沟通能力、帮助他人成长能力、适应环境与竞争生存能力和自我学习能力等方面,酒店人力资源的价值诉求(见表 6.3)。

表 6.3　酒店人力资源价值诉求

道德价值（前提）	资源价值（基础）	能力价值（核心）
职业道德 从业态度 敬业精神 社会公德 思想品德 身体素质 心理素质	经营管理知识 旅游专业知识 酒店业务知识 丰富的工作经验	领导创新 整体运筹决策 组织执行控制 人际沟通与合作 培养激励他人成长 适应环境 竞争生存 自我学习

6.3.3 酒店人力资源开发的综合能力模型

酒店管理人员的自身价值即道德价值、资源价值和能力价值是实现酒店组织目标的条件。而这三大价值又是以酒店人员所具备的能力为根基的。因此,归根到底,酒店人力资源所具备的综合能力是酒店组织目标能否实现的关键。

1）能力模型的构建要素

酒店管理人员所具备的能力是一个系统工程,涉及的内容和要素众多,其主要核心要素由以下两大部分组成。

（1）个人能力

个人能力包括素质能力、心理能力、演讲能力、沟通能力、倾听能力和学习能力。其中素质能力指酒店管理人员所具备的个人素养、思想品质、职业道德、敬业精神等方面的能力,即对酒店团队组织要始终忠诚、对酒店消费者要信用有礼尚、对酒店同仁要谦虚谨慎、对酒店员工要宽容仁义、对自我要刻苦敬业。心理能力指酒店管理人员要具备承受来自酒店内部员工、酒店外部市场竞争以及酒店突发事件的能力,时时保持积极的心态,善于自我调节,能变压力为动力,具备良好的心智模式。演讲的能力即酒店管理人员要善于表达自己,同时具有感召力和影响力,能够带动酒店员工的积极性和工作热情,激发他们的创造性,形成凝聚力。沟通能力指酒店管理人员有较好的人际交往能力,善于与顾客沟通和交流,能够在酒店内建立畅通的信息流通渠道,得到顾客和员工的信任,获得上级领导的认可。倾听能力即酒店管理人员能认真倾听下属员工的意见、建议甚至抱怨,对上级的指示和指令、对酒店消费者的投诉和建议等能虚心倾听,不断地广开言路,提高自身的能力。学习能力指酒店管理人员不仅仅要向书本学习,还包括向世界级酒店企业学习,向国内外先进同行学习,向竞争对手学习,向实践学习。学习的目的是为了厚积薄发,是为了不断"创新",为酒店创造价值。

（2）职业能力

职业能力由决策能力、经营能力、激励能力、协调能力、控制能力和应急能力6部分组成。决策能力说明酒店管理人员首先是一位酒店的领导者,他必须有协同制定酒店发展的战略性决策和指导酒店具体经营管理的战术性决策的能力、处理个人决策与集体决策以及应对重大决策与日常决策等的能力。经营能力要求酒店管理人员作为一位管理者应具备处理酒店日常运行中的各项大大小小的事务能力:包括对酒店的理财能力、资产运作的能力、发现市场开拓市场的能力、树立酒店品牌培植酒店核心竞争力的能力以及管理酒店员工的能力等。激励能力即指酒店管理人员要善于不断激发酒店员工工作的积极性和创造性,把握好激励的时机,综合运用有形激励和无形激励等方法,使全体员工发挥最大潜力为酒店创造价值。协调能力要求酒店管理人员能够稳定员工队伍,协调不同管理层以及酒店全体员工与之同心同德,齐心协力共同为酒店创造价值。控制能力说明酒店管理人员不仅要能经营管理酒店,同时还要能控制酒店的发展方向、控制酒店人员的工作,使酒店的全体资源都在可控范围之内,以监督和督促酒店在正常的轨道上运行发展。应急能力是酒店管理人员必须具备的能力,酒店业的高风险性和不确定性决定了酒店管理人员必须在面对危机时能冷静、正确地分析问题,作出正确的战略和战术决策,以应对风险、化解危机,从而维持酒店正常运作,提高酒店竞争力,不断实现酒店组织目标。

（3）能力模型的构建

通过对酒店组织目标实现过程的分析,可以构建起酒店人力资源的综合能力模型。该模型充分展示了酒店人力资源在酒店组织目标实现过程中所发挥的作用,体现了其作用的机理以及各要素之间的关系,如图 6.2 所示。

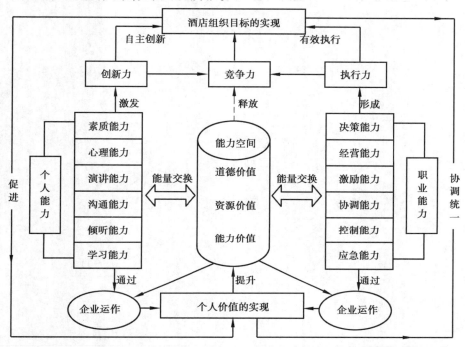

图 6.2 酒店人力资源开发的综合能力模型

该模型的核心是酒店管理人员的自身价值即其能力空间的形成,能力空间能量的积聚需要从酒店管理人员的个人能力和职业能力中提炼和获取,同时三者之间也在不停地进行着能量交换,彼此间相互促进和提高。个人能力和职业能力是一位合格的酒店管理人员必须具备并能不断提升的能力,正是它们激发了酒店人力资源的创新力,使酒店各项工作都能有效执行,从而获得持续竞争力,实现酒店组织目标。

2）要素间的相互关系

个人能力和职业能力是酒店管理人员能力模型的两大主要构成要素,这两大要素各自又由 6 个子项构成,这是人力资源开发的综合能力模型的 12 个基本构成因子。酒店人力资源开发的价值诉求即道德价值、资源价值与能力价值组成了一个整体的能力空间,它是实现酒店价值的原动力,这个能力空间来源于个人能力和职业能力,并与其 12 个基本因子之间有着紧密的联系,它们通过酒店管理人员对酒店日常的生产经营活动的管理而不断地发生能量交换,从而使能力和价值都得到提升。其中,个人能力激发酒店管理人员能动的创新力,而职业能力则形成酒店管理人员强大的执行力。酒店管理人员将能动自主的创新力和积极有效的执行力合在一起,与酒店管理人员能力空间的能力释放结合起来综合作用,最终形成酒店的核心竞争力,从而实现酒店的组织目标。另一方面,酒店管理人员个人能力、职业能力与自身的能力空间结合在一起,在其对酒店的操纵和正常的生产经营管理活动中逐渐实现其个人价值,个人价值的实现又反过来提升酒店管理人员的能力空间,从而又开始制造新一轮的酒店组织目标实现过程。因此,酒店管理人员的个人价值与酒店组织目标之间有着一定的关系,酒店管理人员个人价值的实现是建立在酒店组织目标的实现基础之上的,酒店组织目标可以促进管理人员个人价值的实现,两者的价值取向必须协调统一,不能发生背离。

第7章 酒店市场营销

【学习目标】

通过学习本章,学生应该能够:

1. 了解酒店市场细分与目标市场选择

2. 掌握酒店市场营销的方法

3. 掌握酒店市场营销的策略

【关键术语】

◇ 市场细分 Market segmentation

◇ 目标市场 The Target Market

◇ 酒店市场营销 Hotel Marketing

【开篇案例】

万豪国际集团的金字塔形营销体系

万豪创始人 J.W.马里奥托(J.W. Marriott)曾提出过营销 3 大原则:其一,以尽可能低的代价传递信息;其二,把信息不断地传递给尽可能多的人;其三,在顾客头脑中不断留下一种突出的、不可磨灭的印象。

时至今日,这 3 大信息传播原则仍然为万豪所奉行。万豪发展规划部副总裁 Paul Foskey 说:"万豪每年都会在市场营销和广告方面投入巨资。随着业务不断扩展和酒店规模不断扩大,万豪形成了金字塔形营销体系。"位于金字塔顶端的是万豪的 MARSHA 预订系统,其下为三个接入渠道:一是与 GDS(The Global Distribution System,旅行业全球预订分销系统)衔接,与全球各地的航空公司、各大旅行社和旅行业务代理商直接连接;二是电话预订,对外公布免费预订电话号码,客人打电话预订客房,通过 MARSHA 统一处理;三是网上预订,自动输入 MARSHA。无论客人通过哪个渠道预订客房,都能当场予以确认。MARSHA 每年为万豪完成的客房预订业务量占到其客房销售量的 50% 以上。

万豪国际电子商务总监 Luis Babicek 说:"电子商务世界瞬息万变,万豪有必要让自己的中文网站精益求精,以满足中国顾客的需要。万豪中文网站新增加了一些功能,以便客人可以快捷、简便地获取各种服务信息,预订客房。"万豪中文网站是中国功能最为齐全的旅游网站之一,与 www.marriott.com 为姐妹网站,而后者是全球第 8 大消费零售网站。万豪网站拥有多个国际市场站点,包括中国、英国、德国、法国、日本、韩国、澳大利亚以及拉丁美洲的一些国家,每个月光顾万豪网站的顾客超过 1 000 万人次。如今,万豪的电子商务涵盖了各种销售渠道,每年为集团带来的客房收入超过了 85 亿美元。

(资料来源:新营销.万豪的金字塔形营销体系. http://www.traveldaily.cn/article/31374)

市场营销活动很早就在人类社会出现了,但市场营销活动作为企业管理的一个重要组成部分,仅有数十年的历史。市场营销在激发顾客的购买行为,实现企业目标方面具有重大作用。在酒店业全球化竞争逐渐加剧的市场环境下,市场营销是任何一家酒店企业经营管理活动的重要组成部分。成功的市场营销活动能帮助酒店树立鲜明的形象,建立良好的顾客关系,能有效增强酒店组织的营销实力,扩大其销售业绩,增强酒店的竞争力,促进酒店更快地发展。与此同时,酒店行业的若干特性导致了其营销策略制定上的特殊性,从而使得酒店市场营销活动具有复杂性。

7.1 酒店市场细分与目标市场选择

在现代酒店市场上,随着竞争深度和广度的不断延展,竞争的内容涉及方方面面,任何一个酒店均不可能以自身有限的资源和力量,设计出各种不同的酒店产品及其营销组合来全面满足各类顾客的所有需求。因此,越来越多的酒店都力图在整体性的市场上,找准能够充分发挥自身优势的某一或某些客源市场,以最能适应这部分市场需求特征的酒店产品及其营销组合为之服务。所以说,酒店市场细分与目标市场选择也是酒店市场营销的主要内容之一。

7.1.1 酒店市场细分

从企业市场营销的角度来看,酒店市场是潜在消费者对某种酒店产品或服务的整体需求。由于酒店市场本身的广阔性,任何酒店企业或产品都不可能满足所有消费者的所有需求,它们所能满足的只是整体市场中有限的一部分。因此,酒店企业只有在做好充分的市场调研的基础上,正确地细分市场,识别市场机会,才能找到适合企业自身生存与发展的空间,从而迈向成功之路。

1)酒店市场细分概述

酒店市场细分是酒店市场营销工作系统过程中的首要环节,也是实现市场营销目标的基础与前提。只有对酒店市场细分有正确的把握,酒店企业才能做出恰当的目标市场选择。

（1）酒店市场细分的概念

我们可以将酒店市场细分的概念定义为：酒店按照影响酒店市场中顾客的欲望、需要、购买习惯和行为诸因素，把整个酒店市场细分为若干个需要不同的酒店产品和市场营销组合的酒店市场部分，其中任何一个酒店市场部分都是一个相似的欲望和需要的购买群，这一工作过程称为酒店市场细分。

酒店市场细分是一种异中求同的过程。作为一种鉴别市场的方法，它是在真正认识到差异的基础上，把具有相同需要的消费者集合成群体，形成一个具有鲜明特征的子市场，以开展有针对性的酒店营销活动的方法。

（2）酒店市场细分的作用

实践证明，科学合理地进行市场细分，对于酒店市场营销活动具有积极的指导意义。

①市场细分有利于酒店企业发掘市场机会和开拓新的市场。酒店市场的细分建立在对酒店市场的全面、系统的调查与研究基础之上。通过深入了解酒店消费者不同的消费需求的满足程度，酒店企业可以发现那些尚未满足或未被充分满足的需求，创造条件迅速地开拓新的市场空间。对于酒店来说，捕捉被忽视的市场空隙，可以较为迅速地取得市场的优势地位，避免进入已饱和且竞争激烈的市场。

②市场细分有利于酒店企业制定和调整营销方案和策略。通过酒店细分市场的情况，酒店可以及时发现和掌握酒店市场的特征、变化状况以及竞争者的状况，从而改良现有酒店产品和开发酒店新产品，以满足酒店消费者不同的不断变化的需求。同时，酒店企业可以针对不同的酒店细分市场制定各种各具特色的市场营销组合策略，并根据消费者对各种营销因素的反应和市场需求特征的变化，及时调整酒店产品或服务的价格、方向及促销方式，以更加贴切和灵活地满足目标市场上消费者的需求。

③市场细分有利于酒店企业科学地开发目标市场和取得良好的经济效益。酒店市场的细分化有助于酒店营销资源的合理配置。酒店企业可以根据市场需求程度状况、自身条件及市场竞争状况扬长避短，集中酒店有限的人力、物力、财力资源生产特色酒店产品，争取最佳经济效益。

（3）酒店市场细分的原则

酒店在进行市场细分时要注意细分的实用性与有效性。一般说来，酒店市场有效细分的条件与原则如下：

①可衡量性。可衡量性是指酒店市场经过细分后具有明显的差异性，每一细分的子市场的购买力大小和规模大小都能被衡量，从质与量两个方面可以为酒店企业制定营销决策提供可靠依据。

②可接近性。可接近性是指酒店对细分的子市场能够有效接近并为之服务，也就是酒店细分子市场是酒店能够通过开展营销活动对消费者产生影响并占据一定市场份额的市场。这主要表现为，一方面酒店要考虑自身的人力、财力、物力，另一方面要考虑这一市场的销售渠道是否畅通。

③可盈利性。可盈利性是指细分的子市场的容量能够保证酒店获得较好的经济效益。因为，酒店细分市场后生产不同类型的产品以满足市场需求，产品的差异化必然导致生产成

本和营销成本的相应增长,难以取得较大的规模效益。因此,酒店必须在市场细分所得收益与市场细分化所增成本费用之间做一权衡,即酒店细分市场必须有适当的规模、现实与潜在需求,酒店选择其作为目标市场,由此提供消费者适销对路的酒店产品可以从中获利;否则,得不偿失,市场细分也失去了本身的意义。

(4)酒店市场细分的程序

酒店市场细分一般要经过以下几个步骤。

①选择酒店市场范围。酒店细分市场必须依据酒店市场的需求状况同时结合联系酒店的任务与目标、资源条件,从酒店整体市场中划分出来的局部市场上进行细分。一旦需求发生了变化,整个细分市场也要作相应调整。

②列举确定市场范围内酒店消费者的需求。这些需求大多具有与地理环境、人口属性、心理属性、购买行为等几大类细分因素有关的特征,酒店通常依据以往营销的结果与经验进行判断预测,或通过搜集类似酒店产品已有的市场反映来了解酒店消费者尚未被满足的需求。此外,酒店还可以向不同的潜在酒店消费者进行抽样调查。

③筛选细分变量因素。通过调查分析各酒店细分变量,剔除那些特点不突出的一般性需求因素,同时综合一些特点类似的消费需求因素,重点选择代表性强、特征鲜明的需求作为细分标准。

④对细分市场的初步确定。对各细分市场暂时命名分类,并进一步分析各子市场的特点,决定是否有必要再分或重新合并。这一步骤是对以上三个步骤的重新认识和必要的更正,以此形成细分市场的雏形。

⑤调查、分析、评估各细分子市场。通过初步细分,各个酒店细分市场的范围已经清楚,这时就要取得选定变量的相关资料,衡量各细分市场的规模,分析各细分市场的盈利能力,预测未来酒店市场的竞争程度及变化趋势等。

⑥确定可进入的酒店细分市场。酒店通过对细分的各子市场的调查、分析、评估,结合企业自身的经营目标和资源优势,选择可进入性强、盈利性大的细分市场,制定相应的市场营销组合,以确定市场定位。

2)酒店市场细分的标准

酒店市场细分以地理与人口的统计为特征,以心理与行为等可变因素为依据,主要包括人口因素、地理因素、经济因素、心理因素、购买行为等几个方面。在具体进行酒店市场细分的过程中,首先要注意细分的依据应与酒店要达到的目标相一致;其次,酒店市场细分必须有高度的细分,因为顾客个性化需求日益突出,只有进行高度的市场细分,才能满足广大消费者的多样化需求;再次,酒店应根据各不同的细分市场的特征,制定出不同的市场营销组合策略。

(1)人口统计变量细分

人口统计变量细分就是按消费者的年龄、性别、职业等一系列人口统计变量,将酒店市场细分为若干个不同的消费群的子市场。具体细分变量因素如表7.1所示。

表 7.1　酒店市场细分的依据与变量

细分依据		具体变量
人口因素	性别	男性、女性
	年龄	儿童、青少年、成年、中年、老年
	职业身份	农民、教师、学生、商人、机关干部、公司员工等
	文化程度	小学及以下、初中、高中、大学、研究生
	宗教信仰	无信仰、佛教、道教、基督教、伊斯兰教等
	户籍所在地	城市、农村
	家庭生命周期	未婚期、新婚期、满巢期、空巢期、鳏寡期
地理因素	国别	中国、美国、英国、巴西、韩国、澳大利亚等
	地区	华东、华中、东北、西部、港澳台等
经济因素	区域发展水平	发达（富裕）、发展中、欠发达（贫困）
	经济收入水平	高收入、中等收入、低收入
心理因素	利益诉求	经济、便利、安全、声望、新奇等
	性格特质	胆汁质、多血质、黏液质、抑郁质
	消费动机	公务、商务、度假、会议等
购买行为	购买形式	散客购买、团队购买
	预订方式	现场、电话、网络、传真、代订等
	购买渠道	直接购买、旅行社、航空公司、酒店网站等
	购买频率	首次购买、多次购买
	消费水平	高档豪华、普通标准、低端经济

（2）地理变量细分

地理变量细分是指酒店按照消费者居住地所在的地理位置来细分酒店市场。根据国别细分，酒店市场可划分为中国、美国、英国、巴西、韩国、澳大利亚等。根据地区细分，酒店市场可划分为华东地区、华中地区、东北地区、西部地区、港澳台地区等。

（3）经济变量细分

经济变量细分是指酒店按照酒店所处区域的经济环境及消费者的经济条件进行酒店市场细分。根据区域发展水平，酒店市场可细分为发达（富裕）、发展中、欠发达（贫困）等几种类型；根据经济收入水平，酒店市场可细分为高收入、中等收入、低收入等类型。

（4）心理变量细分

心理变量细分是以消费者的心理特征来细分市场。酒店消费者心理因素十分复杂，是一个内涵十分广泛、丰富的概念，它不仅与消费者的收入水平有关，而且与消费者的文化素养、社会地位、价值观念、职业等因素密切相关。因此,运用心理因素这一变量细分市场是一项非常有趣但又非常艰巨的工作。每一类消费群都会体现出不同的需求特点,因此,酒店需要有针对性地开发酒店产品和拟订营销方案,以吸引不同类型的消费者。

（5）购买行为变量细分

行为变量细分是指根据酒店消费者的购买行为对酒店市场进行划分。酒店市场按购买行为变量细分一般有根据购买形式、预订方式、购买渠道、购买频率及消费水平等方面进行细分。

7.1.2 酒店目标市场选择

酒店的一切营销活动都是围绕目标市场进行的。酒店在市场细分化的基础之上,结合企业自身的资源条件选择和确定目标市场,明确酒店的具体服务对象,实施相应的目标市场营销策略,是实现酒店顺利运作、提高经济效益的重要途径和手段。

1）酒店目标市场的概念

酒店目标市场即酒店企业的目标消费者群体,也就是酒店产品的销售对象,它是酒店在整体酒店市场上选定作为营销活动领域的某一或某些细分市场。酒店目标市场是酒店市场营销活动中的一个重要概念,因为酒店把满足酒店消费者的需求放在首位,必须充分满足消费者的需求,酒店才能生存和发展。消费者的需求是有区别的,没有任何一个酒店能满足消费者所有的需求,而只能满足酒店市场中一部分消费者的需求。酒店只能根据自身的技术力量、物质资源及管理能力等条件,满足酒店消费者的特定需求,也就是用特定的酒店产品和服务来满足这些消费者,酒店才能实现经营目标。酒店目标市场中所指的一组特定的酒店消费者就是一个或几个酒店细分市场。

2）酒店目标市场的模式

酒店在确定目标市场时,必须考虑选择一定的模式,以确定企业的目标市场的范围选择与营销方式。酒店选择目标市场的模式,归纳起来有五种:密集单一市场、有选择的专门化、产品专门化、市场专门化、全面覆盖。

（1）密集单一市场

密集单一市场也称产品—市场集中化,即酒店的目标市场无论从产品还是从市场角度,都集中在一个细分市场。酒店通过密集营销,可以更加了解本细分市场的需要,树立特别的声誉和建立巩固的市场地位。采取这种模式,酒店还可通过生产、销售和促销的专业化分工,获得良好的经济效益。但由于密集市场营销一般情况下风险较大,因此也会出现不景气的情况。

（2）有选择的专门化

有选择的专门化即选择若干个客观上都有吸引力并符合酒店的目标和资源的细分市场,为不同的顾客群提供不同类型的产品,各细分市场之间很少或没有任何联系,然而每个细分市场都有可能盈利。这种目标市场模式有利于酒店分散经营风险,即使某个细分市场失去吸引力,酒店还可以继续从其他细分市场获取利润,但是它有赖于酒店各细分市场的开发潜力、酒店产品的竞争力以及酒店资源的合理配置。

（3）产品专门化

产品专门化即酒店生产一种产品，向各类消费者同时销售这种产品。当然，由于面对不同的消费群，产品在档次、质量、功能及促销上可以有所不同，酒店通过这种策略，可以在某个产品方面树立起很高的声誉。

（4）市场专门化

市场专门化即酒店向同一消费群提供性能有所区别的同类产品，酒店企业专门为这个顾客群体服务而获得良好的声誉。例如，现在一些以商务人士为目标市场的酒店，主要为其开发舒适便捷的产品以满足该市场的需求。

（5）全面覆盖

全面覆盖即酒店决定全方位进入各个细分市场，为所有顾客提供他们所需要的性能不同的系列产品。这是某些实力雄厚、在酒店市场上占据领导地位的大型酒店，力图垄断全部市场而采取的目标市场范围策略。

酒店在运用上述5种模式时，一般总是首先进入最有吸引力的细分市场，而且只有在条件和机会成熟时，才逐步扩大目标市场范围。

3）酒店目标市场的选择

酒店进行目标市场的选择就是为了从众多细分的子市场中选择出既能最大限度满足顾客需要，又能发挥酒店优势和特色的最佳目标市场。酒店必须从市场的可进入性、可衡量性、充足性、可行动性以及稳定性几个方面选择最佳的目标市场，同时目标市场必须有充足的客源，能在一定时间内保持占有率的稳定。酒店确定目标市场是在细分市场的基础上进行的，怎样选择一个有利的目标市场，是一项细致的工作。一般来讲，确定目标市场需要经过以下几个步骤。

（1）细分市场

通过对酒店的经营特点和整体市场需求状况的了解和研究，选出特征突出的需求因素作为依据，将整体酒店市场划分成众多酒店细分市场。

（2）评价酒店细分市场

对各细分市场进行全面、细致的分析，主要从顾客特征分析、竞争对手分析、市场机会和营销机会分析等几个方面对各子市场进行评估。特别是对它的规模、潜力、经济效益等进行评价，以利于酒店能正确选择目标市场。

（3）预测酒店细分市场发展趋势

在进行细分市场评估之后，酒店必须从中选出最佳的目标市场，要从众多的可选方案中选出最佳的目标市场，必须从市场的可进入性、可衡量性、充足性、可行动性以及稳定性几个方面进行详细审核，即所选目标市场必须能够进入，并且有量的指标来衡量可进入的条件，同时目标市场必须有充足的客源，酒店具备吸引这个市场的能力，并能在一定时间内保持占有率的稳定。对各细分市场的市场潜量和本企业的销售进行估算，对细分市场的需求趋势、竞争状况和市场占有率进行分析预测。

（4）选择酒店目标市场

酒店根据本身的资源情况、营销能力及细分市场吸引力的大小，进行目标市场的最终选择。

（5）制定酒店目标市场策略

为实现向酒店目标市场的销售，酒店要制定相应的产品策略、富有针对性的价格策略及通过各个渠道开展广泛宣传活动的促销策略等各种经营策略。

7.2　酒店市场营销方法

市场营销作为一种现代经营哲学，自从 20 世纪 50 年代初期产生以来，备受人们的青睐。越来越多的企业在市场竞争中将市场营销作为指导整个企业活动的经营哲学。随着市场营销的发展，现今酒店市场营销的方法有如下几种。

7.2.1　整合营销

菲利普·科特勒（Philip Kotler）的经典营销理论，是以产品供应商为主导核心的"4P"理论，即产品（Product）、价格（Price）、渠道（Place）、促销（Promotion）。传统的酒店业营销是以其为基础的（见表 7.2）。

表 7.2　酒店传统的营销组合框架（4P）

组合要素	主要指标
产品（Product）	1.领域（range）；2.质量（quality）；3.品牌名称（brand name）；4.服务项目（service line）；5.保证（warranty）；6.售后服务（after sales service）
价格（Price）	1.水平（level）；2.折扣（discounts），包括折让（allowances）和佣金（commissions）；3.付款条件（payment terms）；4.顾客认知价值（customer's perceived value）；5.定价（price）；6.差异化（difference）
促销（Promotion）	1.广告（advertising）；2.人员推销（People's Saling）；3.销售促进（sales promotions）；4.宣传（publicity）；5.公关（public relations）
渠道（Place）	1.所在地（location）；2.可达性（accessibility）；3.分销渠道（distribution channels）；4.分销领域（distribution coverage）

资料来源：根据 Bernard H.Booms and Mary J. Bitner：Marketing Strategies and Organization Structures for Service Firms 改编。

整合营销观念首先由美国学者舒尔兹（Don.E.Schultz）于 20 世纪 80 年代中期提出，是以顾客为主导核心的"4C"理论，即顾客（Customer）、成本（Cost）、便捷（Convenience）、沟通（Communication）。整合营销与 4P 理论相比，从关注产品到关注顾客的需求和欲望，从关注产品的价格到关注产品的成本，从关注营销的渠道到关注顾客购买产品的便捷程度，从着重促销到关注与顾客之间的沟通，这表明了酒店从根本上为着顾客着想，酒店市场营销的核心是从顾客的角度出发，研究顾客群体的需求和欲望，使出售的产品是顾客真正想要的产品，产品价格也是在了解顾客愿意支付的成本价格的基础上制定，营销渠道也是在尽可能地让顾客方便快捷地获得酒店产品和服务的基础上进行选择，同时积极与顾客进行沟通，随时了解顾客的心理和需求，并在此基础上选择有效的广告和宣传促销手段。

整合营销观念可以看作是对上述经典营销理论的发展。通过整合,它打破了酒店各部门之间的隔墙,综合酒店各部门的资源,建立起了更加灵活、快速反应的组织结构;另一方面,它是对各种营销工具和手段的系统化综合,并能够根据环境的变化进行动态的调整,使酒店和顾客在良性互动中实现价值增值。

7.2.2　借力营销

由于任何酒店的营销资源和营销能力都难以与顾客的需求和偏好完全吻合,酒店自身的能力也不可能完全做到永远保持与顾客的需求一致。因此,"借力营销"由此产生。所谓借力营销,即酒店通过各种方式和途径借助外部力量进行市场营销,以不断满足目标顾客的需求,在为顾客创造独特价值的同时,增强酒店自身的价值创造能力。

酒店借力营销必须基于这样一个前提,即酒店必须非常了解目标顾客的偏好、认知和具体的消费行为。在此基础上,酒店方能通过借力营销,长期留住老顾客,并吸引更多的新顾客,甚至创造能够超越竞争对手的顾客价值,这是酒店借力营销的根本目的所在。酒店借力营销必须要注意两个重要的方面:其一,酒店自身在现有的能力之下不能更好地满足所有顾客的需求,而通过借力则可以实现;其二,酒店能够利用外力建立起自身营销能力的领先优势,有能力充分利用外力,并在外力的帮助下,更好地满足顾客群体的需求,创造出新的核心能力。

借力营销是酒店市场营销的重要方法,任何酒店的个体能力都是有限的,仅仅依靠自身的营销能力不能够打开广大的顾客市场。通过借力营销,充分利用旅行社、酒店批发商、酒店代理商、酒店公司等相关企业或利益相关者的力量,接触到更多的潜在和现实的顾客群体,吸引新顾客,维系老顾客,不断扩大市场份额,增加效益。

7.2.3　文化营销

文化是企业的重要组成部分,酒店的企业文化在酒店的发展中扮演着非常重要的角色。酒店文化是由一套潜在的价值观、思想、行为理念等组成的,对酒店管理者和酒店员工的行为有很强的约束作用,同时酒店文化也能决定酒店的环境氛围和服务特色,对酒店的顾客也有着很强的影响力和感染力。因此,酒店要充分发挥文化营销的作用。

格里·约翰逊(Gerry Johnson)提出的文化网模型是对酒店文化进行思考的重要工具。该文化网模型用6个要素解释了企业文化的变化与形成过程。将代表企业思维方式的"范式"与组织的日常活动联系在一起,如图7.1所示。

文化的核心是"范式",对酒店而言,则是在长期的经营过程中形成的固有的独特经营管理思想和服务理念酒店,另外6个环都是为"范式"服务的,为其支撑体系。"标志"是酒店企业大力推崇的东西,如员工的服务方式、酒店品牌标志、个性化的语言等;"故事"针对酒店的特定事件而言,通常被酒店大力宣传,极力标榜,希望全体酒店成员学习,如酒店成功的服务案例或优秀的服务员事迹等;"仪式与日常惯例"则是酒店组织特有的做事方式,如定期对员工服务展开培训、举办酒店的周年庆典、定期举行酒店服务明星宣传会等;"权力结构"表示对组织有决策权的群体的构成,"组织结构"描述了酒店组织中的各种重要的关系构成,"控制系统"是对组织中的人和事按其重要性进行评价和奖惩,并制定相应的约束标准和控制制度。

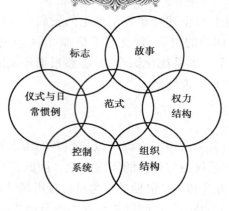

图 7.1 文化网模型

（资料来源：Gerry Johnson & Kevan Scholes，金占明
等，《公司战略教程》，北京：华夏出版社，1998）

文化营销充分体现了酒店"文化至上"的经营原则，酒店深知文化是企业的灵魂，是企业生命力的源泉，从酒店高层的领导控制到酒店基层的具体操作，无不体现着酒店的文化与特色；无论是对外服务顾客，还是对内管理员工，酒店文化都是酒店全体人员都应遵循的准则，而文化营销也成为酒店企业不断赢得市场、塑造著名品牌的重要手段。

7.2.4 主题营销

主题营销是酒店在激烈的市场竞争中营销制胜的重要营销方法，它的关键之处在于选定一个或多个具有标志性的主题，通过主题的设置来吸引公众的注意力并令其产生购买行为。可见，主题营销的主题选定是制胜的关键。

较之于其他营销方法而言，酒店主题营销的核心是选定营销的主题。概括地说，主题选定应遵循 4 个原则。其一，主题要符合公众的现实和潜在的消费需求，必须是从公众的立场出发，通过分析顾客的各种需求而制定。其二，主题要符合酒店特色，酒店主题营销要与本酒店的经营理念、企业文化等相适应，要在正确分析自身的优劣势的基础上制定与本酒店相适应的营销主题。其三，酒店营销的主题必须具有个性化和差异化，切忌重复或随大流，模仿他人，要通过塑造与众不同的主题形象，使自己的产品优于竞争对手，形成竞争优势。其四，酒店主题要具有文化性，文化是一切事物能够生存下去的法宝，酒店营销主题只有赋予一定的文化特性，才具有价值。因此，充分挖掘文化内涵，制作文化产品和服务是酒店营销管理者要做好的重要事情。

酒店在组织策划各种类型的主题营销活动时，可以根据消费时尚、竞争对手的表现、时令季节、客源市场需求、社会走势等多方面来选择合适的主题。在主题活动实施时，可以依靠自身的实力独自组织并推出主题营销活动，也可以联合其他单位或企业如竞争对手、酒店公司、旅行社等共同策划组织主题活动。除此以外，酒店还可以定期或不定期地与一些大型的企业之间进行合作推出各种会展或节事活动，以达到营销的目的。

7.2.5 网络营销

网络营销是随着计算机技术和网络通信技术的迅速发展而产生的，对酒店而言，网络营销有着广阔的应用前景。它通过互联网技术对市场进行营销传播以达到满足消费者和商家需求的目的,并实现自身的营销目标。网络营销的价值主要体现在与顾客之间进行价值交换更方便快捷,它不仅更能够满足广大酒店顾客的需求,也符合酒店产品的特性、顾客的消费方式和酒店经营的特点。

酒店网络营销主要有 3 种方式:第一,就是通过各种网络技术和手段,开展网上调研。由于网络具有受众面广、访问量大的特点,酒店可以通过在网上发放电子问卷调查表、电子邮件、有奖竞答、消费论坛等方式直接或间接地获得目标顾客群体的信息,以此作为市场调研收集信息的主要渠道,从而不断获得顾客的偏好、需求和欲望,了解市场的动向,指导酒店自身作出正确的营销策略和经营决策。第二,酒店可以通过建设网站进行营销。由于网络没有时间和空间的限制,因此,酒店建立本企业的网站将有利于在全球范围内进行营销和宣传推广,获得国际客源。酒店在进行网站建设的时候必须注意网上发布信息的真实性和准确性,信息要能反映酒店真实的经营实力和优质的服务水平,网站也必须具有美感,要图文并茂,同时网站技术性要高,登录和下载速度必须足够快,以方便顾客浏览访问。第三,酒店网络营销可以通过网络广告向公众推销自己。网络广告成本低廉,且覆盖面广,传播效率高,非常有利于酒店品牌的宣传推广,有利于吸引新老顾客。网络广告必须具有一定的吸引力,因此必须寻找访问量大的网站进行广告投放,同时广告必须放在网站显眼的位置,以吸引公众的眼球,增强网络营销的效果。

案例启迪

传统酒店预订携手互联网 新型营销手段更便捷

商旅人士一直都是酒店的主要客源,互联网酒店预订平台的搭建,为商旅人士的出行提供了更多的方便,其可以通过在线酒店预订快捷预订中意的下榻酒店,避免了传统意义上的奔波劳累。就目前的形势来看,传统酒店预订联手互联网、移动互联网,实现新型营销模式已经是一种不可阻挡的趋势,酒店预订互联网平台拉进了酒店与客户的距离,建立起了酒店与客户之间的绿色通道,这在酒店营销战略中的地位已经越来越重要。

资深酒店预订行业专家表示,酒店网络平台已经成为酒店业务发展的核心竞争能力,不断为酒店输入客源,实现了酒店在线预约的销售模式,为酒店运营拓宽了渠道,这是一次传统酒店经营理念上的科技变革,切实提高了酒店预订的效率。据了解,"酒店预订"网络平台,已经成为大家出门旅行寻找居住酒店的首选,它具有检索迅速、查找方便、可靠性高、存储量大、保密性好、成本低等优点,极大地提高了大家选择的范围,形成了一个酒店运营体系,为酒店网络平台的科学化、正规化管理提供了有力的条件。

(资料来源:环球网.传统酒店预订携手互联网 新型营销手段更便捷.http://tech.huanqiu.com/news/2015-08/7246231.html)

7.2.6 分时营销

分时营销(time share marketing)是20世纪60年代产生的,目前已在全世界得到迅速发展和推广。分时营销以其销售价格低廉、使用方式灵活和服务质量优良等特点,得到全球广大消费者的青睐,其实质就是将酒店客房的使用权分时段卖给顾客,即不同的消费者购买不同时段的使用权,顾客也可以通过网络与其他消费者交换酒店客房的使用权。

分时营销带来了酒店营销理念的创新,它成功引入了分时入住和分时交换两大概念,消费者可以在每年的特定时段来享用酒店的客房,也可以将自己的使用权与同属于一个交换服务网络中的任何一家酒店具有某段时间使用权的消费者进行等价交换,同时也可以将享用时段的权益进行转让、赠送、继承等。按照国际惯例,一般将酒店客房每年的使用权分为52周,将这52周中的51周分时段销售给顾客,其中1周用于维修保养。顾客每年可以拥有1周的使用权,使用年限一般为20~40年,也可以是永久。

分时营销的发展历程一共经历了双边式、三边式和多边式的营销运营模式。双边式是最早的运营模式,就是购买方与酒店之间进行直接的交易关系,酒店先组建自己的客户网络,然后将客房按时段以一定的价格提供给消费者;三边式在双边式的基础上增加了一个销售代理商,酒店委托专门的销售公司来进行客房时权销售;多边式是在三边式的基础上又增加了一个交换公司,专门负责帮助消费者按照其意愿实现酒店时权之间的相互置换,这样就拓展了分时度假的市场范围,更好地满足了分时度假酒店消费者的需要。

【知识活页】

美国国际休闲度假交换公司(RCI)

美国国际分时度假交换公司(Resort Condominiums International,RCI),于1974年在印第安纳州印第安纳波利市创立,现隶属于著名的温德姆企业集团(Wyndham Worldwide)。作为全球度假权益交换行业及欧洲度假房产租赁市场的领头羊,其业务范围覆盖了世界各地的73 000家休闲度假村。RCI在191个国家里,拥有超过300万会员家庭,这些家庭每年都享受着RCI全球范围的交换服务和各式各样与酒店、休闲相关的服务。每年RCI为它的家庭会员确认180万次以上的度假交换,让超过650万名客户能够度过愉快的假期。据统计,世界上每10个分时度假村中,有7个与RCI结盟;每交换10次假日,就有8次是通过RCI完成的。

7.2.7 内部营销

内部营销理念产生于20世纪80年代,该理念有别于传统的仅把外部市场作为营销主要活动领域的营销思想,它将企业分为内部市场和外部市场,企业不仅要做好外部市场的营销,同时还必须做好企业的内部市场营销,即建立良好的企业内部工作环境,全面满足员工的工作需求,激发员工的工作积极性和创造性,建立全员服务营销意识,为企业拓展外部市场提供有力的动力支撑。

内部营销对酒店企业尤其适用,酒店服务的特殊性决定了酒店员工工作的重要性,酒店服务质量的高低归根到底取决于酒店员工素质的高低,顾客满意度的提高离不开员工的满意,只有员工对工作、对企业环境满意了,才会尽心尽力地去工作,提供令顾客满意的产品和服务。因此,酒店内部营销非常重要,它是指导酒店培养满意员工的重要理念。酒店首先要树立"以人为本"的理念,对外以顾客为本,对内则以员工为本,这里,以"员工为本"就是酒店内部营销理念的体现,酒店必须找出对顾客满意度有影响的因素,充分尊重员工、发展员工、激励员工,为员工创造尽可能好的工作条件,切实提高员工的满意度。此外,酒店还要树立全员营销的理念,动员酒店全体人员开展营销活动,注意抓住任何服务机会,开展各种各样的营销活动,总之,全员上下一心,在任何时候,任何地方都能为酒店顾客提供优质的服务,用实际行动来为酒店进行营销。

7.2.8　绿色营销

绿色营销是在 20 世纪 80 年代后期,随着环境破坏、人口增长、能源消耗等世界性问题日益严重,为保护环境、促进人与自然的和谐发展而出现的一种全新的营销方法。绿色营销作为一种全新的营销方法,首先要树立一种正确的绿色消费观念,并在此基础上进行绿色管理活动,绿色营销的主要内容可以概括为"6R",即 Reducing(减量)、Reusing(再使用)、Replacing(替代)、Recycling(循环使用)、Research(研究)、Reserve(保护)。

酒店的绿色营销要求酒店在营销过程中不能追求短期的赢利,而是要具备一定的社会意识和环境意识,严格在"6R"绿色观念的指导下开展酒店日常经营管理活动,在促进酒店发展的基础上,实现经济、社会和环境三大效益的统一。酒店的绿色营销首先要从战略高度认识营销活动的主要目的是促进社会的环境保护,在酒店可持续发展的绿色经营管理方式的基础上,追求酒店的经济效益。其次,酒店绿色营销在绿色营销目标的指导下,依靠酒店全体员工的共同努力进行有效的绿色营销活动,树立酒店绿色形象,培养绿色员工,推出绿色产品,提供绿色服务。酒店绿色营销的对象不仅仅是酒店的目标顾客群体,而应该是整个社会,通过自身的绿色营销活动,引导整个社会的消费观念和消费行为朝着保护环境、节约能源的方向发展,在此基础上,促进人类生活品质的全面提高。

7.3　酒店市场营销策略

在酒店经营领域,酒店战略是指酒店为生存和发展而制定的酒店目标以及为达到此目标而采取的各项政策的有机结合体。其中,营销战略是一个重要的组成部分,它主要立足于现状分析、预测和 SWOT 分析,为酒店编制营销计划提供坚实的信息基础和明确的战略方向。酒店市场营销战略管理不是市场营销战略分析在酒店行业的简单应用,由于酒店产品和顾客需求的特殊性,酒店市场营销战略管理具有更丰富的内涵。酒店制定营销战略的目的是为了动态适应市场环境的变化,并充分利用每次市场机会,通过有效的战略管理以保证营销活动的有效性。从不同的角度来分析,酒店可选择的营销战略模式有很多。

7.3.1 形象制胜策略

形象是企业的生命,也是形成竞争优势最有力的工具。对酒店企业而言,酒店形象是顾客、企业内部员工和社会公众对酒店综合实力与服务特质的总体评价。良好的市场形象有助于酒店突出自身特色,传播经营理念,稳定顾客忠诚,最终实现营销目标。

1)酒店形象设计

酒店形象是一个有机的整体,它涉及酒店的方方面面,具有明显的综合性。酒店形象由形象定位、形象塑造和形象标志三部分组成,这三部分恰好构成了人们常说的酒店形象,如图7.2所示。其中,酒店名称、酒店标志、标准色、标准字及经营口号是酒店形象的具体设计。

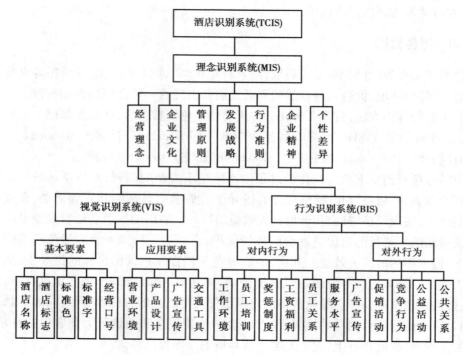

图 7.2　酒店形象构成

2)酒店形象推广

酒店形象能否得到有效推广直接影响酒店营销活动效果的好坏,因为酒店形象一旦树立就会在公众心目中形成一种思维定势,要改变这种定势相当困难,为了塑造鲜明的酒店形象,往往要投入大量的人力和资金。

在进行酒店市场形象推广时,酒店应把握3条原则:一是统一性,即在营销过程中,酒店要用统一的标志和主题口号开展宣传,以树立酒店的整体形象。二是针对性,酒店应面向不同的细分市场推出相应的分体形象,从而达到强调目标顾客群体特殊利益的目的。三是效益性,即酒店要选择合适的宣传工具,力争以最少的投入将酒店的经营理念、产品特色等传达给尽可能多的公众。对酒店形象的推广可以采用如下策略。

（1）整合营销沟通

进行整合营销沟通（Integrated Marketing Communication），即综合运用多种营销手段和市场营销工具，全面加强消费者对酒店的注意度和信息接受程度，它将起到单一促销工具无法起到的"1+1>2"的系统效应。

（2）权变营销

权变营销策略的核心是在系统地考虑影响市场营销因素的基础上，有效地确定不同营销主体或同一营销主体在不同阶段的营销导向。它体现在以下3个方面。

①目标市场的营销应充分考虑本地资源的优势，充分展示本地区独特的销售主张，使开发的酒店产品具有竞争力、吸引力和后续力的比较优势。

②营销目标应多元化，以适应不同层次的顾客需要，如针对相对稳定或相对滞后的需求，酒店应善于制造潮流、引导市场、培育市场。

③在酒店生命周期的不同阶段以及在不同的供求形势下，应该有不同的营销导向。

（3）顾客全程追踪营销策略

针对顾客的消费心理，市场营销机构追踪顾客住店整个过程的各阶段，进行连续的多阶段、全方位营销与促销，它是整合营销沟通策略的具体化。酒店主要针对潜在顾客、现实顾客和已入住顾客三类不同顾客群体，进行连续的三阶段营销（见表7.3）。

表 7.3　三阶段营销推广策略

阶　段	营销载体	实施比较	达成目标
潜在顾客	媒体广告	印刷品（杂志、报纸、POP广告）和电子传媒	提高酒店形象和知名度
	酒店尝试	邀请酒店中间商熟悉酒店	使其向顾客推荐
	突击促销	向关键酒店中间商集中推销酒店	达成酒店代理业务
潜在顾客	媒体炒作	邀请媒体记者免费入住	借助媒体炒作
	消费者展示	针对目标消费者展示酒店产品的声像和模型	现场感染消费者
	直递邮寄	向酒店中间商和大型会议管理机构投递宣传邮件	影响大型会议选点决策
现实顾客	强化酒店形象	针对预订顾客入住酒店前，向其以邮件、信函等方式传播本酒店的历史文化、经营理念、服务等信息	为鼓励顾客延长停留时间和后期消费"预热"
	户外广告	在沿途重要地段设立醒目的户外广告，多侧面宣传酒店的特色与服务产品	强化地区酒店形象，对消费者实施潜在影响

续表

阶　段	营销载体	实施比较	达成目标
住店顾客	酒店信息中心	为顾客提供当地全方位的信息咨询服务和其他专项信息服务	为顾客的消费决策提供信息辅助
	媒体组合方案	以多种媒体组合向顾客宣传酒店服务设施项目	制造良好的酒店服务形象,刺激顾客消费

7.3.2　竞争优势策略

竞争优势是所有营销战略的核心,因为任何一个企业的实力都是有限的,它不可能占领全部市场。从某种意义上来说,酒店市场营销活动就是酒店企业充分利用自身的一切资源优势,形成竞争优势,从而实现营销目标的过程。营销竞争优势战略的选择应建立在对酒店竞争地位判断的基础上,处于不同竞争地位的酒店会选择不同的竞争策略,但无论作出哪种竞争战略决策,都是为了突出自身的竞争优势。一般来说,酒店企业可采取以下4种营销竞争优势策略。

1)差异化策略

所谓差异化,即为酒店向消费者提供与众不同的产品或服务,且这种"不同"被顾客认为是有价值的,他们愿意以相同或更高的价格去获得差异化产品或服务。创造差异化优势的因素可以是酒店产品和服务的功能或其他特性,也可以是该产品或服务营销体系中的某个环节,如支付方式、促销方式等,但其基本前提是这种差异化能得到顾客认同。

2)低成本策略

低成本营销策略的竞争优势十分明显,在酒店的产品或服务质量得到顾客认可的前提下,若能以低价进入市场,必将获得较高的市场占有率;若以同质等价的产品与竞争对手抗衡,酒店将获取更大的边际利润。要实现低成本营销优势,酒店需要做好3方面的工作:一是努力达到酒店最佳规模,争取规模经济效应。二是积极推进技术革新,降低生产、经营成本。三是严格控制各项费用,提高资金的利用效率。

3)集中营销策略

集中营销策略是指酒店集中人力、财力、物力,重点销售一种或几种产品,或对某种细分市场展开的营销活动。它分为低成本集中和差异化集中两类,前者强调从特定细分市场取得由成本差异换来的更大经济回报,后者立足于有效地满足特定细分市场的顾客利益。集中营销能使酒店凭借有限的资源参与竞争,并使营销活动更具针对性,因而在中小型酒店进入市场初期或一般酒店产品销售处于成熟期时大都采用这种策略。

4)市场领先策略

市场领先策略,又称抢先营销策略,即酒店总是把注意力集中于行业的前沿,在营销组合各要素上都比竞争对手抢先一步,从而达到"先入为主"的目的。抢先营销策略主要有6

条实现的途径,即供应系统、新产品开发、产品价格、技术改进、目标市场和分销渠道。在实施市场领先营销策略时,酒店必须小心谨慎,以免重蹈他人覆辙,或误入歧途,或为竞争对手铺路。

7.3.3 品牌支撑策略

随着全球经济一体化进程的加快和信息技术的发展,同类酒店产品在质量、功能、价格等方面的差异越来越小,品牌作为一项无形资产成了酒店竞争力的一个重要筹码。品牌有助于酒店宣传自己的产品,树立市场形象,建立顾客忠诚,进行市场细分,从而形成独特的竞争优势。

1)酒店品牌塑造

对于现代酒店企业而言,品牌不再是简单的产品识别标志,它已成为企业营销战略管理的一项重要内容。而且,在酒店行业中酒店品牌比产品品牌更为重要。酒店品牌的塑造是一个系统工程,需要酒店的长期努力(这里指的是广义的品牌概念)。要树立鲜明的品牌形象,酒店应从以下4个方面入手。

(1)品牌决策

品牌决策包括品牌化决策、品牌使用者决策、家族品牌决策、多品牌决策、品牌扩展决策和品牌再定位决策。它主要解决以下问题:是否给产品规定品牌名称;是采用本酒店品牌,还是采用中间商品牌或两者兼有;各类产品是分别使用不同的品牌,还是统一使用一个或几个品牌名称;如何利用品牌开展营销以及如何更新品牌等。

(2)品牌设计

品牌设计包括酒店或产品名称、品牌标志和商标。高水平的品牌名称和标志设计能给消费者留下深刻的印象。

(3)服务提升

服务提升即良好的品牌形象需要酒店的高品质服务来支撑。因为一个强有力的品牌只能给有竞争力的产品或服务带来市场优势,却不能补偿任何劣质服务,甚至可能因为一次质量事故而使品牌毁于一旦。

(4)有形展示

有形的服务展示能突出酒店的产品特色,使服务有形化、具体化,从而让顾客在购买前就能感知产品或服务的特征以及消费后所获得的利益。酒店实施有形展示策略的途径主要有4种,即设计酒店标志、规范服务行为、美化服务环境和开展促销活动。

2)酒店品牌营销策略管理

在选择品牌营销策略之前,酒店首先必须对酒店或产品的品牌类型与品牌力进行科学的评价。酒店或酒店产品的品牌力主要由两个因素决定,一是品牌认知度,即顾客对品牌知名度和美誉度的总体评价。二是品牌活力,即酒店或产品品牌的差异化特征与顾客的关联度。

根据自身品牌所处的市场地位,酒店便可以制定出相应的品牌营销策略(如图 7.3 所示)。对于新的主导产品,酒店一般采取品牌培育策略,凭借成功的品牌定位突出新品牌对消费者的独特利益点;当新品牌转变为发展品牌时,酒店品牌已具有一定活力,但认知度偏低,这时酒店应通过广告、公关等手段提高品牌的知名度和美誉度,以吸引消费者购买;对于市场占有率和知名度都较高的强势品牌,酒店营销活动的中心任务是维护品牌地位,并通过新产品开发、产品改进等途径来挖掘品牌潜力;对于市场逐渐萎缩的品牌产品,酒店应针对顾客需求变化创造新的品牌特色,常用的两种方法是进行品牌重新定位或将品牌投入新的市场。

图 7.3　酒店品牌营销策略决策度

7.3.4　网络营销策略

网络营销又称在线营销,即酒店利用互联网络开展市场调研、宣传产品或服务,实现网上交易以及处理售后事宜。网络营销是现代通信技术发展对人类经济活动的一项重大贡献,它为酒店提供了一种全新的营销理念和方式。由于具备营销费用低、营销环节少、信息含量大、营销范围广、营销全天候等特点,网络营销一经出现便受到了众多酒店企业尤其是国际酒店集团公司的青睐。

酒店开展网络营销必须实现两大转变:一是在经营理念上,由原有的二维结构(产量和质量)向四维结构(产量、质量、个性、时间)转变,其中,个性指酒店产品特色和顾客的独特利益;时间指酒店应通过互联网及时向潜在顾客提供最新产品或服务信息。二是在销售方式上,由面对面的销售向网上交谈式的销售转变。酒店一般通过 4 种方式来实施网络营销策略,即开设电子商场,加入论坛、新闻组或公告栏,刊登在线广告和寄送电子邮件。酒店网络营销包括如下几个方面的内容。

1)酒店网站的建设

酒店网站建设(见图 7.4)是酒店网络营销的基础内容之一,也是最基本的网络营销管理活动,主要包括:酒店网站专业性诊断、网站搜索引擎优化状况诊断、网站推广阶段计划的制订、各种网站推广手段管理、网站推广效果分析评价(如网络广告、E-mail 营销、搜索引擎营销等)、网站流量统计分析、网站访问量与效果转化分析等。酒店网站建设的好坏直接关系到酒店网络营销的质量,其建设效果表现在网站访问量增加、品牌形象提升、用户数量增长等多个方面。

2)酒店品牌推广

酒店品牌推广即酒店通过合理利用各种网络营销途径创建和提升酒店品牌,主要包括酒店品牌的宣传推广、维护提升等方面。

3)酒店信息发布

酒店信息发布包括酒店通过网络发布酒店的服务信息、经营理念等内容,同时还包括酒店信息发布渠道的选择、信息发布的效果管理等。

图7.4　酒店网站建设

4）在线顾客关系维护

在线顾客关系维护包括顾客消费行为研究、酒店常住客人的资料管理和有效利用、顾客关系营销策略实施及其效果评价等。

5）在线顾客服务

在线顾客服务的基础是充分有效地运用各种在线服务手段，收集在线顾客的消费偏好和需求信息，并进行研究，制定适合顾客要求的顾客服务策略。

6）网上促销管理

网上促销管理即针对酒店的产品和服务，制定不同阶段的促销目标和策略，并对在线促销的效果进行跟踪控制。

7）网上销售

网上销售主要内容包括网上酒店促销，网上酒店产品的预订和销售，各种网上销售渠道的建设，在线销售业绩分析评价等工作的协调管理。

8）网上市场调研

网上市场调研指在确定酒店市场调研的目标、计划和调研周期的基础上，选取合理的网络调研方法进行酒店市场调研，并对调查结果进行合理利用和发布。

7.3.5　营销组合策略

市场营销组合是酒店为达到在目标市场上的销售水平而对可控性营销变量进行优化组

合和综合运用的管理活动。正是随着营销组合理论的产生,市场营销活动才富有浓厚的"管理"色彩。通过设计合理的营销组合,酒店可以充分利用一切资源,发挥整体优势,增强酒店的市场竞争力。

　　传统的酒店市场营销组合主要围绕"4P"来展开,即酒店产品组合、实施促销方案、分销渠道组合和产品定价策略4部分内容。随着酒店业的不断发展,酒店市场营销理念的创新,酒店市场营销组合战略也有了新的内容,即从传统的"4P"组合向"4C"组合转变。这种转变是营销理念的深刻变革,营销交易要素从卖方市场的"4P"转向买方市场的"4C";从卖方的产品(Product)转向买方的需要和欲望(Customer needs and wants);从卖方的定价(Pricing)转向买方愿意花费的成本(Cost to customer);从卖方的渠道或网点(Placing)转向买方的便利(Convenience);从卖方的促销(Promotion)转向买卖双方间的沟通(Communication)。

　　与传统的"4P"营销相比,"4C"营销的创新意义在于:它把交易的控制权"完全让给"了买方。"4P"营销是用产品、定价、渠道和促销手段控制买方,尽量将买方纳入营销者的控制范围,而"4C"营销是主动接受买方的"控制",让买方根据交易的意愿、成本、便利程度和信息沟通情况来进行交易决策,以此激励买方完成交易。从"4P"到"4C",这是一场新的营销革命。我们知道,对酒店这个特殊行业来说,顾客就是它的生命,酒店营销的真谛就是买方(顾客)导向,因此"4C"营销可以说是真正意义上的酒店营销。近年来,"4C"营销组合越来越普遍地为国际酒店企业所接受。现在,在竞争激烈的世界酒店业市场上,谁能更好地捕捉和满足顾客的需要、降低顾客的成本、增加顾客的便利和加强与顾客的沟通,谁就能具有更大的营销优势。

第8章　酒店品牌塑造与维护

【学习目标】
　　通过本章的学习,学生应该能够:
　　1.了解酒店品牌的发展历程
　　2.熟悉酒店品牌的构成、内涵及功能
　　3.熟悉酒店品牌的战略体系
　　4.掌握酒店品牌的定位、设计及推广
　　5.掌握酒店品牌的竞争战略

【关键术语】
　　◇ 酒店品牌 Hotel Brand
　　◇ 品牌塑造 Brand Building
　　◇ 品牌战略体系 System of Brand Strategy

【开篇案例】

锦江酒店集团的品牌战略定位

　　上海锦江酒店集团是亚洲最大的酒店集团,在2009年的全球酒店业排行榜上名列第13位。与洲际、万豪、雅高等国际顶尖的酒店集团一样,锦江酒店集团在不断壮大发展的过程中也走出了一条属于自己的品牌扩张之路。到目前为止,锦江酒店集团在多个细分市场形成了7大酒店品牌。①锦江经典型酒店:糅合不同西方建筑风格、文化传承丰富、气氛独特,多用于款待外国皇室显贵和国际商界巨擘。②锦江五星级酒店:装潢华丽、服务周全,为旅客提供现代化的服务设施,临近商业区、旅游区和交通枢纽,切合高端商务旅客和游客的需要。③锦江四星级酒店:价格较豪华酒店偏低,但提供全方位服务。④锦江三星级酒店:房价较低廉,主要为国内商务旅客和游客提供较经济的住宿服务。⑤"锦江之星"经济型酒店:有限的服务和设施,价格低于传统星级酒店。⑥锦江度假村酒店:位于旅游区和度假区,为旅游者的休闲和度假提供需要,提供全方位服务。⑦锦江酒店式公寓:中档价格,面向较长时间居住的旅行者和商务游客,设施齐全。

目前,我国酒店业已进入买方市场,酒店行业进入微利时代。中国的酒店业的投资规模以每年近10%的速度递增,这导致酒店供求关系比例失调与酒店市场竞争的日趋激烈。再加上经济全球化、加入世贸等一系列新的挑战,除了原有的一些世界著名的品牌酒店,如喜来登、香格里拉、假日酒店以外,还会有一部分新的世界酒店进入国内市场,并有可能形成新的网络集团,这都会给我国酒店市场带来巨大的压力。与国外相比,我国的酒店品牌建设较为缓慢,大量合资酒店使用的是外方品牌,国内的酒店除了上海的锦江、南京的金陵、广州的中国大酒店等少数几家外,还没有形成具有影响力的品牌。缺乏品牌尤其是名牌,制约了国内酒店对外扩张、发展的潜力,因此,我国酒店如何创建品牌、实施品牌战略将成为21世纪酒店业提升竞争力的关键。

(资料来源:节选自:百度文库"锦江酒店集团品牌管理案例分析",http://wenku.baidu.com/link? url = 88L2FDsJKgY-S-4KxT8fLo0UCR _ CJotqVJi59WxTlw3UEk7or3gA6jEisc7fsj _-Hy7RaQy5sUEl6CMC1M85OU0PAdaggfxJKB-lYYalgnu)

8.1 酒店品牌发展概况

20世纪80年代末,以品牌的资产化为核心的品牌革命崛起于西方,对现代企业经营管理产生了深远的影响。品牌战略逐步从企业众多的竞争方式中脱颖而出,占据了当代企业经营管理战略的主导地位。企业由产品竞争,到资本竞争,再到品牌竞争已是不可逆转的趋势。品牌竞争力是一个企业乃至一个国家综合实力的表现。一个企业品牌竞争力究竟有多强,一个国家究竟有多少个世界级的知名品牌,成为了衡量企业和国家经济实力的标尺。21世纪是品牌竞争的世纪,品牌战略在酒店整体战略中的地位日益突出。

8.1.1 品牌的起源与发展回顾

自给自足的自然经济以及市场经济萌芽时期,只有产品,没有品牌。在商品经济发展到一定规模,各地之间商品交换日益频繁和扩大以后,品牌才逐渐开始出现。早期的人们利用这种方法来标记他们的家畜,后来发展到手工品的标记。原始意义上的品牌起源于古代手工艺人,如陶工、石匠等。他们在其制作的手工品上打上某种标记以利于顾客识别产品的来源,这种标记主要是一些抽象的符号。因此,可以说符号是品牌最原始的形式。之后,除了符号之外,还出现了以手工艺人的签字作为识别标志的情况,这就是最原始的商品命名(即品牌化)。

真正意义上的品牌化起源于欧洲。在欧洲中世纪,出现了很多的手工业行会,如陶瓷业、金银手工业等,它们是品牌化的主要实施者和促进者。为了维持其声誉和产量,这些工艺人在自己制作的器皿上打上一些标志。除了陶工、金银工标志以外,还出现了印刷工标志、面包标志、手工业行会标志等。有时它们是用来吸引顾客,但多数情况是为了维护行业的垄断地位以及维护商品质量,便于找出生产低质量商品的商人,如英国1266年通过了一项法律,要求面包房在每个面包上打上生产者的标记,如果面包分量不足,就很容易找到生产者。金匠和银匠也要求在他们制作的金银器皿上打上制作人的签名或私人标记,作为质量的保证。

当欧洲人来到美洲后,他们也带来了传统的命名方法。美国历史上最早对商品进行品牌化(即给商品命名)的是一些烟草商和专利药品制造商,但几乎没有一个品牌幸存至今成为国际品牌。

19世纪下半叶是全球品牌化思想成熟与发展的时期,在美国和欧洲都相继出现了许多全国性的品牌,并且很多品牌在当时就已经具有了坚实的国内基础和强劲实力,为它们日后成长为全球性的国际品牌铺平了道路,时至今日,一些著名的国际旅游品牌也是由当时的品牌发展而来的。例如1841年7月,英国人托马斯·库克(Thomas Cook)包租了一列火车,运送了570人从莱斯特前往拉夫巴勒参加禁酒大会,成为历史上首例有组织的旅游活动,也被公认为是近代旅游的开端。1845年,他所创办的世界上第一家旅行社——托马斯·库克旅行社开业,至今已有近160年的历史,该旅行社现今已经发展为英国第三大旅游集团,"托马斯·库克"也因此成为世界上第一个,也是历史最为悠久的国际旅游品牌。

19世纪末、20世纪初,世界范围内先进资本主义国家过渡到垄断资本主义阶段,市场经济逐步趋向发达和成熟,以开拓世界市场为目标的大企业大批涌现,市场竞争日益激烈,为品牌的普遍形成和发展提供了经济条件。进入20世纪,科技的发展和工业的进步促进了新产品的不断涌现,品牌化的思想和实践进一步得到发展和巩固,大部分的品牌已经树立了地区或全国地位,品牌越来越多,消费者越来越接受,甚至尊敬这些品牌。品牌的推广也变得越来越专业化,由专门广告人才来进行品牌的推广。这种专业化使得广告营销手段和技巧有了极大的提高。

另外,跨国公司的兴起也为品牌国际化提供了条件,很多国内品牌随着公司在国外设立机构而顺利地走向了世界。国际品牌成为全球企业最向往的无形资产,成为它们的奋斗目标。这些国际性品牌不但把优质的产品和优良的服务带到了全世界,使人们享受到优质的产品和优良的服务,而且还把某种生活方式带到了全世界。可以说正是这些国际品牌影响了全球消费者的消费观念和生活方式,有的还甚至成为某种生活态度的象征。例如,正是可口可乐、麦当劳等商品把美国式的快餐生活方式带到了全世界消费者眼前。

国外研究表明,自1987年以来,世界酒店业每年品牌延伸的变化已增长了10倍,世界酒店业每年差不多有1 500次品牌变化,除此之外,在1987—1997年的11年间酒店业有100多个颇具影响的品牌产生。我国从1994年开始由国家旅游局举办"十佳百优酒店"评选,也是意在塑造中国酒店业名牌形象。1995年从1 747家星级酒店中评选的最佳前两名"广州白天鹅"和"南京金陵酒店",也促进了其名牌形成,并使品牌得到增值。1996年,深圳市旅游工作会议对酒店名牌战略予以重视,研讨了"如何创立名牌酒店""如何通过树立名牌酒店形象,进而树立中国现代酒店业的整体形象"等问题,我国酒店企业和政府有关部门对酒店品牌建设的关注使得我国酒店业的品牌研究从理论和实践上都得到大力的发展。进入21世纪,中国酒店业必须实施品牌战略,将我国酒店业的竞争引向一个高水平的品牌竞争阶段,才有能力抵御国外著名酒店集团的进攻。

8.1.2 酒店品牌及其构成

1)品牌和酒店品牌

关于品牌的定义,美国著名营销学者菲利普·科特勒(Philip Kotler)的表述是:"品牌是一种名称、名词、标记、符号或设计，或是它们的组合运用，其目的是借以辨认某个销售者或某群销售者的产品或劳务，并使之同竞争对手的产品和劳务区别开来。"最初出现至今仍然最普遍的是产品品牌，它是指有形的实物产品品牌。随着市场经济的发展，在产品品牌的基础上，又出现了服务品牌和企业品牌。服务品牌是以服务而不是以产品为主要特征的品牌，如餐饮服务品牌、旅游服务品牌、航空服务品牌等。需要注意的是，无形的服务总是以有形的产品为基础的，并且往往同时与有形产品共同形成品牌要件。

酒店品牌是以酒店作为品牌整体形象而为消费者认可的。酒店产品及服务品牌是酒店品牌的基础，但酒店品牌高于产品和服务品牌，它是靠酒店的总体信誉而形成的。酒店品牌与其产品或服务品牌可以是相同的，如香格里拉、假日、希尔顿等；也可以是不相同的，如马里奥特国际酒店集团与其旗下的万豪、万丽、万怡、丽嘉、华美达等酒店产品品牌。

2）酒店品牌的外延要素构成

一般来说，酒店品牌的外延表现由三大基本要素构成，即酒店品牌名称、酒店品牌标志和商标。

（1）酒店品牌名称

任何一个酒店品牌都必须有名称，通常也称商号，这是合法经营所必须具备的。品牌名称一般由中文、英文或数字组成，品牌名称可以国际国内通用，发音会略有不同。名称是从字符、语音、字型等方面对品牌信息内容的表征。这种表征的准确与否，直接影响着品牌的宣传和产品的销售。酒店品牌的名称涵盖了酒店产品和酒店一些文化属性的内容，所以品牌名称是酒店产品和酒店其他特质的识别工具，也是方便记忆的工具。著名品牌的名称使人能快捷方便地建立起与该品牌相关的产品、服务、价格、文化理念等方面的联想，在众多的同类商品中很容易快速地将其识别出来，这在信息时代是非常重要的功用。好的品牌名称首先就为酒店树立产品的品牌形象建立了良好的传播基础。

（2）酒店品牌标志

酒店品牌标志也称品牌的形象符号，它是品牌形象化的标识符，主要起速记、识别和传播的作用，形象符号达到一定程度则成为内容丰富又高度抽象的概念，使人们产生与该品牌相关的联想，这种联想越强、越丰富说明该品牌的宣传也就越成功，因此形象符号具有品牌认识和识别功能，是形成品牌个性和建立品牌联想的主要元素。（图8.1、图8.2）

图8.1 洲际皇冠假日品牌标志　　图8.2 希尔顿酒店品牌标志

（3）商标

商标主要从法律角度来论及品牌的法律地位和关系,作为品牌的法定标记,可划分经营身份,确定酒店品牌在什么区域及什么样的产品范围内受到维护。商标图形是按照设计原则开发出来的,符合《商标法》,注册后受商标法维护。商标作为在市场上区别和验证商品和服务的标识,是与品牌战略密切相关的,是整个品牌战略运作的依据和关键。商标是知识产权中的一个类别,它要在社会上取得公认的法律权利,一是凭借智力独创性活动的事实行为,二是依赖国家主管机关依法确认的特别途径。因此,可以这么说,酒店品牌战略只有在商标是合法的、独创的、有权利的情况下才能实施和运作。商标不但是其他标识概念的基础,而且还是品牌战略实施和运作的根本。

3)酒店品牌的内涵

（1）品牌是酒店产品质量性能的综合体现

酒店品牌是以一定的酒店产品和服务的功能质量为基础的。在现代经营中,信息不对称的情况下,企业总是把品牌当作产品品质的象征,并且把这种影响努力地灌输到消费者心目中,使消费者形成对该品牌强烈、积极、独特的认识,优质的品牌即意味着优质的产品和服务。

（2）品牌是酒店综合商誉的表现

消费者认识酒店是从其品牌开始的,也是以品牌为结束的,品牌是酒店的旗帜,涵盖了酒店活动的各个方面。从物质到精神,从设计、生产到销售、服务,从内部管理到社会形象,这些活动的综合成果就结晶在该酒店的品牌上,最后形成品牌的整体效果,从而获得社会对该品牌的整体评价。

酒店通过它所提供的产品和服务来表达对社会的贡献,品牌就是对这种表达的综合概括。品牌是酒店对社会的一种承诺,酒店也正是通过严格的服务管理,先进的服务技术,高素质的员工以及对消费者负责的精神来充实品牌的内涵,增强品牌的可信度的。

（3）品牌是酒店企业文化的体现

文化一般是指长期存在于社会之中,由社会成员共同分享和接受的价值、态度、规范和期望。企业文化反映了酒店成员的理想信念、价值追求、意志品格和行为准则,品牌从某种意义上说,是酒店按照其自身文化方式运作的结果,也是酒店经营理念的重要表现载体。一些著名的酒店品牌一经提起,就立即使消费者产生对其企业经营特色的联想,如假日的"暖"、东方的"情"、希尔顿的"快"、喜来登的"值"等。

（4）品牌是酒店的重要无形资产

对一个酒店来说,优质的品牌本身就是一个重要的无形资产,品牌市场地位的确立和品牌认知度的扩展会给酒店带来巨大的无形价值。当一项品牌被社会所公认,它又可转化为有形资本,使酒店获得巨大的资本利益。利润效应是促使经营者以品牌为导向来发展酒店的最主要动力来源。品牌产品的比较优势价位和同价位产品的畅销往往带来了产品销售量和销售绝对值的大幅度提高,这种提高的结果将大大增加酒店的利润总量收入。品牌的这种超常创利能力所带来的利润效应使酒店经营者能够或者愿意以名牌为导向来进行酒店的发展,由此达到不断放大利润效应的目的,酒店品牌要素构成如图8.3所示。

综上所述,酒店品牌不仅是产品的标志,更是产品质量、性能、可靠程度的综合体现,同时,品牌还凝聚着酒店的科学管理、市场信誉、追求完美的企业精神的诸多文化内涵。

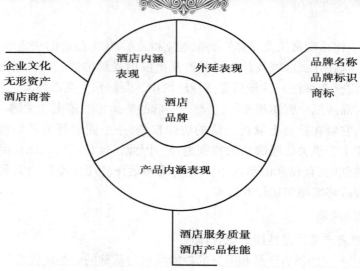

图 8.3　酒店品牌要素构成

8.1.3　酒店品牌的功能

酒店品牌的功能表现是双方面的,即对于酒店和酒店顾客具有各自不同的功能。

1）酒店品牌对于酒店的功能

（1）强化差异功能

史蒂芬·金（Stephen King）说过:"产品是在工厂所生产的东西,而品牌则是消费者所购买的东西。一件产品可以被竞争对手模仿,但品牌则是独一无二的。产品很快会过时,而成功的品牌则是持久不变的。"酒店产品本身之间物质性的差异很小,但酒店却可以通过自己独具特色的品牌,强化品牌个性来体现酒店产品的差异,以提高酒店消费者对本品牌产品的认知度。

（2）传递信息功能

酒店产品具有无形性特点,无法让酒店消费者在购买前向其当场展示,而有关产品的信息对于潜在消费者的购买决策来说又是非常重要的影响因素。而酒店品牌作为其所代表的酒店产品和服务的综合体现,有效地向顾客传递了产品和服务的质量信息,并且这种信息还是经过其他酒店消费者实际经历检验过的,具有相当的可信度,因而将极大地促进消费者购买行为的发生。

（3）提高产品附加值功能

"附加值"通常是指附加在劳动对象上的价值。产品与品牌的主要区别在于"附加值"。酒店消费者购买某一成功酒店品牌的产品,不仅能取得实质利益（产品带来的实际满足）,更重要的是能获得一种心理利益,即购买著名品牌带来的心理满足,即使价格稍高于同类产品,消费者也乐于倾囊。另一方面,随着卖方市场时代的结束,酒店产品的日益丰富,酒店买方市场的逐渐形成,酒店拥有知名品牌,就等于拥有了市场竞争优势,利用品牌对市场较强的感召力,获得较高的市场占有率。因而品牌是酒店的无形资产,优秀品牌不仅能给酒店带来强大的增值功能,而且本身也具有很高的价值。

（4）法律维护功能

酒店品牌拥有合法商标作为其法定标记,可有效避免竞争对手的恶意模仿等不正当竞争行为。当酒店的合法权益受到侵害时,品牌还将作为酒店诉求法律维护的一种凭借,保障酒店的正常经营秩序。

（5）宣传营销功能

20世纪90年代以来,品牌营销作为一种新型的重要的营销手段,为越来越多的酒店企业所接受。它以塑造品牌、提升品牌价值为核心,对广告、公关、促销等各种营销方式市场传播活动进行有效整合。品牌营销不仅实现了对酒店产品和服务的营销,还使酒店的形象得到认知,并可将其效应扩散到酒店的其他产品中,取得了远远优于传统产品营销的效果。

（6）对外竞争功能

酒店品牌是企业对外参与竞争的有利武器,是酒店开展国际化经营的旗帜。国际酒店市场的一体化使酒店跨国经营成为可能,而品牌输出则是最为有效的手段和途径之一。从20世纪80年代开始,国际酒店集团就纷纷凭借品牌优势抢占中国市场而大获其利。

2）酒店品牌对于消费者的功能

（1）降低购买风险

从众多的同类酒店产品中作出购买决策对于消费者来讲是很困难的,但酒店品牌会帮助他们进行选择。优秀的酒店品牌经无数实际经历和享用的考验,使人一闻其名就联想到其温馨暖人的优质服务,可大大减少购买风险,避免产生购买遗憾,使消费者放心。

（2）减少购买成本

当消费者萌发购买酒店产品的动机时,就要收集有关酒店产品的信息,在诸多酒店产品中,去挑选符合自己意愿的产品。在初步选定某种酒店产品后,还要去多方调查了解所提供该产品的酒店企业的服务状况,在经过调查了解,确认该酒店具有较好的信誉,能够保证服务质量的时候,消费者才能最后建立信心,购买该酒店的产品。如果某家酒店所提供的酒店产品已是品牌产品,经过一定时间的经营,已被众多的消费者所了解和认可,在这种情况下,凡是购买该种酒店产品的消费者,就省去了搜寻信息的过程,而选择直接去这家酒店消费,从而节约了购买成本。

（3）获取品牌价值

随着生活水平的不断提高,人们越来越多地追求高层次消费,追求个性化的消费,单纯的产品消费在购买因素中所占的比例越来越少,消费者在消费过程中并不单纯追求生理上的需求（功能性需求）,更多的是追求心理上的需求（情感需求,识别、象征需求）,追求的是一种感觉、自我价值的体现,一种自身的价值和重要性得到认同后的心理满足。产品侧重于其功能需求与质量的定位,品牌侧重于需求的社会和文化定位,是意识形态和心理描述,是对消费者心理市场的引导、规划和激发。酒店品牌除了为消费者提供功能需求的满足外,更多的是将为顾客创造一份情感上的体验,使消费者在消费中获取更大的满足。

8.2 酒店品牌战略体系

酒店品牌战略,又称品牌经营战略,是指酒店通过塑造良好的酒店品牌市场形象,提升品牌知名度,并以此为凭借开拓市场,扩大市场占有率,吸引顾客并培养顾客的品牌忠诚度以取得丰厚利润回报和竞争优势的一种战略选择。从品牌战略的功能来看,酒店品牌不仅仅是酒店产品和服务的标志,更多的是其质量、性能、满足顾客效用的可靠程度的综合体现。它凝结着酒店的科学管理、市场信誉、追求完美的精神文化内涵,决定和影响着酒店产品市场结构与服务定位。因此,发挥品牌的市场影响力,带给消费者信心,给予酒店顾客以物质和精神的享受正是品牌战略的基本功能所在。实践证明,良好的品牌往往能给人以特别印象,在同等质量下可以制定较高的价格。有些酒店企业拥有良好的品牌甚至还可以在不同国家逆周期、反季节提供服务和产品,从而使成本与收益流量畅通。品牌经营与传统经营模式相比的优势主要表现为以下几个方面。

①品牌经营实现了对要素的全面整合。由于传统经营的物质观使然,它往往将组织与产品中的两种构成要素——物质资源与精神资源分化,而品牌经营强调精神文化资源与物质资源的融合,使品牌在产品进入市场之前就完成了对品牌特征的塑造和对目标市场的确认,同时它还为营销与广告传播带来了内容上的支持,使酒店企业真正具备了经得起消费市场检验的品牌实质和市场竞争力。

②品牌经营实现了无形驾驭有形的创新模式。无形驾驭有形的实质即精神驾驭物质,在这种模式下的经营,表现为先做市场,后做企业;先创造品牌,后生产产品;先凝结科技力量,再组合物质资源。相对传统经营,它表现为经营决策上的倒置,这种倒置使酒店拥有更多的市场保障,决策拥有全面信息的支持,科学性大大增强。无形驾驭有形减弱了市场中的不确定因素对酒店决策的影响,有效规避了市场风险,使酒店企业把握市场、引导市场进而创造市场的能力得以提升。

③酒店品牌经营的实施,依赖于完善的品牌战略体系,酒店品牌发展战略因酒店经营目标、发展实力、发展阶段以及所处发展环境等的不同而异。一般地,酒店的品牌战略体系由3大子系统构成,即品牌总体战略、品牌发展阶段战略及品牌发展支撑战略。

8.2.1 品牌总体战略

酒店品牌发展总体战略即规定酒店品牌发展总方向和目标的战略,是酒店品牌发展的总指导。酒店在制定品牌总体战略时,可根据自身的产品特点以及创立品牌及实施品牌战略的不同要求,选择不同的侧重点和战略类型,具体包括酒店品牌对象战略、酒店品牌档次战略、酒店品牌等级战略以及酒店品牌数量战略。

1)酒店品牌对象战略

酒店品牌对象战略是针对品牌发展实施对象选择的战略,该对象可以是酒店产品,可以是酒店企业,也可以是二者共同发展,因而酒店品牌对象战略一般又有以下几种方案。

（1）酒店产品品牌战略

它又称品牌商标战略,即以酒店的产品或服务商标为对象所实施的品牌战略。选择该战略的酒店将努力使自己提供的产品或服务受到消费市场的普遍认同和信任,从而使酒店产品或服务商标随之拥有较高的知名度和美誉度,由普通商标变为著名品牌。因此,该战略也就是酒店的产品或服务商标成为著名酒店品牌而作出的长远性谋划。

（2）酒店企业品牌战略

它又称品牌商号战略,即以酒店企业作为品牌战略的实施对象,通过创立酒店企业品牌而实现其经营目标的战略谋划。该战略的重点是要将整个酒店的名称,也就是其商号成为品牌,一旦酒店成为品牌,则容易将品牌效应扩散到其所有的产品和服务上,从而带动其产品和服务成为品牌。

（3）酒店企业、产品统一品牌战略

它又称商标、商号统一品牌战略,它是指当酒店的产品在一定范围内成为品牌后,以产品的商标作为酒店的名称,从而使酒店商号和其产品商标相统一,并且都成为品牌。实施该战略的主要目的是为了扩大酒店的市场范围,创立更高等级的产品品牌和酒店品牌,以实现更高的经营目标。

（4）酒店企业、产品平行品牌战略

它又称商标、商号平行品牌战略,即酒店产品商标和其酒店商号不统一,但酒店将其都作为品牌发展的对象,共创品牌。随着市场经济的不断发展,酒店的整体形象在其对外经营中发挥着越来越重要的作用,也因此得到了越来越多酒店的重视。许多酒店将实施单一的产品品牌战略扩展到产品品牌与酒店品牌并重的战略。但对于特定的酒店企业来说,品牌对象的选择还应考虑到其品牌的发展程度,当酒店还没有品牌产品时,宜先打造产品品牌,再通过产品知名度的提高来带动和突出酒店品牌,然后逐步向酒店的其他产品和服务延伸。

2）酒店产品品牌档次战略

酒店产品品牌档次战略是指根据酒店产品品牌所代表的产品或服务所针对市场的不同消费层次,相应地采取不同的质量和价格组合谋划。因此,一般来说,酒店产品品牌档次战略可分为高档酒店产品品牌战略、中档酒店产品品牌战略以及低档酒店产品品牌战略3种。

（1）高档酒店产品品牌战略

高档酒店产品品牌战略又称高价位品牌战略,即主要面对高收入消费群体,实行高质量和高价格的组合战略。高档酒店产品品牌不仅能够满足高收入阶层追求豪华、显示身份地位的高档消费欲望,而且更容易使酒店在国际上树立高档次、高质量的形象。

（2）中档酒店产品品牌战略

中档酒店产品品牌战略又称为中价位品牌战略,即主要面对中等收入的消费群体,实施中等质量和中等价格组合的战略。由于中等收入的消费者在市场消费者总量中所占的比例较高,因此实施中档酒店产品品牌战略容易在较短的时间内提升品牌的知名度,也较容易获得较大的市场份额。

（3）低档酒店产品品牌战略

低档酒店产品品牌战略又称为低价位品牌战略,通常为经济型酒店所采用,它是主要面对低收入阶层而实施的低等级质量与低价格组合的战略。需要指出的是,这里所说的低等级质量并不是劣质,而是符合消费者需要的合格产品,只是在功能上有所减弱。实施该战略不仅迎合了大众消费者对酒店产品和服务的基本要求,而且价格上的让度也使消费者获得了较多的实惠,从而更容易为消费者所接受,在市场中产生品牌亲和力。但低档战略会在一定程度上减小酒店的利润空间,往往需要酒店有一定的规模实力来支撑。

3)酒店品牌等级战略

酒店品牌等级战略是根据酒店品牌的发展起点和目标不同,而选择不同品牌目标发展等级的战略。酒店品牌的发展等级一般可分为地方级、区域级、国家级和国际级 4 类。

(1)地方级酒店品牌战略

地方级酒店品牌战略是指酒店或者其产品在城市或者地、县范围内创品牌的战略,该战略也是一般酒店使其品牌从无到有,进而创立较高级酒店品牌的基础。

(2)区域级酒店品牌战略

区域级酒店品牌战略指酒店将其品牌从小范围的地方性市场逐步扩展到省(自治区),或者多个省、区范围的战略。该战略的实施往往伴随着酒店市场范围的拓展。定位于区域级酒店品牌一般为中等实力和规模酒店企业较为明智和现实的选择。

(3)国家级酒店品牌战略

国家级酒店品牌战略即酒店的品牌在区域市场范围成功树立后,争创全国品牌的战略。主要途径是将其市场范围逐步扩展到全国各地,提高在全国市场范围内的覆盖面、知名度和美誉度,从而赢得全国范围市场消费者的普遍认同。

(4)国际级酒店品牌战略

国际级酒店品牌战略即酒店企业在树立国家级酒店品牌后,争取在国际市场中创建品牌,使已有品牌升级的战略。国际级品牌战略是酒店品牌发展的最高等级目标,该战略的实施一般依靠酒店企业开展国际化经营,通过市场和规模扩张来实现。香格里拉、万豪、假日等著名酒店集团现今所普遍采用的就是这种战略。

4)酒店品牌数量战略

酒店品牌数量战略是指酒店企业根据自身的生产经营需要,培养不同数量酒店品牌的战略。一般可分为单一品牌战略和多品牌战略。

(1)单一品牌战略

单一品牌战略又称同一品牌战略,即酒店企业生产或经营的所有产品及服务均采用同一品牌。采用这种战略能向社会公众展示酒店产品的统一形象,可以大大提高酒店知名度。使酒店在推出新产品时省去了命名的麻烦,促进系列产品的推销能广泛地把酒店的精神和特点传播给消费者,让产品具有强烈的识别性并给消费者留下深刻的印象,使消费者较为容易地接受新产品,从而提高酒店的信誉和知名度。同时,还可以大大节省营销推广与广告宣传费用,并利用成功的品牌推出新产品,使新产品能快速进入市场;还能在顾客心目中造成酒店不断发展,不断创新的好印象,降低了消费者在接受新产品时所遇到的阻力和风险。对于那些享有很高声誉的著名酒店,选择这种战略可以充分地利用其名牌效应,使酒店所有产品前后相应,增进单一品牌的发展。

但采取单一战略也要承担很大的风险,由于品牌所代表的各种酒店产品明显地表现出共生的特性,一旦某种产品出现问题就会波及酒店的所有产品,从而影响所有产品的形象及销售。所以,酒店企业采用单一品牌战略必须对每一种产品进行严格的质量控制,并注意保持所有产品处于近似的档次上,以便起到相互促进的效果。

（2）多品牌战略

多品牌战略即酒店企业对自己生产或经营的不同功能、不同质量的产品及服务采用不同品牌的谋划。酒店采用这种战略,一般是为了区分那些容易混淆的不同大类的产品,或是酒店生产同一大类产品,为了区别不同质量水平的产品而使用该战略。

采用这种战略的酒店企业可以将生产的不同大类产品分开,能严格区分高、中、低档产品,满足不同消费者的不同需求,提高酒店的整体市场占有率,也便于酒店不断地拓宽产品线,易于顾客识别和选购。这种战略还便于酒店不断扩充产品体系,适应市场上各种不同的需要,以便在不同大类产品领域中分别树立品牌形象。另外,实行多品牌战略的酒店企业在同一产品上设立两个或两个以上的品牌,品牌之间既相互独立又相互竞争。不会因某一品牌的产品在市场上信誉低落而波及本酒店的其他产品,从而起到分散风险的作用。多品牌战略是市场细分过程中的主要措施之一。

多品牌战略的不足也是十分明显的。由于一个品牌的创立需要花费一定的人力、物力、财力,多种品牌的创立必然会增大酒店的成本,这对于初创企业或实力较弱的酒店来说,显然是不适合的。另一方面,品牌的繁杂会使消费者难以记忆和识别,从而不利于形成酒店的整体产品形象。

8.2.2 品牌发展阶段战略

根据企业战略理论,总体战略目标的实现一般都是分阶段逐步实现的。因此,酒店企业需要根据其品牌发展的不同阶段所具有的不同特征制定并实施与之相适应的、更有利于目标实现的战略,这就是品牌阶段战略。一般来说,一个酒店品牌的形成将经历品牌培育期、品牌成长期和品牌成熟期三个阶段,这三个阶段对应的品牌战略重点分别为品牌塑造、品牌扩张和品牌维护,因此分别对应的也有三种战略选择。

1）酒店品牌塑造战略

酒店品牌塑造战略的目标就是在尽可能短的时期内在目标市场中形成酒店所期望的具有较高知名度和美誉度的酒店品牌。该战略的实施又具体包括品牌定位、品牌创意以及品牌形象塑造三大部分内容。通过品牌定位明确品牌的个性与发展方向;通过品牌创意设计有特色的、理想的品牌名称和标志;通过品牌形象塑造将良好的品牌信息传播给市场消费者,强化顾客对酒店品牌的正面认知和评价。

2）酒店品牌扩张战略

酒店品牌扩张战略即酒店企业在成功塑造酒店品牌后,为使该品牌不断发展壮大,相应采取的品牌纵深化发展战略。酒店品牌扩张战略不仅以产品类型和消费者类型多样化为目标,而且还致力于实现酒店品牌规模的不断扩大。具体又包括酒店品牌延伸扩张、酒店品牌规模扩张以及酒店品牌市场扩张等战略类型。

3）酒店品牌维护战略

当酒店企业的品牌进入成熟期后,其所关注的重点应转移到确保所拥有的品牌优势不被削弱下去,这时酒店企业要善于分析竞争对手的各种进攻,并有针对地予以回应。该战略的实施应注意对已有品牌的注册、防伪、维权以及品牌内容创新等方面,可细分为品牌的法律维护战略和经营维护战略。

8.2.3 品牌发展支撑战略

酒店的品牌发展支撑战略是指为了保障品牌总体发展战略目标的实现而采取的有关品牌发展支撑要素的战略谋划。其主要包括质量支撑战略、技术支撑战略、市场支撑战略、营销支撑战略以及人才支撑战略等。

1)质量支撑战略

酒店产品及服务质量是酒店品牌的生命,因此酒店企业实施品牌战略必须树立质量先行的思想,将质量战略作为品牌战略的核心和基础。首先要确定质量目标,不管酒店品牌在价格和功能上是否存在差异,高质量是共同的目标,即虽然不同档次的产品对高质量的要求是不尽相同的,但都不能出现质量问题。其次要明确质量标准,最好采用国家级或者国际级的质量标准,如 ISO9000 系列标准,如有可能,还应制定更高的标准。再次要加强对质量的管理,如建立完善的质量管理制度和质量监督体系,实行全面质量管理等,确保酒店品牌质量经得起考验。

2)技术支撑战略

技术支撑战略是酒店品牌战略的重要动力,技术创新和技术进步也是当今社会经济发展的主要推动力量,成功运用先进的技术(如信息技术、网络技术等)往往能使酒店企业和其品牌在市场中获取主动。技术战略的实施也要视酒店的具体情况而定,具体又包括技术创新战略、技术引进战略和技术改造战略等。

3)市场支撑战略

市场支撑战略是酒店企业实施品牌战略的主线,也是酒店生存与发展的出发点和归宿。扩大市场份额,提高市场占有率是酒店企业实施品牌战略的主要目标之一,为此,首先要搞好定位,确定目标市场。其次,要根据酒店自身的实力和条件,采取切合实际的市场开拓和推进战略。例如在实力较弱时,可实行市场缝隙战略,瞄准市场空当进行开拓;在实力强大时可实行市场主导战略,全面开拓国内、国际市场空间。

4)营销支撑战略

营销支撑战略即通过产品、价格、渠道、促销等营销组合策略的灵活运用,扩大酒店品牌的影响力。需要强调的是广告作为品牌宣传的重要手段,应得到酒店企业充分的重视。进行合理有效的品牌广告宣传除了应注意广告策划要突出重点,明确主题外,还应特别注意应实事求是地进行宣传。同时根据酒店经济实力选择合适的广告形式,以尽可能少的投入取得较大的广告效果也是该战略实施中的重要内容之一。

5)人才支撑战略

人才是酒店企业实施品牌战略的关键性因素之一,无论是培育产品品牌还是酒店品牌,都需要人的努力来实现。有鉴于此,酒店企业应制定合理的用人制度,完善用人机制,确保拥有合理的人才结构,努力实现人尽其才,使酒店组织的每一个成员都在其品牌发展目标的实现中发挥应有的作用。

8.3　酒店品牌塑造

品牌塑造是酒店企业品牌战略实施中的重要环节,也是一个酒店与社会互动的过程,酒店通过一定的媒介告知公众自己的品牌,同时又通过具体产品和服务质量等实践自己向社会的承诺,以证实其品牌名不虚传。品牌的塑造决定于酒店产品的质量、服务、技术、人才和管理等诸多因素。一般来讲,酒店品牌塑造分为品牌定位、品牌设计和品牌推广3个主要步骤。

8.3.1　酒店品牌定位

定位理论创始于20世纪70年代的美国,当时重点强调的是通过广告攻心,将产品定位于潜在顾客的心中,而不改变产品的本身。20世纪80年代,世界著名市场营销专家菲利普·科特勒(Philip Kotler)将定位理论系统化、深刻化。他认为定位就是树立企业形象,设计有价值的产品的行为,以便使细分市场的顾客了解企业间的差异。可见,定位是目标市场选择后的结果。它直接影响着产品策略、价值策略、分销策略和促销策略的选择。定位已成为现代营销活动的基石。

酒店品牌定位就是确定品牌在市场中的适当位置及其发展取向,定位的目的在于创造和渲染酒店及产品的个性化特色。发挥酒店及产品的自身优势,找定自己的位置,沿着定位策略进行延伸,才能使品牌长盛不衰。

1)酒店品牌定位的内容体系

酒店品牌定位主要包括功能定位、质量定位、服务定位以及情感诉求定位4个方面的内容。

(1)功能定位

消费者在挑选酒店品牌时,在理性上首先要考虑品牌功能的实用问题。品牌功能的实用性主要体现为品牌产品的性能、功效以及对消费者带来的功用和利益,能满足消费者的特定需要。品牌的功能定位实质上是产品的功能特性与酒店消费者需求相互切合程度的问题,因而品牌的这种功能性与酒店产品的内在质量有着最密切的关系。同时,对特定品牌还要考虑不同类型的消费群体对品牌功能的特殊要求而有针对性地进行定位。随着酒店消费需求的个性化和多样化,酒店品牌的功能定位也趋向多样化和综合性,而且产品与顾客界面也越来越简单化、人性化。例如一些商务型酒店除了在客房中提供电脑外,还纷纷采用了无线上网技术,为入住的商务客人创造更为便捷的功能和优质的环境。

(2)质量定位

酒店产品质量是品牌生命的基础。从我国目前情况来看,产品质量,特别是知觉质量是制约我国酒店品牌参与市场竞争、与国外品牌争夺消费者的重要因素之一。所谓品牌知觉质量就是消费者对某一品牌产品总体质量或优势的知觉。因此,知觉质量是主观的。它以产品的客观质量为基础,但并不总是符合客观质量。许多国内酒店产品虽然产品本身质量很高,但由于其包装、宣传等方面的问题,在消费者心目中却是质量低劣;而很多国外酒店产品与国内同类产品相比,产品的实际质量相同甚至略低,但在消费者眼中却质高一等。另一方面,消费者是质量的最终裁定者,不同层次的消费者对质量有不同的要求和期望,而超越市场需求的质量过剩是酒店资源也是社会资源的浪费。但总的来说,品牌的树立是基于产品质量的出众,没有质量的保障,品牌的树立是不可能达到预期结果的,至少从长远的角度来看是这样。仅凭形象的策划是不够的,是难以实现时间上的延续性的。

（3）服务定位

服务是酒店产品的重要组成部分,它与实物产品有着很大的差异,其生产和销售一般是同时完成的,因而很大程度上具有个人化的特点,虽然我们可以设计标准化的服务,但在具体实现过程中完全取决于提供服务的酒店员工和享受服务的酒店顾客在什么样情境下完成服务的生产和享受。所以个性化服务在酒店品牌的服务定位中是重要的考虑因素,个性化服务是在提供规范、标准服务的基础上进行的,是与众不同的、因人而异的、有针对性的新、奇、特、异的服务形式和服务项目。根据服务环境、场合的不同,针对不同客人,揣摩其感觉、心理,理解客人的立场、观点,眼明手快、善解人意地将有特色的、个性化的服务做在顾客开口之前。适时地推出让人耳目一新、眼前一亮的新的服务项目,以服务的差异化、个性化、特色化来适应酒店客源构成的多元化、需求的差异化。

（4）情感诉求定位

随着感性消费日趋主流化,酒店消费者不仅讲求酒店产品的实用性,还要求酒店产品能够体现自身的情感追求,因此消费者对品牌的认可还决定于情感需要的因素。由于各种主客观原因的影响,消费者对某些酒店品牌特别钟爱,对另一些酒店品牌则印象不佳。他们往往根据直觉来评价品牌的好与坏,在这种情况下,品牌成了感性符号,成了情感需要的筹码。品牌的情感诉求定位是酒店品牌灵魂性的东西,是酒店品牌构成各要素中的焦点,也正是这一点使品牌具有了社会性,使品牌具有了人情味,使品牌具有了文化的内涵。

产品和服务只是满足人类需求的物质外壳,而酒店品牌的情感诉求定位则满足的是人类需求精神性的东西,它使人的需求具有了价值感、社会归属感和满足感,是人类需求从物质层面向精神层面跃升的主要表现方式。好的品牌能比较好地将人的物质层面的需求与精神层面的需求有机结合在一起。因此随着现代酒店业的发展,在酒店产品的功能和质量上相对比较容易做到使顾客满意,而对于如何把握顾客的情感取向则存在许多不确定性和创造性。总而言之,成功地抓住目标市场消费者的"心"是酒店品牌定位的关键所在。

2）酒店品牌定位的策略选择

酒店品牌定位的策略选择是将定位理论付诸实践的灵活运用,一般可归结为六种基本策略。

（1）产品特色定位

根据品牌形象个性化的要求,品牌定位应重点放在产品特殊功能、附加功能上,也就是使之具有其他产品所没有的特色。

（2）序列定位

序列定位也称为第一定位术,它表明在商品分类中,按品牌实力明确其先后位置,即追求酒店活动某一方面的第一位,诸如最佳、最豪华、最低价、最大、最小等。定位专家指出:第一最容易使人牢记;其销量常常比第二位的多一倍。因此,众多名牌都争夺某一方面的第一位。它一般适合在某一方面有巨大优势的酒店产品和企业。酒店通常使用"同行业名列第一""国内首创"等广告宣传语言。序列型定位实质上是在同类产品中竞争,酒店确定自己所在的名次,名次先后反映品牌形象的优劣。

(3)抗衡型定位

人脑对产品信息的储存是有限的,对一些有名的酒店产品记得牢,其他酒店产品要进入人脑的记忆就比较困难。在这种情况下,如果使人们对酒店产品的认识有一个突破,将自己的产品与名牌产品联系起来,采取抗衡型定位策略会取得较好的效果。这种定位提出了产品分类的新概念,使品牌处于创新者的领先地位,同时又能借助于老产品的声誉扩大影响,对提高酒店品牌知名度和市场占有率十分有利。

(4)强化定位

强化定位即在消费者心目中强化自己的地位。名牌酒店产品已有一定的公众形象,强化定位有利于突出个性。这种定位术适合那些竞争力较强、特性明显的酒店企业。

(5)空档定位

空档定位即寻找那些消费者重视而未被开发的市场空间。这种定位术适合各种类型的灵活多变的酒店,是小型酒店企业寻找生存空间的有效方法。

(6)顾客形象定位

顾客按性别、年龄、职业、收入等标准可以划分为不同的顾客群,酒店应努力建立品牌个性以吸引相应个性的酒店顾客。在品牌认知上,要遵循简、准、独、新、高、亮的原则,使品牌名称在"音、形、意"上达到完美的结合,从而加强消费者对品牌的认识、记忆与接受。这种定位使品牌形象和顾客形象相互影响,相得益彰,品牌形象人格化更有利于品牌形象的塑造。

8.3.2 酒店品牌设计

酒店品牌设计就是根据酒店品牌的市场定位赋予品牌特殊的外显特征。酒店品牌定位是品牌设计的前提和基础,品牌设计是将品牌定位更加具体化和明晰化。品牌的外显特征就是酒店产品或酒店的文字名称、图案标记或两者的结合,用以象征酒店或品牌的特性,是酒店形象、价值观、信誉、文化的综合与浓缩。品牌设计者必须深刻地理解品牌标志所代表的象征意义,即酒店的地位、规模、宗旨、理念、战略和风格等,同时,应使所设计的品牌标志符合公众心理,唤起他们的共鸣。

1)酒店品牌设计的主要内容

酒店品牌设计一般分为品牌创意、品牌命名和商标设计3个部分。

(1)酒店品牌创意

所谓酒店品牌创意,即是为酒店品牌赋予一个个性鲜明的主题。创意"主题"并无一定范围,但通常可以表现为:①经营者的主张。在这里,经营者的主张可以涉及和体现在各个方面,可以针对整体市场也可以针对某个细分市场。可以是一种时尚,也可以是一种理念,一种内心感受,一种生活体验,一种自然现象;②经营者的兴趣。其完全体现了经营者个人特色。这与经营者自身的经历、学识、所从事过的职业等都有很大关系。以此进行经营,可唤起相同群体甚至是更大范围内酒店消费群体的认可;③历史。在时代发展的潮流中,体现某一历史时期、某一时代所特有的氛围,能够唤起人们的怀旧情绪。

酒店品牌创意使酒店品牌具有特定的文化内涵和精神气质,使之能够较快地激发目标市场消费者的关注和共鸣。例如著名的酒店品牌香格里拉,以世外桃源般的人间仙境作为品牌创意,一听就容易使人产生心驰神往的感觉,这也是该品牌塑造成功的重要因素之一。

(2)酒店品牌命名

在品牌经营的大市场中,品牌的名称成千上万,取一个好的品牌名称,是创立酒店品牌形象的重要内容,正如艾·里斯所说:"名称是把品牌吊在潜在顾客心智中的挂钩。"综观国内外著名的酒店品牌,如假日、香格里拉、喜来登、雅高等,它们在塑造上取得成功的主要方面都可归纳为:新颖独特、名称动听、发音响亮、语言健康、不随时间推移而落伍。中国酒店品牌名称的设定,主要在中文意义上保证其语言、语形、语义的完美,同时保证在民族语言中的意义中不具负面意义。一个国际酒店品牌的名称,不仅在英文方面要保证其积极正面的意义,还要防止在其他各国语言中出现负面意义,所以国际酒店品牌名称的设计,必须经过对各国语义的分析和筛选后才向全球推出。

(3)酒店商标设计

商标是酒店品牌形象视觉系统的中心要素,商标形象从主体上直接影响酒店品牌形象的特征与风格,品牌的所有商业身份都与商标有关。品牌的无形资产价值以商标为代表,品牌形象的法律标志也是商标,商标是品牌形象中比较稳定的因素。因此,在酒店品牌塑造过程中必须重视商标的开发设计。商标形象运用点、线、面、色四元素来塑造,其风格通过这四个元素的不同设计组合来实现。展开商标市场的调查、研究、讨论和定位是商标设计前的重要内容。商标调查的可靠方法是查阅商标大典、查询中国工商总局商标司的商标电脑图库,研究国内外酒店品牌的商标状况作为商标设计的依据,然后再讨论商标的设计内容和方向。另外在商标设计中还应特别注意商标的合法性。

2)酒店品牌设计的原则

①简洁醒目、易读易记:来自心理学家的一项分析结果表明,人们接受的外界信息中83%的印象通过眼睛,11%借助听觉,3.5%依赖触摸,其余的源于味觉和嗅觉。基于此,为了便于消费者认知、传诵和记忆,酒店品牌设计的首要原则就是简洁醒目,易读易记,适应这个要求,不宜把过长的和难以读诵的字符串作为品牌名称,冗长、复杂、令消费者难以理解的品牌名称不容易记忆,也不宜将呆板、缺乏特色感的符号、颜色、图案用作商标。

②构思巧妙、暗示属性:一个与众不同,充满感召力的酒店品牌,在设计上不仅要做到简洁醒目、易读易记,还应该充分体现品牌标志产品的优点和特性,暗示酒店产品或服务的优良属性。

③富蕴内涵、情意浓重:酒店品牌大多都有其独特的含义或释义。有的就是一个地方的名称,有的就是酒店产品的功能,有的或者就是一个典故。富蕴内涵,情意浓重的品牌,因其能唤起消费者和社会公众美好的联想,而使其备受酒店消费者的青睐。

④避免雷同、别具一格:酒店品牌设计的雷同是实施品牌运营的大忌。因为品牌运营的最终目标是通过不断提高品牌的竞争力,超越竞争对手。若酒店品牌的设计与竞争对手雷同,不仅容易使消费者难以辨识,而且还会增大品牌传播费用,减低品牌传播效果,酒店在宣

传自己的品牌时,自觉或不自觉地就为竞争对手的雷同或相近品牌进行了宣传。如此,将难以达到最终超越的目的。

8.3.3 酒店品牌推广

酒店品牌推广是以酒店品牌的创立和形成为基础的,酒店企业只有经过成功的品牌推广,使酒店品牌被广大的社会公众所接受和认可,酒店品牌的价值方能得到应有的体现。因此,酒店品牌的推广是酒店品牌塑造的重要内容。

1) 酒店品牌推广的过程

酒店品牌从推出市场到为消费者所普遍接受,一般要经过 3 个主要阶段,即品牌识别、品牌认知、品牌忠诚(如图 8.4 所示)。在酒店品牌推广的过程中针对各个不同的阶段也应采取相应的宣传策略。

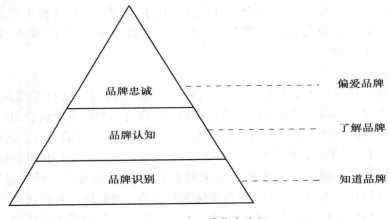

图 8.4　酒店品牌推广过程

(1)品牌识别阶段

这一阶段主要目的是提升酒店品牌的知名度,因而通常的做法是在较短的时间内使品牌形象对目标市场消费群体产生覆盖面广、高频率的感官刺激。常用的宣传推广方式有广告宣传、媒体新闻传播、直接宣传等。

(2)品牌认知阶段

这一阶段品牌推广的主要目的是为了使消费者从知道品牌发展到接受品牌,最适用的方式为品牌公关活动。公关活动是一种交接沟通公众的综合艺术和软体广告,是建立良好公共关系的良方,其主要作用是产生或维护品牌认知。它沟通品牌经营者与社会、大众的关系,在社会中塑造良好的酒店形象,形成品牌经营和谐的人文环境,对推行品牌形象十分有用。酒店在品牌公关活动中,可直接从社会大众、代销商或消费者那里取得反馈信息、建议和批评,对取得消费者的普遍认可,是极为有利的举措。

品牌忠诚度是消费者对品牌感情的量度,反映出一个品牌的消费者转向另一品牌的可能程度,尤其是当该品牌在价格上或者产品特性上有所变动时,随着对品牌忠诚度的培养和增加,基础消费者受到竞争行为的影响程度将大大降低,因此对品牌的忠诚能直接转变成未来的销售。在该品牌忠诚培养阶段常采用的推广方式有以下几种。

①正确对待顾客。为酒店顾客提供按预期效果发挥作用的产品或服务是品牌忠诚的基础,另外不给顾客提供改变品牌的理由,这是保持顾客的关键。因此为确保顾客有积极有益的经历,需要对酒店员工进行培训,减少消极对待顾客的行为。

②接近顾客。鼓励所有酒店员工以各种方法接近顾客,有助于向顾客或组织机构传递这样的信息:顾客是受到重视的。同时定期调查顾客满意还是不满意,对理解顾客的感受以及调整产品及其服务来讲是非常有用的,这些调查必须是及时的、灵敏的、可理解的,以便使酒店了解什么样的顾客对品牌有意见。

③提供附加服务。即为酒店顾客提供一些附加的、未预料到的服务而将顾客的行为由对品牌的接受转为对品牌的热情和偏好,同时也可以提升消费者的转换成本,实现品牌地位的巩固。

2）酒店品牌推广途径

酒店品牌推广主要有广告推广、公关推广、营销推广和服务推广4种主要途径。不同的品牌推广途径的选择会带来不同的效果。因此,灵活选择和应用适宜的品牌推广途径是酒店品牌推广成功的关键。

（1）广告推广

广告是酒店品牌推广的最有效方式之一,它受众面广,传递信息的方式直接快速,它所产生的效果有时是任何其他促销手段都达不到的。广告可以向顾客全面介绍酒店的服务和产品,吸引顾客并激发其购买欲望;可以维持与市场新老顾客之间的关系,加强与酒店中间商之间的联系;可以帮助酒店树立良好的形象,创立酒店知名品牌。广告媒体的选择是采用广告的方式推广酒店品牌应关注的问题,随着科技的发展,广告媒体已经从报纸、杂志为主的印刷媒体逐渐转移至以电视为主的电波媒体和新兴的网络媒体。各种媒体的功能各有所长也各有利弊,因此,选择合适的广告媒体和有效的广告方式影响着酒店品牌广告推广的效果。一般来说,广告媒体的选择要考虑媒体的生命与接受性、媒体与市场的结合程度、媒体的广告费用、酒店产品的特征与媒体的切合度、酒店品牌的市场竞争性等方面。

（2）公关推广

有效的公关宣传和促销活动能为酒店品牌的认知和推广起到积极的作用。要树立酒店品牌,首先必须树立良好的酒店品牌形象。酒店品牌形象是社会公众和酒店顾客在对酒店品牌了解的情况下形成对品牌的评价,包括内在形象和外在形象,内在形象主要指产品形象和文化形象,而外在形象则包括品牌标识系统形象以及品牌在市场和社会公众中的口碑和信誉。公关推广是塑造良好的酒店品牌形象的重要手段,通常公关推广要经过周密的策划,利用新闻传播、报道、演说以及组织参观、有奖征答等活动来进行公关造势并展开活动,其主要目的就是要在社会公众心中树立起酒店健康、环保、关心顾客、造福社会的美好形象,使酒店品牌能永葆活力和生机,并扬名海内外。

（3）营销推广

酒店品牌营销是品牌经营管理的重要环节。酒店品牌的认知、品牌形象、品牌忠诚等都主要是通过品牌营销来实现的。营销推广应注意:第一,要进行周密的市场调查,了解自身的酒店产品与竞争对手的产品和服务之间的优劣差别,了解目标市场顾客的需求。第二,要制订周密的营销计划,营销计划中必须明确对本酒店产品的"定位",以及要能够根据顾客的个性化和多样化的需求适时调整营销计划。第三,营销推广过程中要注意对酒店品牌价值的提升,即品牌延伸,这是对付竞争对手的非常有效的方法。第四,营销还要注重公共关系的以及营销方式的灵活运用,要合理选择和运用各种促销方式。第五,酒店品牌营销推广还要注重酒店产品的定价以及营销费用的控制等方面,力求用最低的成本创造出最好的营销效果。

（4）服务推广

在酒店业的市场竞争中,服务是竞争的关键,是为酒店赢得市场、赢得顾客、赢得利润、赢得信誉的重要保障;同时,也是为酒店产品、酒店品牌乃至整个酒店企业创造知名度和美誉度的关键所在。为顾客提供和创造优质、完美的服务是酒店经营的主要目标,成功的酒店经营者在创立酒店品牌的同时也都在竭尽全力为顾客提供尽善尽美的服务。因此,酒店的服务推广是酒店品牌创立和推广的有效途径。酒店必须努力为顾客创造全方位的服务,通过高层次的服务造就酒店的产品品牌,通过提供超值服务打造出世界知名的酒店品牌。全方位服务即从顾客入住酒店前的信息提供服务到顾客离店后的售后服务整个过程为顾客提供全面优质的服务,它必须着眼于顾客的期望,并力求做到顾客满意。超值服务则指为顾客提供高品质、高水平的服务,包括超越顾客的心理期望、超越产品本身价值、超越经济界限,努力用尽可能低的服务成本,生产出高品质的酒店服务和产品,创造酒店品牌。

【知识活页】

酒店"首席员工制"

"首席员工制"作为人力资源管理的一种制度创新,为现代酒店提供了一个针对技能型员工的有效激励方案。所谓"酒店首席员工",是指在酒店的一线工作岗位上能力超群、业绩突出、有标杆示范作用的员工,它是一种荣誉称号,而并非一种职务或职称;实行"首席员工"的岗位应严格限定为酒店中的非领导岗位,它标志酒店普通员工身份与高超技艺水平的融合。对于评聘的"首席员工"需在待遇方面给予必要的倾斜,如发放"首席岗位津贴",享有职业培训、继续教育、带薪休假等的优先权,参与企业战略决策等。因此,酒店"首席员工制"实际上是现代酒店从精神和物质两方面对"蓝领"员工进行双重激励以促使其完成个人目标或自我实现的手段,或者说是一种价值留人、事业留人的策略。

8.4　酒店品牌维护

当酒店的品牌进入成熟期后,其所关注的重点应转移到确保所拥有的品牌优势不被削弱下来,这时酒店要善于分析竞争对手的各种进攻,并有针对地予以回应。酒店品牌维护是指酒店根据竞争对手的各种竞争手段,确保品牌优势不被削弱,保持品牌价值的过程。品牌维护是酒店品牌经营管理中的关键环节之一。它是酒店在品牌经营中获得长期效益的重要保障,它能使酒店的品牌权益得到有效的保护,从而增强品牌的市场竞争力,提高品牌价值,促使酒店集团实现可持续发展。因此,酒店品牌维护意义十分重大。

8.4.1 酒店品牌维护的内涵

最早开始开展品牌维护活动的是现代品牌之父——乔许·威奇伍德,他于1730年出生于以陶艺品闻名的英格兰史塔福德郡。酒店品牌维护是指酒店企业在经营活动过程中所采取的一系列综合的保护品牌市场地位的活动的总称。品牌维护的概念比较宽泛,它包括受到《商标法》保护的商标名称、图形及其组合,也包括没有在商标管理部门登记注册的品牌名称和品牌标志,以及构成这些品牌名称和品牌标志的各种要素的维护。凡是有助于品牌识别的要素,酒店都应该将其纳入维护的范畴。品牌维护的内涵主要包括以下几点。

①品牌维护的目的是巩固并提高酒店品牌的竞争力,扩张其市场影响力,延长其市场寿命,维持品牌与消费者的长期忠诚关系,使品牌资产不断增值。

②品牌维护的内容十分广泛,不仅包括显性的酒店商标名称、图形及其组合,而且也包括对构成酒店品牌各种隐性要素的保护,例如品牌形象、品牌文化等。

③品牌维护是一个系统的工程,不仅需要酒店投入大量的人力、物力、财力以及各部门的协调配合,而且需要长期的时间积累,任何急功近利的短期行为都难以达到长期的品牌维护的效果。

8.4.2 酒店品牌维护的分类

酒店对品牌的维护可主要通过经营维护、法律维护和自我维护三种途径来实现,具体方式如下。

1)酒店品牌的经营维护

酒店品牌经营的维护是指酒店企业在具体的经营活动中所采取的一系列维护品牌形象、维护品牌市场地位的行动。品牌的经营维护可从生产层面、营销策略层面、组织制度层面对酒店品牌进行维护。从本质上讲,酒店的经营管理活动是品牌得以生存和发展的源泉,所以酒店应从战略的高度认识到经营维护对酒店品牌可持续发展的重要意义。

(1)生产方面的维护

优质的酒店产品和服务是塑造和维系知名酒店品牌的重要法宝。首先,酒店要以市场需求为导向,加快产品更新换代,全面提高产品档次和服务质量。其次,酒店集团要坚持全面质量管理和全员质量管理。卓越的酒店品牌是靠优异的产品质量创造出来的。最后,加强与顾客的互动沟通以提高顾客忠诚度。

(2)营销策略方面的维护

首先,酒店应审慎开展品牌延伸经营,如果品牌延伸不当,会稀释酒店品牌个性、降低品牌知名度、美誉度等。其次,要保障营销传播的一致性,酒店集团应制订系统地集团整体营销计划来统一协调管理,以保证酒店集团品牌营销传播的一致性,扩大知名度和美誉度。最后,要避免恶性竞争,恶性竞争手段是一把"双刃剑",既会伤害对手,也会伤害自己。

(3)组织制度方面的维护

在组织制度方面,酒店集团可以通过设立品牌维护专职组织机构和建立完备的品牌维护制度体系来实现维护。酒店集团可借鉴国外企业品牌管理的成功经验,设立酒店内部品牌管理专门组织,在品牌管理组织下设立品牌维护分支组织,专职负责酒店集团品牌维护的相关事宜。同时酒店集团还必须建立相应的品牌维护制度与之配套,包括品牌维护实体规章制度、品牌维护管理程序以及品牌维护奖惩机制等。

2)酒店品牌法律维护

所谓酒店品牌法律维护,就是运用法律手段,对酒店品牌的所有人、合法使用人的品牌(商标)实施各种维护措施,以防范来自各方面的侵害和侵权行为。酒店品牌法律维护的核心是商标权的维护。商标权的维护,是对商标专用权(经过注册)的法律维护。商标权维护问题涉及商标侵权行为,认定是否是商标侵权行为,应以商标专用权的维护范围为标准。

我国于 2001 年 12 月 1 日起施行了新的《中华人民共和国商标法》,有关商标专用权维护范围,以核准注册的商标和核定使用商品为依据。核准注册的商标,指核准注册的商标图样,包括商标名称、文字、图形或其组合、颜色;核定使用商品,指核定使用该商标的商品类别和商品名称。核准注册的商标与核定使用的商品是一个整体,两者的结合构成了商标权的有效范围。而《商标注册证》是商标权有效性的法律文件,它载明了商标权人、商标权的维护范围和商标权的维护期限。

3)酒店品牌的自我维护

酒店作为品牌所有权人要积极开展一系列的自我维护行动,以维护自身的品牌权益,促进品牌资产保值、升值,从而最终实现酒店集团的可持续发展。酒店品牌的自我维护主要包括两个方面:商标权的维护和商业秘密的维护。

(1)商标权的维护

第一,经常性地进行商标监察。要定期查阅《商标公告》,了解是否有与自己商标相近似的商标获得注册。一旦发现有侵权行为,及时提出异议或争议,以实际行动维护自己的商标权。第二,经常进行市场动态调查,协助有关部门打假,一旦发现有不法企业或不法分子假冒、仿冒自己的注册商标,酒店集团应迅速采取行动。同时,酒店应加强品牌实时监控网络的建设,通过信息网络及时发现侵犯注册商标专用权的行为和其他不正当竞争行为。第三,运用高科技防伪手段。酒店应在自己生产的一些价值较大、市场潜力大的商品上使用不易仿制的防伪标志、防伪编码等手段。

【知识点滴】

商标侵权的解决途径

因侵犯注册商标专用权行为引起纠纷的,由当事人协商解决。不愿意协商或者协商不成的,商标注册人或者利害关系人可以直接向人民法院起诉,也可以请求工商行政管理部门处理。工商行政部门处理时,认定侵权行为成立的,责令立即停止侵权行为,没收、销毁侵权商品和专门用于制造侵权商品、伪造注册商标标志的工具,并可以处以罚款。进行处理的工商行政管理部门根据当事人的请求,可以就侵权商标专用权的赔偿数额进行调解,调解不成的,当事人可依据《中华人民共和国民事诉讼法》向人民法院起诉。

（2）商业秘密的维护

商业秘密是不为公众所知悉，能为权利人带来经济利益，具有实用性并经权利人采取保密措施的技术信息和经营信息。商业秘密主要包括酒店的生产方法、技术、管理程序、菜肴设计与配方、销售和市场信息、客户名单等。商业秘密的维护方法有申请专利和制度保障。申请专利是利用专利法律制度维护酒店所有知识产权内容不被仿制或使用，制止、制裁专利侵权行为，从而维护酒店品牌不受侵害。酒店集团应制定系统、详细的商业秘密保密制度规范，内容包括确定需要维护的对象，保密的等级、类别，保密责任人的职责，保密信息的保管、查阅程序，防止泄密的维护措施等。

第9章 酒店质量管理

【学习目标】

通过本章的学习,学生应该能够:

1.了解酒店质量管理的内涵、特点

2.了解酒店质量管理的原则

3.熟悉酒店质量管理的客体和管理过程

4.熟悉酒店全面质量管理的内容

5.掌握酒店全面质量管理的方法

6.掌握酒店质量提高的主要途径

【关键术语】

◇ 酒店质量 Quality of Hotel Service

◇ 酒店全面质量管理 Total Quality Management of Hotel

【开篇案例】

全面质量管理的典范:里兹-卡尔顿

闻名世界的里兹-卡尔顿酒店管理公司以开发和经营豪华酒店而著称。与其他的国际性酒店管理公司相比,里兹-卡尔顿酒店管理公司虽然规模不大,但是它管理的酒店却以最完美的服务、最奢华的设施、最精美的饮食与最高档的价格成了酒店之中的精品,其成功与其服务理念和全面质量管理系统密不可分。质量管理始于公司总裁、首席经营执行官与其他13位高级经理,无论总经理还是普通员工都要积极参与质量的改进。高层管理者要确保每一位员工都投身于这一过程,要把质量放在酒店经营的第一位。高层管理人员组成了公司的指导委员会和高级质量管理小组。他们每周会聚一次,审核产品和服务的质量措施、宾客满意情况、市场增长率和发展、组织指示、利润和竞争情况等,要将其 1/4 的时间用于与质量管理有关的事务,并制定两项策略来保证其市场上的质量领先者的地位,其第一项质量策略就是"新成员酒店质量保证项目",高层管理者确保每一位新成员酒店的产品和服务都必须满足集团的顾客的期望。这一项目始于一个"7 天倒计时"活动,高层经理亲自教授新员工,所有的新员工都必须参加这项活动,公司总裁向员工们解释公司的宗旨与原则,并强调100%满足顾客的需求。100%满足顾客是里兹-卡尔顿高层管理人员对质量的承诺。

（资料来源:聘才网"里兹卡尔顿",http://www.pincai.com/baike/6933.html）

9.1　酒店质量概述

在市场经济"优胜劣汰"的竞争机制下,以质量为核心的竞争愈演愈烈,质量已成为企业的生命线,越来越多的管理者开始重视产品质量管理,学术界也不断关注质量管理理论的发展与实践。酒店产品的综合性和服务的无形性决定了酒店产品质量的抽象性和复杂性,因此酒店的质量管理工作是一项综合性强、复杂程度高的系统化任务。同时酒店提供产品的服务特性也决定了酒店产品属于知识型产品,顾客对酒店所提供的服务的满意程度,才是衡量酒店质量的唯一标准。因此提高酒店质量以增强顾客满意度,成为酒店企业之间竞争的重要筹码。随着中国加入WTO,全球各大酒店集团纷纷进驻我国,中国酒店业市场竞争进一步加剧,探讨酒店产品质量问题并构筑科学的质量管理体系,对提高我国酒店企业的竞争力有极强的现实意义:它能给我国酒店业当前的高速、低效益增长提供转变的契机;同时,现代质量管理理论与方法的不断更新,也将促使我国酒店在产品质量上与时俱进、不断发展,保持顽强的市场生命力。

9.1.1　酒店质量的含义

酒店是为广大消费者提供的以住宿为主的服务性企业。从消费者的角度来看,酒店提供的产品和服务不仅要满足其基本的物质和生理的需求,还要满足他们精神和心理的需求。从酒店的角度来看,酒店为顾客提供的产品有"硬件"服务和"软件"服务之分,"硬件"服务指的是以实物形态出现的服务,即由酒店的基础设施、实物产品等提供的以满足顾客住宿、餐饮、休闲娱乐等基本生理需求的服务;而"软件"服务则是由酒店服务员的服务劳动所提供的、不包括任何实物形态的无形劳务,包括礼节礼貌、服务态度、服务技能、服务效率等。

通过对酒店服务产品的含义进行诠释,我们对酒店质量的定义进行了狭义和广义的界定。狭义上的定义指酒店服务员服务劳动的使用价值,这里的服务劳动不包括任何实物形态的服务劳动。广义上的定义则是一个完整的质量概念,它是指酒店综合自身所有资源和要素,为住店顾客提供的服务在使用价值上满足顾客物质和精神需要的程度,它既包括酒店设施设备、实物产品等实物形态服务的使用价值,也包括非实物形态服务的使用价值。

从上述质量的定义中我们可以看到,酒店质量的高低主要取决于顾客所享受到的服务与他预先的期望值的比较,当两者持平时,顾客就满意。酒店为顾客提供的服务越超出其期望值,则酒店的质量就越高。然而,不同的顾客对酒店的服务有着不同的期望,因此,酒店要满足所有顾客的需求,就必须不断完善自身的服务水平,不断提高酒店的质量。

9.1.2　酒店质量的特点

酒店作为服务性企业,它所提供服务的产品质量有别于一般的企业的商品质量,有自己独特的产品质量特性。要提高酒店的质量,我们必须正确认识酒店质量的特点,归纳起来,酒店质量的特性主要包括有形性与无形性相结合、质量的整体性和全面性、生产消费的同时性、质量的共性与个性、服务提供的员工关联性、质量的情感交融性等。

1)质量的有形性与无形性

酒店的质量是由酒店内实物形态的物质提供和酒店服务人员的服务劳动相结合所共同决定的。酒店实物形态的服务包括酒店设备设施、实物物品等满足顾客基本生活需要的有形部分,顾客使用完后,这种形态依然存在,这决定了酒店质量的有形性;酒店服务人员的服务劳动对酒店的质量也有着决定性的作用,他们在满足顾客基本物质生活需要的同时,通过亲切的服务态度和礼貌的言谈举止等满足顾客心理上的需求,他们提供的服务是无形的,随着劳务活动的结束,其使用价值也消失了,但是却留给顾客美的体验和感受。因此,酒店质量是有形性和无形性的结合。

2)质量的整体性和全面性

酒店质量并不是一次或一段时间内就能评定的,酒店服务是一个整体,包括顾客在酒店住宿消费的所有时间内所享受到的服务,中间无论哪一个环节出了差错,都会导致服务失败,使酒店质量大打折扣,正所谓"100−1=0",就是酒店质量整体性的具体体现。另外,酒店服务是以满足顾客需求为出发点的,顾客在酒店住宿过程中,涉及衣食住行的各个方面,要充分满足顾客需求,酒店质量除了整体性以外,还要具有全面性,酒店必须树立全面、系统的质量观念,才能把握酒店的整体质量。

3)生产消费的同时性

酒店产品不像其他产品,从生产到消费,中间要经历一系列的环节。酒店为顾客提供的产品和服务有一个最大的特点就是生产和消费同时进行,酒店服务员为顾客提供服务,如开门、送餐、客房住宿、运送行李等。员工在为客人提供酒店服务的同时,客人也在消费和使用,酒店产品没有"可试性",客人在购买时不能先尝试再购买,在购买消费体验的同时也在检验质量的好坏,质量不好也不能退货。这些都是酒店产品质量所表现出来的特性。

4)质量的共性与个性

酒店质量的评价需综合考虑酒店的有形服务和无形服务。有形服务是以实物形态表现出来的,这部分产品在不同的酒店具有共性,它们都用来满足顾客基本物质生活需求;无形服务则是酒店为顾客所提供无实物形态的服务,具有个性化,不同的酒店会针对不同客人的需求而提供个性化的服务,这部分服务是酒店质量能否保持稳定的关键。在酒店业竞争不断加剧的今天,酒店员工的无形服务逐渐成为酒店质量高低的评价依据,也是酒店提升质量应关注的重点。

【案例启迪】

九江远洲国际大酒店的个性化服务

2010年11月20日,台湾著名学者余世维教授入住九江远洲国际大酒店。在余教授入住期间,楼层主任 Lily 的服务得到了客人的高度评价,客人称赞道:入住过很多五星级酒店,也见过很多管家,能把服务做到如此用心且还会把工作汇报得如此详尽的管家也只有我们远洲,感觉非常棒! 其一:Lily 知道教授讲课特别辛苦,于是委托行李生到店外药店买了十几个胖大海放到房间,考虑到教授一次性用不完这么多胖大海,她又找了一个密封的包装袋把多余的胖大海装入袋中方便客人带走。为了能使教授能喝到药汁温度适中的胖大海,Lily先倒了一半的开水浸泡冷却,然后在确定客人进房前十分钟补充一半开水在杯中。其二:在教授准备离开酒店时,Lily 考虑教授在旅途中乘坐轿车和飞机,长时间穿着皮鞋可能非常不舒服,于是特别为客人准备了几瓶矿泉水及几双拖鞋用袋子装好送给客人。其三:为了不使自己所做的服务使客人产生误解,Lily 在客人回房时征得客人同意把当日所做的服务向客人进行了汇报。

(资料来源:国际白金管家联盟"案例精粹",http://www.platinumbutler.cn/Case.asp)

5)服务提供的员工关联性

酒店产品的服务主要通过员工的对客服务表现出来,员工是酒店服务的直接提供者,酒店质量的高低与员工的工作状态密切相关。从顾客的角度考虑,酒店的质量主要由酒店提供服务的效率、顾客精神和情感上的需求及对所下榻酒店环境舒适的需求 3 部分决定。而酒店员工的服务技巧、服务效率和服务的标准化程度直接影响到酒店服务的效率,员工的外表形象、服务态度、职业素养等都直接或间接影响到顾客的精神需求的满足度,而酒店的环境在很大程度上也需要酒店员工的精心营造。可见,作为酒店服务的主要提供者,员工与酒店质量有着很大的关联性。

6)质量情感交融性

顾客是酒店质量的直接感受者和评价者,顾客所享受的服务主要由酒店的员工提供,在员工与客人面对面的服务过程中,必然会产生一定的情感交流。一方面,员工努力为客人营造"宾至如归"的感觉,极力为客人创造"家"的氛围。另一方面,顾客在享受酒店所提供服务的同时,在心理上必将对酒店产生一种亲切感和归属感。这样,即使酒店员工在为客人提供服务过程中有意料之外的缺憾或不足,客人也会予以宽容和谅解。除此以外,酒店质量的情感交融性不仅能使顾客满意,甚至在此基础上能提高顾客忠诚度。因此,我们在着力打造和提升酒店质量的时候,必须充分考虑并利用其情感交融性,尽可能提升酒店产品的质量。

9.1.3　酒店质量的内容

酒店的质量是酒店提供的服务产品适合和满足宾客需求的程度。要提高酒店的质量和服务水平,就必须分析酒店质量的内容,这是提高酒店质量、形成市场竞争力、促进酒店发展的重要途径。酒店质量的内容主要包括有形产品质量和无形产品质量两大部分。

1)酒店有形产品质量

有形产品的质量指酒店提供的设施设备和实物产品以及服务环境的质量。酒店不像一般的工厂那样将原材料加工成产品,完全依靠大量产品的出售而获得附加在产品上的简单劳动力的报酬而盈利。它是一个主要为顾客提供服务、让顾客得到满意、从中获取经济效益的企业单位。其有形产品只是提供无形服务的一个依托,大多数情况下并不是出售产品本身。一般的商品交易是商品和货币的交换,在酒店内,却是服务和货币的交换,顾客带走的是享受,而不是产品,因此酒店有形产品质量管理的关键是及时维护和有效保养。

(1)设施设备

设施设备是酒店给顾客提供服务的主要物质依托,是酒店赖以存在的基础,从一定程度上来说,顾客对酒店档次的高低感受与配套设施设备的条件有很大的联系,它反映了酒店的接待能力,酒店应保证其设备设施的总体水平与酒店所属的星级标准规定相一致。对于设施设备质量的管理,应随时保持其完好率,严格按照酒店设备设施的维修保养制度定时定量地对酒店的设备设施进行维修保护,保证设施设备的正常运转,充分发挥设施设备效能。

(2)实物产品

酒店内实物产品可以分为两类:一类实物产品不是酒店生产出来的,酒店只是其交换的场所,包括客用品、商品和服务用品。其中客用品是直接提供给宾客消费的各种生活用品,如日常消耗品牙具、棉织品、梳子、拖鞋等;商品是酒店为满足宾客购物的需要而在客房或酒店商品部为宾客提供的各种各样的生活用品;服务用品则是针对酒店服务人员而提供的各种用品,如清洁剂、推车、托盘等。另一类实物产品是经由酒店加工生产出来的产品,包括菜肴饮品、水果拼盘等带有酒店特色的产品,酒店对于这部分实物产品的质量应特别注意,因为它们直接影响着顾客对酒店质量的印象,用料要上乘,食品和饮料尽量针对不同的顾客设计不同的口味,并能体现出酒店的特色和文化内涵。

(3)服务环境

对于服务环境质量,应满足整洁、美观、有序和安全的要求。安全问题是顾客入住酒店最关注的一个问题,因此是酒店质量管理中一个重要的环节,顾客的人身和财产安全应当是酒店质量管理要考虑的首要问题,酒店环境应有一种安全的气氛,才能给顾客以安全感,但是安全氛围的营造应避免过度的戒备森严,要让顾客处在一种安全、轻松的环境中。酒店的清洁卫生直接影响到顾客的身心健康,是顾客评价酒店的主观标准之一,更是优质服务的基本要求,对于高档次的酒店来说,这一点显得尤为重要。员工是酒店服务的主要提供者,员工的工作态度和仪容仪表对环境的营造和改善宾客的心情有很大的作用。另外,酒店的建筑装潢、布局及装饰风格等都是营造环境氛围的重要方面。

2)酒店无形产品质量

无形产品质量是酒店提供服务的使用价值的质量,主要包括酒店员工的服务态度、服务技能、服务方式、礼貌礼节、服务效率、职业道德和职业习惯等。一方面,无形产品的众多特性使得其质量管理的难度加大,难以控制;但同时,酒店无形产品是酒店质量体现的关键所在,酒店有形产品可以模仿,但酒店无形产品则能够体现出酒店的竞争优势,无形产品的使用价值被宾客使用完以后,其服务形态便消失了,仅给顾客留下不同的感受和满足程度。酒店个性化服务的体现和差异化战略的实施通常离不开酒店无形产品质量的精心打造。

(1)服务态度

服务态度是指酒店服务人员在对客服务中所体现出来的主观意向和心理状态。酒店员工对客服务态度的好坏直接影响到顾客的心情,很难想象一个恶劣的服务态度会让顾客继续购买该酒店的产品。员工无论在什么情况下都应该保证良好的服务态度,如面对一位挑剔的客人,有些服务员认为是晦气、倒霉,而有些服务员则认为是机遇、运气。前者必然是冷漠、呆板、急躁、被动的服务态度;而后者则必然表现出热心、虚心、耐心、主动的服务态度,其结果当然也就可想而知了。员工不能把自己生活中的情绪带到工作中,而是必须时时保持积极热情的工作态度,这样才能为宾客带来愉快的心理感受,从而赢得顾客的肯定。

【案例启迪】

三寓宾馆的"六心"服务

三寓宾馆是位于广州市中心区域的一家由徐向前元帅亲自命名,可接待会议、团体、旅游、商务活动的大型涉外三星级宾馆。美国著名教授格林·雷尔与国内旅游业权威人士考察了三寓宾馆后认为:三寓宾馆的设施在中国不是一流的,但他们的服务弥补了这一切。根据客人的不同籍贯、年龄、身份、习俗和爱好,该宾馆总结了一套"六心"服务经验,即:对重点客人尽心服务,对普通客人全心服务,对特殊客人贴心服务,对反常客人细心服务,对挑剔客人耐心服务,对有难客人热心服务。

一对新婚夫妇因为走得匆忙,回家后发现自己用卫生纸包好的结婚钻戒丢在洗手间了,便致电宾馆求助。客房部立即组织十几名员工,在臭气熏天的垃圾堆里反复翻找,终于找出了钻戒,令这对夫妇深受感动。

一封来自宝岛台湾的信件引出了一段佳话。2004 年中秋节下午,台湾老人傅伟来大陆寻亲途中下榻三寓,服务员见他一脸疲惫,身体虚弱,就送上一盒精美的月饼,老人感动得热泪盈眶。原来,他这次回四川老家没找到大陆的亲人,又因长途奔波病倒了,签证也过期了,宾馆遂送老人上医院,并帮助老人重新办好签证,又用车把老人送到机场。老人回到台湾后,逢人就说"大陆人好,三寓人亲"。

一个服务的品牌,消费者的口碑来源于员工的优质服务。三寓宾馆在倡导严格遵守宾馆服务制度化的同时,大力推广服务的个性化、人情化。他们建立健全了一整套具有三寓特色的各种规章制度和服务条例 311 项,明确规范了 114 个不同工种的岗位责任制和服务操作规范。

(资料来源:赵仲炜,王玉印.从"兵站"到"星级酒店"[N].羊城晚报,2005-06-08)

(2)服务技能

酒店员工所掌握服务技能的整体水平是酒店质量高低的重要体现。酒店员工不仅要具备基本的操作技能和丰富的专业技术知识,能够应付酒店日常的工作事务,还应有能灵活应对和处理各种无章可循的突发事件的技巧和能力。我们知道酒店服务的顾客群体是来自五湖四海、各不相同的客人,面对顾客多样化的需求,酒店员工必须灵活运用各种服务技能充分满足顾客的需求,使他们获得心理上的满足,提高他们的满意度。员工的服务技能是酒店质量的重要保证。

(3)服务效率

服务效率是在尽可能短的时间内为顾客提供最需要的服务,服务效率是提高顾客满意度的重要因素,因此也是酒店质量的重要保证。顾客在登记入住、用餐、结账离店等方面如能享受酒店高效率的服务将会使其心理上获得很大的满足感,获得愉悦的心情,从而对酒店质量会有很高的评价。当前很多酒店都在努力追求方便、快捷、准确、优质的服务,这就是追求服务效率的具体体现。

(4)礼节礼貌

礼节礼貌主要表现在员工的面部表情、语言表达与行为举止3个方面。员工的面部表情,微笑服务始终是最基本的原则。希尔顿的创始人每天对他的员工说的第一句话就是:"今天你微笑了吗?"沃尔玛服务顾客的秘诀之一就是"3米微笑原则"。但是,仅仅有微笑是不够的,微笑服务要与自身的仪表仪态相统一,对客人有发自内心的热情,辅以亲切、友好的目光,并在服务中及时与客人沟通,客人看起来才能亲切礼貌。服务用语必须注意礼貌性,在任何场合适时运用得当的礼貌用语;同时,还必须注意艺术性和灵活性,必须注意语言的适时性和思想性,并且做到言之有趣、言之有神。行为举止主要体现在主动和礼仪上,如主动让道、主动帮助、注重礼节等。

(5)职业道德

职业道德是员工在工作过程中所表现出来的"爱岗敬业""全心全意为客人服务""顾客至上"等酒店行业所共有的道德规范,只要是从事酒店行业的工作的人,就必须共同遵守酒店职业活动范围内的行为规范。职业道德是酒店质量的基本构成之一,员工只有具备良好的职业道德,才能真心诚意地为客人服务,才能真正具备事业心和责任感,不断追求服务工作的尽善尽美,为酒店的质量带来保证。

(6)服务方式

酒店的服务方式也是体现酒店无形产品质量的基本构成要素,酒店消费之所以远远高于外面同类型物质产品,一个重要的原因就是酒店服务方式的不同。酒店的服务设计要合理,酒店服务项目的设置要到位,服务时间的安排及服务程序的设计都要科学,酒店独特的服务方式可以创造无形产品的使用价值,为酒店的物质消费增加附加值,它也是酒店质量的重要体现。因此,创新酒店的服务方式,不断为顾客创造惊喜,提高顾客满意度,是酒店质量不断提升的重要手段。

酒店质量的内容还远不止上述几方面,随着酒店业的不断发展,酒店质量会不断提升,质量所包含的内容也将会不断扩充和延伸,但是,酒店质量管理的本质是不会变的,其最终结果永远是不断提高顾客满意程度。顾客满意度是指顾客享受酒店服务后得到的感受、印象和评价,也是酒店质量管理者努力的目标。只有不断地提高酒店的质量才能获得持久的市场竞争力,目前酒店所遵循的一条规律"质量=竞争力",充分说明了质量管理在酒店所处的重要地位。

9.2 酒店质量管理的内容

酒店质量管理是酒店经营管理中的重要内容。质量是酒店的生存之本,代表着酒店的竞争能力,是酒店能否吸引并留住顾客的关键,也是酒店能否在市场竞争中取胜的关键。目前我国酒店业正处在蓬勃发展的时期,多数酒店已拥有了同国际接轨的现代化服务设施、设备,但是质量却达不到现有的国际标准。因此,对我国酒店进行质量的控制与管理是促进我国酒店健康持续发展的重要保障。

9.2.1 酒店质量管理的原则

酒店质量管理原则是为建立酒店质量管理体系而提出的总体原则要求。ISO/TC176/SC2/WG15 结合 ISO 9000 标准 2000 版制订工作的需要,通过广泛的顾客调查制定成了著名的质量管理八项原则,这八项原则也同样适用于酒店行业。

1) 以酒店顾客为中心

酒店顾客是酒店组织生存的环境和依托。因此正确认识酒店顾客的现实与潜在需求,并满足他们的需求,甚至通过提供超常服务超越他们对酒店服务和产品的期望,应该成为酒店质量管理的首要原则。为了体现以顾客为中心的原则,酒店组织需要通过市场调研等技术手段全面了解影响顾客满意的各种质量因素,将顾客的需求和期望通过酒店质量方针和经营战略的形式传达至整个组织的各个部门,同时确保这些需求和期望在整个组织内部达到沟通和理解;要通过直接的或间接的方式测量顾客的消费满意度,搜集顾客意见和有关信息,并对这些信息进行分析,采取相应的改进措施,不断地提高酒店产品的质量;要处理好与顾客之间的关系,确保他们的要求得到满足。

2) 领导作用

在酒店组织的管理活动中,领导者起着关键的作用。作为决策层的领导者,不但要为酒店组织的未来描绘清晰的远景和制定具有挑战性的目标——确定质量方针和质量目标,而且要创造一个实现质量方针和质量目标的良好环境,营造使组织每个成员均能积极参与的氛围。领导者在以身作则的同时,在组织内应建立起敬业爱岗、恪尽职守、人人平等、相互信任、价值共享的道德理念,要为所有员工提供适宜的工作和生活环境,提供为提高员工的服务技能所需要的培训,赋予履行其职责范围内的任务所必需的权力,使他们能积极主动、创造性地开展工作。同时,领导者应采取合理的激励机制,鼓励创新,激发酒店全体员工的工作积极性和热情,为酒店组织创造更高的业绩。

3) 全员参与

酒店质量管理工作不单是几位领导的事,也不是仅是从事一线接待的基层员工的事,它是上到决策层,下到管理层、操作层的每一位人员都要充分参与的工作。在酒店组织内,每一个员工首先要明白自己在组织中的角色和自身贡献的重要性,清楚自己的职责、权限及其和其他员工之间的关系,知晓自己的工作内容、要求和工作程序,理解其活动的结果对下一步工作的贡献和影响;其次,要正确地行使组织所赋予的权利和职责,按照规定的要求积极主动地做好本职工作,解决工作中遇到的各种问题,要勇于承担责任;其三,要主动地寻求增加知识、能力和经验的机会,不断地提高自身的专业技术水平和实际工作能力,在实现自身价值的同时为组织创造更大的效益。

4) 过程方法

酒店服务的过程,往往就是顾客消费酒店产品的过程。酒店产品生产与消费的同步性,促使酒店更加重视生产过程和服务流程的质量管理。应用过程方法原则,酒店组织应采取下列主要活动:一是明确为达到期望的质量结果所需的主要服务过程和关键活动。二是确定为实现这些过程和使这些活动顺利开展所需的资源,包括人才、物力和财力资源,并且明确相应的职责和权限，以使其更有效地开展工作。三是要识别并管理酒店组织内各职能内部和职能之间关键活动的接口，从而进行协调和控制。

5）系统原则

针对设定的目标，识别、理解并管理一个由相互关联的过程所组成的体系，有助于提高组织的有效性和效率。因此酒店质量管理中的系统原则是酒店质量管理工作需要遵循的又一原则。它要求酒店组织在质量管理过程中，了解并确定顾客的需求和期望；根据顾客的需求和期望及组织的实际情况和产品特点制定酒店组织的质量方针和目标；确定产品实现所需的过程及其职责；确定过程有效性的测量方法并用以测定现行过程的有效性；寻求改进机会，确定改进方向，实施改进；监控改进效果，并对照改进计划对改进效果进行评价；最后对改进措施进行评审并确定适宜的后续措施等。

6）持续改进

持续改进是酒店组织永恒的目标。质量的根本内涵又是"用户适用性"，用户的需求不但具有地域上的多样性，随着时代的进步环境的改变以及用户需求和时间上的变化，这一时期的质量目标可能与另一时期的用户普遍需求大相径庭。顾客对酒店产品的需求包含一种高层次的心理需求，这种需求的微妙性、复杂性、多变性更需要酒店组织以"持续改进"为原则进行质量管理工作，将持续地对服务改进作为每一个员工的目标，鼓励预防性的活动，向每位员工提供有关支持。

7）依据事实

依据事实是酒店质量管理工作的一条基本原则。酒店质量工作必须以审查报告、纠正措施、服务不合格、顾客投诉及其他来源的实际数据和信息作为决策和行动的事实依据。这就要求酒店组织对相关的目标值进行测量，收集数据和信息，确保数据和信息具有足够精确度、可靠性和可获取性，然后使用有效的方法对数据进行合乎逻辑的分析，凭借逻辑分析的客观结果及相应的管理经验采取行动，并制定出更实际、更具有挑战性的目标。

8）全面受益

全面受益是酒店组织和供方之间保持互利关系，增进多个组织创造价值的能力，把与供方之间的关系建立在兼顾组织与供方的短期和长远目标相结合的基础上。由于酒店业是综合性行业，因此全面受益的质量管理原则对其重要性体现在：与不同类型的旅游企业之间互为供方，互相提供客源，分别在承认供方服务与成就的基础上进行本组织的生产服务活动，分别构成整条服务链上的单独一个环节。因此，酒店、旅行社、旅游景点、旅游交通各部门之间应相互建立战略联盟与合作伙伴关系，共同理解顾客的需求，分析市场信息，通力合作、全面受益。

9.2.2 酒店质量管理的客体

实施酒店质量管理，事实上就是在一定的原则指导下对相关客体的管理。质量管理需要一定的组织保障，酒店产品的生产过程同时也是顾客进行产品消费的过程，过程也是酒店质量管理的客体，应该按照一定的程序进行。而所有的管理活动，归根结底就是资源的优化配置，以生产出最大价值的产品。因而，酒店质量管理的客体分别是组织结构、服务传递和

系统资源。

1）组织结构

酒店组织结构兼具一般组织的共同属性与酒店行业的特点，组织结构是否合理将直接影响到组织目标的实现与否和实现程度。对于酒店业的质量管理工作而言，组织结构是实现酒店质量目标的组织保证。为了保证组织职能最大限度地发挥，应根据一定的责、权、利关系在酒店组织内部进行分工，明确内部关系，同时分配酒店质量管理工作的任务。在分配任务的基础上，各部门会产生不同的活动方式，垂直层和水平结构层的纵横交叉分布形成了酒店质量管理工作的组织结构。

酒店组织结构与酒店质量管理的关系密切，是质量管理工作的客体之一。首先，组织结构的分工协作共同塑造质量的整体性和效率。不同的部门在顾客入住酒店的整个过程中扮演不同的价值实现角色，只有专业的分工，才能大幅度地提高效率，只有在分工基础上发挥团队精神，进行团队协作，才能保证为顾客提供服务的价值，使整个服务过程不会出现中断现象，保证完整性；其次，组织结构的集权、分权的平衡影响酒店质量管理工作中全员参与的积极性，全员参与不仅要提高每一位酒店员工的责任感与工作成就感，更要通过组织保障，使不同职位的员工行使的权利与他们所从事的活动内容、方式、特点相一致，从而提高员工的参与程度。

2）服务传递

程序是为进行酒店质量管理活动所规定的步骤与方法。顾客对服务要求平滑性和顺畅性，因此，酒店服务传递工作的设计必须具备合理性和创造性，才能以高质量的生产过程实现高质量的生产结果。全面质量管理理论认为，产品的质量取决于设计质量、制造质量和使用质量的一系列过程，酒店企业不是物质资源生产部门，不需要进行产品的制造、检验、安装、运输等过程，但酒店产品的质量同样取决于质量设计、服务传递。整个服务线路即使有再好的服务人员与设施，如果线路本身设计不合理，也不会使顾客满意。可见，服务传递首先取决于好的服务设计。其次，服务传递取决于合理的流程操作。

从顾客的角度出发，他们在酒店的消费涉及预订—前台登记—入住客房—酒店消费—结账离店的整个过程，每个环节都需要不同的酒店组织部门提供必要的核心服务和完善的附加服务。整个服务流程操作需要酒店前台服务和后台服务（客房、餐饮、康乐等）的传递和配合。前台服务是顾客感知质量的第一现场，服务传递的结果将显露无遗，前台服务无疑是酒店质量管理的重点和难点。但我们应该清醒地认识到，前台服务是受顾客感知不到的后台服务影响的，后台服务要制定规章制度、服务程序、岗位责任制保证传递到前台工作层，并通过企业文化、塑造的精神价值的引导传播"质量第一，顾客至上"的服务理念。服务传递作为质量管理的对象，不但能明确服务工作的依据程序与规范，还能发现服务问题的临界点和衔接点，扫清质量死角。

3）系统资源

无论是酒店组织结构的管理，还是服务传递的管理，归根结底，都是资源的管理，包括人力、资金、设备、技术和信息等内容。具体的质量管理工作也不能脱离这些资源的调配使用。

酒店业是劳动密集型行业，人力资源的管理对酒店业起着举足轻重的关键作用。我国酒店行业迅猛发展的态势更加刺激了对酒店管理专业人才的需求。"人"是一切管理中最关键的、最具创造性和活力的因素。酒店质量的管理离不开人,只有高素质的人才,才能准确获悉市场动态,取得适用信息,并随着酒店设施、设备、经营技术的更新随时掌握更新的知识和技术。因此,人力资源是酒店质量管理的必需资源与管理对象。酒店组织必须根据岗位要求,选拔适合的工作人员,酒店质量管理工作才能落实到位。同时,人力资源是系统资源的根本,有了良好的人力资源基础,酒店才能合理配置物质资源和信息资源,并在管理上获取市场优势,完成预期的质量管理目标。

9.2.3 酒店质量管理的过程

著名质量管理专家朱兰(Joseph M. Juran)博士在其经典著作《质量控制手册》中对质量管理过程提出了"质量管理三部曲"的理论,即质量计划、质量控制和质量改进。这是三个与质量有关的过程,通过这三个过程的循环,可实现质量的不断提升。质量管理三部曲作为一种通用的提高质量的方法,为质量目标的实现提供了唯一有效的途径,同样也适用于酒店业。在具体领域的运用中体现了一般性和特殊性,共性与个性的对立统一。

1)质量计划

质量计划是指落实质量目标的具体部署和行动安排,其中包括酒店各部门在实现目标中应承担的工作任务、责任和时间要求。它通常是以一系列的计划指标及实现这些指标需要采取的措施表示出来。酒店业的质量计划又叫质量设计,要从质量的标准化设计和个性化设计两方面入手。标准化的质量设计是对酒店质量管理体系三大客体的综合质量设计,要求统一化、一致化,如按照《中国旅游酒店质量等级标准》进行酒店的标准化质量设计。酒店质量设计的个性化是指酒店服务产品质量设计考虑同行业酒店的比较水平,使质量设计个性突出,而优于竞争对手。例如餐饮部门对菜单的创新设计,对菜肴的更新换代,都是一种个性化质量设计活动。

2)质量控制

质量控制(QC)是为了保证和提高酒店服务产品质量和工作质量所进行的质量调查、研究、组织、协调、控制等各项工作的总称。为了保证酒店质量,必须依次实施服务实现前的预防控制、服务过程中的标准化和统计控制及售后服务中的服务复原控制。这些都属于质量控制的范畴。无论是标准化还是个性化的质量设计,在实施的过程中都需要不断控制并争取用"数据"为衡量标准。如为了实现向客人提供安全、舒适、宜人的游泳环境的质量设计,在控制阶段就要实现各项技术指标,室内游泳池水温须保持在 25～27 ℃,室外游泳池水温须保持在 23～24 ℃。

3)质量改进

质量改进反映了质量管理的国际化趋势,这从国际标准化组织(International Standards Organization,ISO)在已有的质量管理标准中补充制定并颁布的质量改进的相关篇幅可见一斑。酒店质量改进指的是"为向本组织及其顾客提供增值效益,在这个组织范围内所采取的提高活动和过程的效果与效率的措施"。酒店质量改进工作应贯穿酒店质量管理活动的全过程,不断寻求改进的机会,通过纠正已有的问题弄清产生问题的根本原因,从而减少或消除问题的再发生。例如,酒店可以从顾客的投诉中发现服务效率的质量问题,从而采取相应措施提高效率。酒店也可以从平时的经营活动中找到质量差距,在顾客投诉之前着手进行改进工作。酒店质量管理体系构成图如图9.1所示。

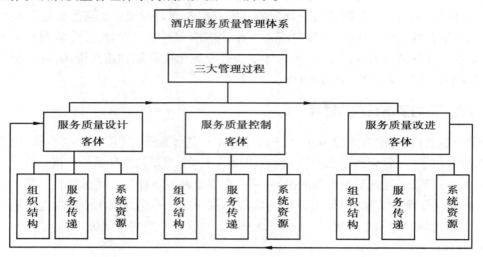

图9.1　酒店质量管理体系构成图

9.3　酒店全面质量管理

全面质量管理(total quality control)起源于20世纪60年代的美国,由美国质量管理专家费根堡与朱兰等人提出。最先在工业企业中运用,到20世纪70年代,美国、日本等发达国家将其率先运用于第三产业,并取得了较好的成效。我国于1978年引入全面质量管理的概念,最开始也是在我国的工业企业中推行,后来逐步引入商业、酒店业等服务性行业。酒店全面质量管理是指酒店企业综合利用酒店自身的经营管理、专业技术等资源条件,并通过思想教育、企业文化建立等手段,形成从市场调查、服务产品设计到顾客消费的一个完整的质量体系,从而保证酒店质量的标准化和规范化,实现酒店质量的全面提升。

9.3.1　酒店全面质量管理的内容

酒店全面质量管理通过整合酒店所有资源,从系统的角度出发,运用科学的管理思想和管理方法,改变传统的以质量结果检查为主的方法,将质量管理的重点放在预防为主,变事后检查为事先预防和过程控制,从源头上堵住酒店的质量问题的发生,减少顾客投诉和抱怨,促进酒店质量的全面改善和提升。酒店全面质量管理涵盖多方面的内容,涉及实施主体、实施对象、实施方法、实施过程及实施目的等方面。

1)全面质量管理主体——全体成员

酒店全面质量管理需要酒店全体人员的共同参与和努力,酒店全体成员首先必须在思想上对酒店的全面质量管理有统一的认识,然后积极主动地参与和维护酒店全面质量管理的实施。从酒店高层决策人员制定决策、管理人员拟订经营管理计划方案,到各基层服务人员的认真贯彻执行整个过程,酒店全面质量管理贯穿酒店各层次人员对酒店的日常经营管理活动始末,从宏观上整体把握方向和目标任务,从细微处着手认真贯彻和执行,将酒店各部门的质量计划全面落实到酒店各岗位和员工具体的工作活动当中,从而真正保证酒店质量。

2）全面质量管理对象——全方位

酒店全面质量管理实施的是全方位的管理,凡是涉及酒店的经营管理活动及与酒店服务产品的提供相关的内容,都属于酒店全面质量管理之列。酒店产品具有整体性和全面性的特点,决定了酒店质量管理必须进行全方位的管理,"100-1=0"即酒店服务的提供必须不能出任何差错,否则就会全盘皆输;服务的有形性和无形性特征也决定了酒店服务活动的复杂性。因此,酒店全面质量管理必须注重管理的系统性和整体性,从前台接待到后台服务,每一个环节都必须认真细致必须一丝不苟,不能仅仅只关注局部的质量。

3）全面质量管理方法——全方法

酒店质量的影响因素众多,质量的构成要素也很多,同时服务过程中各种随机性或突发性问题也可能随时出现,酒店服务的提供虽有硬性的质量管理标准,但由于服务的无形性也导致了一些服务的提供和问题的处理没有可循之规,需要服务人员灵活处理。这些都表明了酒店全面质量管理的难度。因此,要全面系统地控制这些不稳定因素,解决各种各样的服务难题,就必须综合运用各种不同的现代管理方法进行酒店的质量管理,酒店服务人员必须针对服务过程的各种实际情况选择适当的解决问题的办法,以使顾客满意,尽全力保证酒店的质量。

4）全面质量管理过程——全过程

酒店质量的高低是酒店顾客对酒店服务水平的综合评价,评价的依据是其在酒店所接受到的切身体验的服务与其最初的期望值之间的比较。因此,酒店质量是以服务效果为最终评价的,即是对酒店的整个服务过程进行的综合评价。要保证酒店的质量,就必须对酒店进行全过程质量管理。酒店服务的全过程包括服务前的组织准备、服务阶段的对客服务和服务后的售后服务。这3个阶段是一个不可分割的整体。对酒店进行全面质量管理就必须做好事前的预防和准备工作,防患于未然,同时做好服务中的控制管理,尽可能地避免服务中问题的出现,因为酒店服务具有生产与消费的同时性,服务提供的过程就是顾客消费的过程,问题一旦出现,就不可弥补,会造成不可挽回的损失。酒店全面质量管理的全过程管理就是认真把握好每一个服务的环节,使每一个服务环节都符合酒店质量管理的要求。

5）全面质量管理目标——全效益

酒店全面质量管理的目标是实现酒店的全效益。酒店服务不仅只讲究经济效益,更讲究社会效益和生态环境效益,酒店的经营管理必须实现绿色化,提倡节能降耗,环境保护。绿色酒店是为酒店赢得社会效益的基础,可大大提高酒店的知名度和美誉度,提高酒店的社会影响力,这是为酒店带来长远经济效益的基础和前提。因此,酒店的经济效益、社会效益和生态环境效益三者是紧密关联的,酒店全面质量管理的目标,就是实现酒店的全效益,力争做到三者的共同实现。

9.3.2　酒店质量管理与 ISO 9000 族质量标准

酒店随着市场竞争力的日益激烈,质量问题越来越成为各国经济发展关注的焦点,因此,各国根据自己的经济状况制定了相对应的质量标准,这为行业质量的不断提升提供了一个标准化的规定。但是各国根据自己的实际情况制定的质量术语、概念、标准,很难作为一种国际质量标准在全球范围内得到认同并采用,这种状况影响了国际贸易的发展,也严重阻碍了酒店业国际化的进程,在一定程度上还造成了技术壁垒。国际质量标准体系(ISO 9000)在客观需求的推动下问世了,受到全世界的一致称赞。

1)ISO 9000 族标准的重要意义

国际标准化组织成立于 1947 年 2 月 23 日,总部设在日内瓦。该组织是一个有 131 个国家标准化机构加盟,目前世界上最大、最具权威性的国际标准化专门机构。

标准是衡量酒店服务和产品质量的尺度,是酒店进行经营生产和管理行为的依据。作为一种管理行为,酒店质量管理易受到人们主观认识与实践客观变动的限制,因此标准的重要性日渐突出。从某种意义上讲,标准是质量管理工作必不可少的工具;同时,标准和标准化工作也是质量管理工作的经验结晶,是质量管理三部曲——质量设计、质量控制和质量改进的基础。质量化的过程,就是标准化的过程。2000 年版的 ISO 9000 族标准增添了对酒店质量的说明和要求,成为我国酒店业质量管理的一个重要依据,能促进我国酒店质量管理的科学化、系统化和效率化,加快了我国酒店质量管理在质量管理标准上与国际接轨,对提升我国酒店业的质量管理有着重要的意义。

(1)ISO 9000 族标准是酒店"星级评定标准"的有利补充

由国家质量监督检验检疫总局 2003 年颁布的《旅游酒店星级的划分及评定》是宾馆、酒店现行的星级质量等级划分的主要标准,主要以酒店的规模、建筑、设施设备、管理和服务水平等为依据,划分为五个等级,即一星级、二星级、三星级、四星级、五星级,星级越高,说明酒店的整体硬件质量和服务水平越高。但"星级评定标准"只是一个对结果进行判断的标准,体现了酒店功能用途与费用的相互关系,并不强调实际质量管理的操作过程,因此,酒店在如何具体提高酒店质量的问题上,往往会显得束手无策,在这种情况下,ISO 9000 的应用就能及时合理地解决以上"星级评定标准"所不能解决的难题,2000 年版的 ISO 9000 族标准是一个强调"过程"的标准,正好与"星级评定标准"互为补充,完善了酒店质量管理制度。

(2)ISO 9000 族标准充分落实了酒店"以人为本"的管理理念

几乎所有的酒店都存在着质量不稳定的现象,"以人为本"往往仅限于口号。2000 年版的 ISO 9000 族标准针对酒店质量不稳定产生的原因进行深入的分析,强调一个组织应以质量为中心,以全员参与为基础,尽量做到让顾客满意,让本酒店所有员工及社会相关各方受益,真正落实酒店"以人为本"的管理理念。ISO 9000 族标准强调具体的操作过程,它通过"过程方法"的原理有效地协调顾客、员工和社会各方受益者之间的关系,最大限度地满足他们的需求,如图 9.2 所示。

在这个过程方法模式图里,可以看出,左、右两侧分别代表受益者对服务产品的需求和期望、满意程度。中间则是对酒店的质量管理。管理职责、资源管理、产品实现和测量、分析、改进 4 个过程按照箭头的指示方向流转。在管理过程中,最先要求酒店的最高管理者对

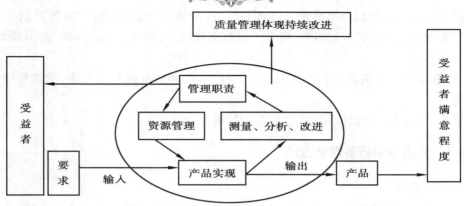

图 9.2　过程方法模式

（资料来源：王林,唐嘉耀,周玲. 现代酒店导入 2000 版 ISO 9000 族标准适宜性分析.

第 99 页；载《科技进步与对策》,2001 年第 6 期）

顾客及其他受益者作出满足其要求和进行持续改进的承诺,然后制订相应的方针和目标计划,最后通过管理过程,提供管理所需要的工作环境,作为产品实现过程的支持。这一过程的不断循环,充分体现出酒店"以人为本"的管理理念,并真正将其落到实处,使得社会相关的受益者都得到利益上的满足,并使他们之间的关系不断地优化,最终使得酒店质量管理在酒店的各个方面都有体现,从整体上提高了酒店的质量,增强了酒店的市场竞争力,促进了酒店的可持续发展。

（3）ISO 9000 族标准规范了整个酒店行业的质量管理行为

ISO 9000 族标准对酒店质量提出了行之有效的管理标准,对《旅游酒店星级的划分及评定》只在设施设备等硬件条件上作出要求进行了有力的补充,使得原本随意性较大、难以控制和管理的质量变得具有可操作性,从而极大地规范了整个酒店行业的质量管理行为。面对世界交流与合作的进一步深化,面对来自不同国家、具有不同信仰和从事不同职业的宾客,酒店业从客观上更需要一个国际化的标准来规范自身的质量管理,提高自己的接待能力,ISO 9000 族标准提出的一系列在质量管理方面可能遇到的问题及有效的解决方法,从一定程度上清除了阻碍酒店业发展的绊脚石,特别对于高档次的酒店来说,更是其提高市场竞争力、争夺客源市场的有力后盾。

2）国内酒店质量的评定标准

我国对酒店质量的评定标准主要有《旅游酒店星级的划分及评定》（参见并引用《旅游酒店星级的划分及评定》,中国酒店管理网）。此规定较以前的酒店质量评定标准有如下改变。

①用"旅游酒店"取代"旅游涉外酒店",并按国际惯例明确了旅游酒店的定义。

②规定旅游酒店使用星级的有效期限为五年,取消了星级终身制,增加了预备星级。

③明确了星级的评定规则,增加了某些特色突出或极其个性化的酒店可以直接向全旅游酒店星级评定机构申请星级的内容。

④对餐饮服务的要求适当简化。

⑤将一星级酒店客房的最低数量要求由原来的 20 间改为 15 间。

⑥将原标准三星级以上酒店的选择项目合并,归纳为"综合类别""特色类别一""特色类别二"和"特色类别三"4大部类,删去了原有部分内容,增加了酒店品牌、总经理资质、环境保护等内容。

⑦ 对四星级以上酒店的核心区域——前厅、客房和餐厅强化了要求,增加整体舒适度等的内容。

⑧借鉴一些国家的做法,增设了"白金五星级"。

9.3.3　酒店全面质量管理方法

1)PDCA 方法

PDCA 法是酒店质量管理的基本方法,它将酒店质量管理活动分为 4 个阶段,分别是计划(Plan)、实施(Do)、检查(Check)和处理(Action),如图 9.3 所示。各个阶段都有自己的任务、标准和目标,4 个阶段是一个不可分割的整体,它们共同作用,构成了酒店服务管理活动的全过程,并且不断循环,周而复始地动态运作,不断促进酒店质量管理的提升。

（1）计划阶段

计划阶段主要通过对上一阶段酒店服务活动各环节的认真分析,对酒店的岗位和人员的工作和任务逐个进行分析和评价,对已出现的质量问题及可能会出现的问题隐患进行认真研究,从而得出当前酒店整体质量水平的评价。在此基础上,制定出本轮酒店质量管理活动的目标和要求,即确定酒店在一段时间内质量要达到的标准,以及明确酒店服务工作的重点和主要任务,并制订出详细的实施计划。

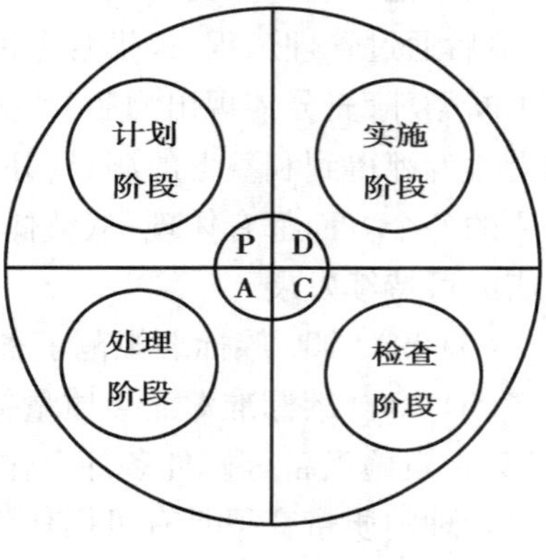

（2）实施阶段

本阶段主要是严格执行酒店质量管理计划阶段所制订的方案和计划,并做好各种记录,以检查和反馈执行情况。

图 9.3　PDCA 方法

（3）检查阶段

本阶段的工作是综合运用各种质量检查和考核办法,对酒店提供产品和服务进行全方位的检查考核,看是否达到预期的质量标准和计划目标。

（4）处理阶段

本阶段应针对已出现的质量问题进行认真剖析,找出问题产生的原因,并制定出解决质量问题的措施,在吸取教训的基础上,还总结成功的经验,并将其纳入有关的服务规范中去,防止类似的问题再次发生。本阶段同时还要对下轮酒店质量管理活动中可能出现的新问题进行预测,以防患于未然。

PDCA 方法必须按照顺序进行,四个阶段一个都不能缺少,酒店全体人员必须共同努力参与进来,共同推动其在酒店质量管理活动中顺利循环运行。PDCA 方法不仅对整个酒店组织适用,对酒店的各个部门和班组也同样适用,通常是大的 PDCA 环套小环,各部门和班组的小 PDCA 环串起来,就形成了整个酒店的大 PDCA 环,整个过程环环相扣,促进酒店的质量管理水平螺旋式上升,从而促进酒店质量水平的提升。

2) QC 小组法

QC 是 Quality Control 的英文缩写,QC 小组即质量管理小组,指酒店的全体员工围绕酒店的组织目标,针对酒店质量过程中所存在的问题,以改进质量、节约资源、降低消耗、提高酒店效益为目标而组织起来,运用酒店质量管理理论和方法开展活动的小组。

质量管理小组的机构设置基本上如图 9.4 所示,质量管理小组的工作也是基本按照 PDCA 循环的程序展开的,主要包括 8 个步骤。

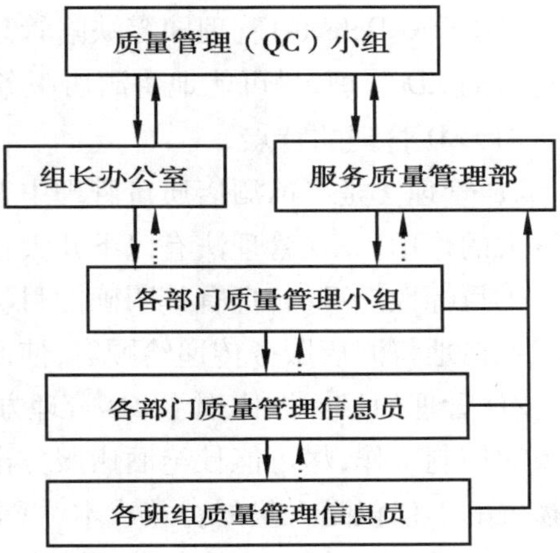

（1）调查现状

收集大量的资料,对酒店现有的质量水平进行认真调查评估,调查过程中必须保证数据来源的真实性,数据要真实地反映酒店的服务现状。

（2）分析原因

酒店质量管理小组必须动员酒店全体人员共同参与到酒店质量管理中来,针对酒店当前的服务水平及与国外优质的酒店服务水平之间的差距,认真思考质量问题产生的原因及提高质量的方法,要综合运用多种质量分析方法,找出制约酒店质量的瓶颈。

图 9.4 QC 小组的机构设置示意图

（3）制定措施

针对酒店服务问题产生的原因及制约服务提升的因素,制定出相应的对策和改进措施。制定的措施必须具有可行性,并有相应的进度管理,加强预测与控制。

（4）按计划实施

按照制订的计划措、施认真贯彻执行。在实施过程中必须随时把握实施的情况,并运用各种专业技术或组织管理措施灵活地解决计划实施过程中碰到的新问题,同时做好记录,以备查和反馈。

（5）检查实施效果

对计划实施的真实结果与当初计划制订的目标进行对比,看是否达到预期目标。对未达到预期目标的行为要重新分析和调查原因。

（6）制定巩固措施

达到目标并能够经得住 3 个月左右的考验,说明该项质量管理小组的任务已基本实现,应将本次活动所制定的行之有效的方法上升为标准,经过有关部门审定后纳入酒店有关的质量管理标准或文件中去。

（7）处理遗留问题

对此次酒店质量管理中遗留的问题加以分析,并将要进一步解决的问题备案,作为下一轮质量管理小组的工作任务,以继续研究解决问题的方案,探寻酒店质量管理提升的新途径。

（8）总结成果资料

质量管理小组对本次质量管理活动要进行总结,分析本次质量管理活动的得失,总结成功的经验,吸取失败的教训,从而得到小组的自我提高,为其下一轮的质量管理活动打下基础。

任何酒店的质量问题都会存在,无论酒店的质量管理水平发展得有多先进,酒店的质量问题都不可避免。存不存在质量的问题并不是衡量酒店质量水平的标准,而能否及时发现本酒店存在的质量问题,并快速找出解决问题的办法,促进酒店的质量水平的不断提升是反映酒店质量管理水平的一个重要方面,QC 小组法是发挥全体酒店员工的积极性和创造性,及时发现并采取有效措施解决质量问题,提高酒店质量管理水平的有效途径。

3)ZD 管理法

ZD(Zero Defects)管理即零缺陷管理,零缺陷管理并不是绝对的没有缺陷,而是希望通过有效的 ZD 管理,尽可能地将酒店服务的缺点和差错降到最低。

(1)ZD 管理的特点

ZD 管理法是当前酒店质量管理中普遍采用的办法,在提升酒店服务产品的质量方面起着重大的作用。ZD 管理法有以下几大特点。

①目标性。ZD 管理有其明确的目标,即尽可能降低酒店服务的缺点和差错,努力做到毫无差错地将酒店服务传递给顾客,使酒店服务和产品的提供不断朝着"无缺陷"的方向发展。ZD 管理的目标性体现了 ZD 管理方法的本质,它要求酒店必须作好服务前的预防和服务中的控制工作,尽可能杜绝酒店服务出现问题的"善后"处理,因为服务问题一旦产生,酒店损失的不仅仅是大量的补救成本,更重要的是酒店的声誉和品牌的破坏。

②全员参与性。ZD 管理需要酒店全体人员的共同参与,零缺陷的管理离不开酒店每一位成员的共同努力,每个酒店成员,无论其职位高低、权力大小,都是酒店零缺陷管理中的主角,只有全体成员共同努力,每一个人都力求尽善尽美,才能将酒店服务的缺点和差错降到最低,达到 ZD 管理的目的。因此,酒店应努力做好动员和激励的工作,充分调动酒店全体成员的积极性和创造性,让每一位员工都全身心地投入工作中,做好本职工作,实现酒店质量的不断超越。

③超前性。ZD 管理要把员工工作中的失误降到最低,拒绝偏差,就必须在事前努力做好应有的准备工作,这就决定了 ZD 管理方法的超前性,它是以酒店全体员工的积极性、主动性及对工作的责任感为前提的。在开始工作前,就必须做好一切心理和行动的准备,在工作中必须保持认真踏实的工作作风,一旦发现差错,就必须主动改进,从而保证 ZD 管理的成功。

④整体性。整体性是 ZD 管理方法的显著特点。酒店要力求服务工作的尽善尽美,就必须在整体上把握,从全局上控制,不能有一丝一毫的闪失,否则就会产生"100-1=0"的后果,酒店服务的整个过程中只要有一个环节出现失误,那么无论其他的服务环节做得有多么完美,都不会造成顾客满意。可见,ZD 管理必须注重管理工作的整体性特征。

⑤一次性。ZD 管理要杜绝服务工作的缺点和错误,就必须要求所有的员工一次性把工作做好,不得返工或重做,否则就不能称作"零缺陷"服务管理,ZD 管理就不能算是成功的。除此以外,ZD 管理工作的一次性还可以降低酒店的成本,提高工作效率,这同样也能使酒店服务产品的质量得以保证。一次性是 ZD 管理方法的基本特性。

(2)ZD 管理的工作程序

ZD 管理的工作程序包括拟订 ZD 管理方针、制订 ZD 管理计划、开展 ZD 小组活动和进行 ZD 管理效果考核。

①拟订 ZD 管理方针。这是酒店开展 ZD 管理的指导思想,同时明确 ZD 管理的目的和意义,强化酒店全体成员的质量管理思想和认识,转变观念,动员全员共同参与。

②制订 ZD 管理计划。ZD 管理必须针对酒店的质量问题展开,因此,必须制订具有针对性和可行性的 ZD 管理计划方案,明确 ZD 管理的具体任务和要解决的主要问题,分析经常会出现的错误的原因,并制订详尽的工作步骤。

③开展 ZD 小组活动。ZD 管理需要酒店全体成员的共同参与和维护。因此,在具体的 ZD 管理中我们可以把酒店员工按一定需要分成若干个活动小组,明确每个小组的工作目标和具体的任务,并将任务下发到小组内的每一个成员,激发每一位成员的工作热情,使每一位成员成为工作中的主角,同时在员工的工作中,小组组长要随时做好检查考核工作。

④进行 ZD 管理效果考核。ZD 管理效果考核就是对各 ZD 管理工作的结果与预期的目标之间的对比,看结果与目标的接近程度,ZD 管理效果考核的内容包括 ZD 管理活动是否顺利开展、每一位酒店员工的工作失误和顾客投诉问题是否趋向于零、员工的工作动机和工作热情是否提高、班组和部门组织的凝聚力是否增强、酒店成本是否得到有效的控制、组织效益和酒店的服务是否得到很大的提高等。

4)提高酒店质量的有效途径

酒店质量是酒店生存和发展的关键,虽然我们不可能完全杜绝酒店质量问题的发生,但是我们可以通过有效的酒店质量管理尽可能控制质量问题的发生,实现酒店既定的质量目标。针对目前我国酒店业存在的质量问题及产生的原因,结合 ISO 9000 族标准和《旅游涉外酒店星级的划分及评定》等对酒店质量的要求,可以通过以下途径来切实提高酒店的质量,增加顾客的满意度,从而获得竞争优势。

(1)增强酒店全面质量意识,将质量管理纳入酒店整体发展战略

随着市场竞争的日益激烈,以质量求生存、以质量求效益、以质量求发展是酒店业共同面临的问题,质量意识不仅仅是酒店管理者所必须具备的一种观念,而且是一个"全员意识",只有在全员的努力下,才能获得质量的持续提高。"质量=竞争力"从客观上要求酒店必须全面提高质量意识,酒店的一切活动都以能否实现质量的提高为行动标准。增强酒店质量意识是前提,将质量管理纳入酒店整体发展战略中酒店质量管理的关键,只有用战略的观点来看待酒店质量问题,用战略性思维开展质量管理工作,并制定一系列的制度、规章、方法、程序和机构等,使酒店质量管理活动系统化、标准化、制度化,才能真正促进酒店质量的提高。从国际酒店业发展轨迹可以看出,全球闻名的酒店集团无一不是在正确的战略方针指导下获得成功的。例如,著名的 Ritz-Carlton 酒店公司就是因为实施了全国质量管理(TQM)而成为全美唯一获得美国最高质量奖(波多里奇奖)的酒店公司,该酒店公司因提供的质量最佳而获得全球顾客的赞誉。在中国酒店业中,也有不少口碑甚佳的酒店因将质量纳入企业发展战略而获得成功的,如南京金陵酒店、北京丽都酒店、广州白天鹅酒店、青岛海景酒店等。这些酒店均将质量摆在重要位置,将质量管理与酒店营运紧密结合在一起,从而形成了自己的经营特色,最终形成酒店的核心竞争力。

（2）创新酒店服务管理理念，提高酒店质量管理水平

随着酒店业的不断发展，顾客对酒店的质量要求也越来越高，酒店的质量也必须不断提升才能满足顾客的需求，应对市场竞争。创新酒店质量管理理念是提高酒店质量管理水平的前提，只有在观念上得到了创新，才能在行动中得到实施。酒店业常见的服务管理理念有"顾客是上帝""员工第一，顾客至上""以人为本""顾客满意理论""服务价值原理""零缺陷管理"等。酒店质量管理部门应不断借鉴吸收国外先进的酒店质量管理理念，结合本酒店的实际情况进行创新运用，并将其落实到酒店员工的具体服务工作中去，才能不断提高酒店的服务管理水平。

（3）制定数据化质量标准，落实酒店质量管理行动

酒店质量标准制定必须建立在符合 ISO 9000 族标准体系的大前提下，以顾客的需求为基础，并落实到可操作性的层面。ISO 9000 族标准对质量所作出的规定具有全面、详细、操作性强等特点，对酒店质量的提高有着极其重要的指导作用。但由于酒店服务和产品具有无形性，顾客的个体情况的不同对服务的要求也各有差异，导致了酒店的有些服务难有一个统一的标准。例如，酒店规定餐厅上菜要"快速高效"，员工在执行该标准时就有可能会产生疑惑，酒店质量的数据化定制就可以解决这样的问题。所谓数据化定制质量标准，就是本着酒店服务的高效率，对酒店员工的服务程序予以定量的限制，如顾客登记入住不得超过 5 分钟，查房不得超过 3 分钟，上菜不得超过 5 分钟，结账离店不得超过 5 分钟等，这就使酒店无形服务得以量化，明确了服务程序和服务标准，并从细节上着手，小中见大，逐步控制并改善酒店的整体服务水平，这是酒店质量管理的核心。酒店数据化的质量标准的制定可提供机会让员工参与决策，尽量使质量标准符合酒店实际情况和员工技能水平，确保服务标准能得到员工的理解和接受，使其便于贯彻执行。同时，也能使一线员工切实了解到顾客的需求，从而有利于员工的具体服务工作的开展和控制，并使顾客满意。

（4）提高酒店员工整体素质，强化员工队伍的管理

顾客在购买产品和享受服务的过程中与服务人员的交往程度较高，员工的素质和服务水平是影响顾客购买力的两个重要方面。高素质的员工队伍能从主观上增强顾客的实际购买欲望，并进一步增加顾客的满意度。酒店的经营管理水平和在市场上的竞争能力都与酒店员工队伍的素质高低有着很大的关系。因此，提高酒店员工的整体素质，强化员工队伍的管理对提升酒店的质量至关重要。根据目前我国酒店从业人员的素质状况，首先，在员工配置方面，应重视被聘人员的实际才能，按不同岗位要求选拔适合的人员。其次，应提高员工的服务意识，强化服务思想，树立顾客至上的观念。再次，应重视员工的业务训练，提高其专业知识和服务技能，重视员工的人际交往能力培训，最后，要建立有效的考核监督机制，规范员工的行为，切实保证质量，同时还要建立科学的激励机制以挖掘员工的潜力，充分调动员工工作的积极性和创造性。总之，酒店只有管理好员工，给员工"满意"，员工才能将更优质的服务带给顾客，从整体上提高酒店质量水平和顾客的满意度。

我国酒店业在有关质量的问题上还要作出更大的努力。酒店产品或服务能满足顾客需求的程度是酒店整体质量水平的衡量标准，酒店要最大限度地提高整体质量水平，应对目标市场进行一个系统的分类，针对各类子市场的不同需求，制定适合该子市场的产品和服务的

质量标准。这样就有效地提高了酒店质量管理的效率，降低了质量成本。对于有一定质量管理经验的酒店，应注重改善服务细节以提高酒店知名度和美誉度，在产品或服务的细微处折射酒店质量管理的有效性和合理性，不断追求零缺陷的产品或服务境界，以树立和维护酒店良好的市场形象。

第 10 章 酒店设备与管理

【学习目标】

通过本章的学习,学生应该能够:

1.了解酒店设备的种类

2.了解酒店设备管理的概念

3.掌握酒店设备管理的作用

4.掌握酒店设备系统管理的流程

【关键术语】

◇ 酒店设备 Hotel Facilities

◇ 资产管理 Asset Management

◇ 系统管理 System Management

【开篇案例】

"璇宫"是设在南京金陵酒店第 36 层上的一个面积达 332 平方米的旋转餐厅,也是我国第一个高层旋转餐厅,自 20 世纪 80 年代初它诞生之日起就成为古城南京的一道亮丽的风景线,"璇宫远眺"入选南京新"金陵 40 景"之一。从酒店底层乘电梯到"璇宫"只需要 29 秒,"璇宫"四周是 48 樘落地密封玻璃窗,内设 160 个座位的茶座,还有吧台和舞池。这个大型的环形转台自重 27 吨,可负重 150 吨,有 180 只圆锥滚动支承,54 只定心轮保证其向心旋转。设在对角的 2 台 550 千瓦可控硅控制的直流电机以每分钟 1.5 米的速度驱动其缓慢旋转,63 分钟旋转一圈。由于是圆的,每旋转一圈,8 个不同朝向的建筑因接受太阳辐射的热量不同,室内温度也会有变化,保持恒温的方法是利用 VAV 变风量装置,使各方向的温度保持在 22 ℃,湿度保持在 55%。

(资料来源:节选自:南京地方志"友谊传世界,豪情年神州——金陵饭店纪实",龙芳芳. http://dfz.nanjing.gov.cn/17557/17570/200907/t20090722_984455.html)

10.1 酒店设备配置

在设备工程学中,设备的定义是"有形固定资产的总称",它包括所有列入固定资产的劳动资料。具体到酒店企业,酒店设备的定义是:酒店设备是酒店在生产经营活动中长期、多次使用的机器、机具、仪器、仪表等物资技术装备的总称。酒店设备的配置种类繁多,依据不同的标准可以划分为不同类型。本节依据酒店技术管理的要求不同,按照不同的设备组成系统功能对酒店设备进行分类。酒店设备配置主要有以下几类:供配电系统、空调制冷系统、锅炉供热系统、给排水系统、消防报警系统、电梯设备系统、厨房设备系统、音像与通信系统、健身娱乐设备系统等。本节将对各种类型设备系统作简单介绍。

10.1.1 酒店供配电系统

酒店必须具备可靠的、大功率的供电系统。酒店对供电系统的基本要求是:保证供电的持续性以及系统运行的可靠性,供电质量要好。酒店供电系统的设备主要包括变配电设备、输电设备和用电设备。

1)变配电设备

酒店供电系统中的主要的变配电设备有以下几类。

(1)变压器

变压器是根据电磁感应的原理把电压升高或降低的电气设备。它分为载调压式变电器、油浸式变电器和干式变电器。根据不同设备用电需求,对酒店照明及电梯类用电采用载调压式变电器供电;当有独立变电站时,选用油浸式变电器或干式变电器均能满足酒店用电需求;当变电站位于酒店建筑内时,则应选用干式变电器。

(2)高压配电柜

高压配电柜在高压配电中起着控制、保护变压器和电力线路的作用,或者是起监测、计量等作用。它分为柜架式、手车式和抽屉式。

(3)低压配电柜

低压配电柜是按一定的接线方案将有关电器组装起来的一种成套配电设备,在500V以下的供电系统中作动力和照明之用。低压配电柜主要分为开启式配电柜、封闭式配电柜和无功补偿柜等。

2)输电设备

酒店输电设备主要包括输电线路和接线箱。输电线由变电站低压柜引出后,经过两个或多个独立的电气竖井引至顶层或中间楼层;用于照明的输电线至每一层与水平配电线路T接,竖井的每一层设电气小室,安装配电箱;送往电梯机房的配电干线直接送往顶层电梯机房,中途不允许T接。输电设备主要有母线、电缆和电线三种及输电线路的中间接线箱。

3)用电设备

酒店内所有以电能作动力的设备均是用电设备,主要分为四种类型:机电设备(例如电梯)、电热设备(例如电烤炉、微波炉)、电子设备(例如电视、音响)、照明设备(例如日光灯)。

10.1.2 空调制冷系统

空调系统是一个包含供热、制冷和通风的综合系统,它将室外的空气吸入,经过过滤、降温(或升温)、降湿(或加湿)等程序处理后送入空调室内,同时将室内空气排出。酒店空调系统按照空气处理设备的集中程度可以划分为三种类型:集中式空调系统、局部式空调系统、半集中式空调系统。集中式空调系统将所有的空气处理设备全部集中在空调机房内;局部式空调系统的冷热源、空气处理设备、风机和自动控制元件全部集中在一个箱体内;半集中式空调系统除了安装在空调机房内集中的空气处理设备外还有分散在空调房间内的空气处理末端设备。下面对不同类型的空调系统组成作简要介绍。

1)集中式空调系统

集中式空调系统例如中央空调主要由以下几个部分组成。

(1)空气处理设备

空气处理设备是中央空调系统的重要设备,它的作用是对空气进行过滤、冷却(加热)、去湿(加湿)等处理的设备,它主要分空气集中处理机组和风机盘管两种。

(2)空气输送设备

空气输送设备主要负责把处理好的空气按照一定的要求输送到各个空调房间,并从房间内抽出一定的空气,它包括风机、风道系统、调节风阀等。输送空气的动力设备是通风机;风道是运送空气的通道,包括进风风道和排风管道;调节风阀的作用是控制风道的开闭和调节风量,如插扳阀、蝶阀、防火阀、止回阀。

(3)空气分布装置

根据室内外空气状态的变化,通过空气分布装置调节空调的送风口和回风口以合理分布室内空气。装置调节可以是人工进行,也可以是自动控制。

2)局部式空调系统

局部式空调系统又称空调机,它直接安装在酒店空调房间内,具有设备结构紧凑、安装方便、不需专门机房等优点。它由制冷压缩机、节流机构、直接蒸发式空气冷却器及风机、空气冷凝器等部件组成的空调机组成。

3)半集中式空调系统

半集中式空调系统除了安装在空调机房内集中的空气处理设备外还有分散在空调房间内的空气处理末端设备。典型的有风机盘管空调系统,它主要由风机、风机电动机、盘机、空气过滤器、室温调节装置组成。

10.1.3 锅炉供热系统

目前酒店热能供应一般由锅炉系统供热,供热系统的运行状况直接影响到酒店许多设备的正常运行以及服务的开展。锅炉供热系统主要由锅炉水处理系统、锅炉机组系统和辅助设备系统组成。

1）锅炉水处理系统

锅炉水处理系统主要用于对锅炉用水进行软化处理和除氧处理。软化处理一般用离子交换软化处理法。由于自来水中含有一定的钙、镁等盐类（这种水称为硬水），而锅炉用水必须是软水，因此需要用钠离子交换法对硬水进行软化，经过处理后的水由水泵送进锅炉。除氧处理主要以大气式热力除氧法，利用水温的提高降低水中氧气的含量，从而除去大部分水中的溶解氧。

2）锅炉机组系统

我国酒店大多使用燃煤锅炉，这种锅炉机组主要由锅壳、前后管板、烟室、大管、水冷壁管及联箱等组件构成。锅炉主体上还有压力表、安全阀、排气阀、水位表、排污阀、给水阀等保障锅炉安全运行的附件。

3）锅炉辅助和附属设备系统

锅炉辅助设备指给水泵、鼓风机、引风机和分汽缸等；附属设备指省煤器、除尘器等。

10.1.4　酒店给排水系统

酒店给排水系统由给水系统和排水系统组成。

1）给水系统

酒店给水系统分生活给水系统和热水供应系统两种。

生活给水系统由输水管网、增压设备、配水附件、计量仪器及储水设备设施等组成。给水方式主要分3类：高位水箱式、气压水箱式和无水箱式。高位水箱式给水是在每个给水分区的上部设置一个水箱以保证管网供水的充足压力；气压水箱式给水由气压水箱控制水泵间歇工作，并保证管网供水的充足压力；无水箱式给水采用先进的变速水泵保持管网保持恒定水压。

热水供应系统由热源、加热设备和热水管网组成。热水供应方式主要分3类：局部热水供应、集中热水供应和区域热水供应。局部热水供应指各热水供应点自行烧水；集中热水供应指由酒店锅炉房供水；区域热水供应指由各区域统一供应蒸汽式热水。

2）排水系统

酒店排水主要可以分为粪便污水、厨房废水、洗衣房废水、屋顶雨水等。根据不同性质的排水，酒店排水系统可以分为粪便污水排水系统、生活废水排水系统、厨房废水排水系统、洗衣房废水排水系统、屋顶雨雪水排水系统。排水系统主要由污（废）水收集器、排水管道、通气管、污水处理的构筑物组成。污（废）水收集器主要用于收集污水；排水管道主要起输送污水的作用；污水处理的构筑物则用于污水的处理；通气管用于防止卫生器具因为水封而使臭气外泄。

10.1.5　消防报警系统

酒店因为设备种类繁多且功能复杂，人员集中且流动性大。因此发生火灾的概率就很大。因此加强酒店的消防安全工作十分重要。先进、完善的消防报警设施能够早发现火灾隐患,预防火灾发生,并在火灾发生时及时灭火,保障人员的安全。因此,酒店设置完善的消防设备,保证消防报警系统处于良好的运行状态是其消防安全工作顺利开展的基本条件。

酒店消防报警系统主要包括探测与监控系统和灭火系统。

1)探测与监控系统

(1)火灾探测设备

火灾探测设备主要包括离子感烟探测器、感温探测器。离子感烟探测器在检测到一定浓度的烟雾时会发出报警信号,并通过导线将报警信号传输给报警器,实现自动火灾报警的目的。感温探测器分定温探测器、差温探测器和差定温探测器 3 种。当感温探测器探测到异常温度变化时就会报警,从而起到自动火灾报警的目的。

(2)消防监控设备

消防监控设备主要功能是指示火灾区域、自动启动灭火装置灭火。它主要包括火灾报警控制装置、室内消火栓控制装置、自动喷水灭火系统控制装置、防火门(防火阀、防火卷帘)控制装置、空调与防排烟设备控制装置、消防通信设备控制装置。

2)灭火设备系统

酒店常用的灭火设备主要包括消防栓、自动喷淋灭火装置、卤代烷灭火装置及小型灭火器。消防栓就是消防用水的水龙头,是一个直角阀门,以简短的支管连接在消防立管上,主要包括消防栓,水龙带和水枪。自动喷淋灭火装置由闭式喷头、报警阀、水流指示器管网和供水设备等组成。当发生火灾时,环境温度升高,使天花板上的喷头自动打开喷水灭火。卤代烷灭火装置用于酒店的自备发电机房、变配电间、电脑房、通信机房等不宜用水扑救火灾的地方。常用的卤代烷灭火剂有三氟一溴甲烷(命名为"1301")、二氟一氯一溴甲烷(命名为"1211")等。小型灭火器主要有 1211 灭火器、泡沫灭火器、酸碱灭火器、清水灭火器、二氧化碳灭火器、四氯化碳灭火器、干粉灭火器、轻金属灭火器等。

10.1.6　电梯设备系统

电梯是酒店主要的垂直运送工具。电梯的安全运行不仅直接关系到酒店生产经营活动的正常开展,而且关系到酒店顾客、员工的人身安全。因此保证酒店电梯设备处于良好的技术状态十分重要。

酒店电梯主要包括客梯、客货梯、消防梯、观光梯等。虽然不同类型电梯的功能不同,但其基本的组成部分仍相同,主要包括机房、轿厢、井道和厅站。

1)机房

电梯机房位于井道的上部,设在建筑物的顶层,机房由曳引电动机、电磁抱闸(制动器)、曳引轮、配电盘、电源柜、控制柜、选层器、限速器、地震感应器和应急电话等部件组成。

2)轿厢

轿厢又称车厢或升降台,是供人们乘用或装货的部件,它由主要有轿门、操纵盘、楼层显示器、通风及照明装置、平层器、安全窗、安全钳等部件组成。

3)井道

电梯井道多采用钢筋混凝土结构,它由导轨、曳引钢丝绳、限速器钢丝绳、平衡钢丝绳、缓冲器、控制电缆、平衡砣、限速器胀绳轮、感应板、极限开关等装置组成。

4）厅站

厅站是每层楼电梯的出入口，它由厅门框、厅门楼层显示器、厅门呼唤按钮、厅门、运行方向显示器、厅门门锁等组成。

【知识点滴】

乘坐电梯的基本礼仪

1.乘坐自动扶梯，应靠右侧站立，空出左侧通道，以便有急事的人通行；应主动照顾同行的老人与小孩踏上扶梯，以防跌倒；如需从左侧急行通过时，应向给自己让路的人致谢。

2.乘坐箱式电梯，应先出后入。如果电梯有司机，应让老人和妇女先进入；如无电梯司机，可先进入轿厢操控电梯，让老人和妇女后进电梯以确保安全。先进入轿厢的人要尽量往里站。与同乘电梯人不相识时，目光应自然平视电梯门；在电梯里不高声笑谈，保持安静。

3.在没有明令禁止宠物乘电梯的地方，小宠物应由主人抱起乘梯；大宠物应在没有其他乘客的情况下方可由主人带乘电梯。

10.1.7　厨房设备系统

厨房设备是酒店提供餐饮服务必须具备的物质条件，种类齐全、性能先进、布局合理的厨房设备能够大大提高酒店餐饮服务的质量与效率。酒店厨房设备种类繁多，按照功能和用途可以分为原料加工设备、烹调加热设备、清洁洗涤设备、冷冻冷藏设备四种类型。

1）原料加工设备

现代酒店原料加工设备大多是自动化的机器设备，主要分蔬菜加工机械、肉类和鱼类加工机械、面食加工机械。蔬菜加工机械包括切菜机和碎菜机。切菜机用于加工根茎类蔬菜，可以切片、丝、条、块等，例如 ES-2 型切菜机。碎菜机主要用于把蔬菜加工成小的碎块、菜泥供烹调之用。肉类和鱼类加工机械包括切肉机、绞肉机、鱼鳞清理机。切肉机用于加工肉片、肉丝和肉丁。绞肉机主要用于加工肉馅。鱼鳞清理机用来刮鱼鳞和清鳃。面食加工机械分制面团及成型加工两类，和面机用于制面团；而成型加工设备主要有面条机、馒头机、饺子机、馄饨机、春卷机、包馅机、筋饼机等。

2）烹调加热设备

烹调加热设备主要分电热器具、煤气器具、蒸汽器具和燃油器具。电热器具主要有远红外线电烤箱、微波炉。远红外线电烤箱主要用来烘烤各种糕点、菜肴、干果和炒货。微波炉是一种利用微波烹饪，快速加热和解冻、脱水及干燥食物的箱式炉灶。煤气器具是酒店普遍使用的加热设备，它是以人工煤气或液化石油气为燃烧对象的灶具，具有操作方便、安全、卫生等特点；它主要由炉体、支架、进气弯管、控制阀旋钮、燃烧器、调风板等组成。蒸汽器具主要用来蒸煮、烧汤、煮咖啡等；它的类型多种多样，有汽、油、电等不同能源的蒸汽器具。燃油器具一般是用在船上。

3）清洁洗涤设备

酒店厨房的清洁洗涤设备主要有洗碗机、洗碟机、面包房器皿洗涤机、容器冲洗机、淘米机、高压喷射机和清洗机等。

4）冷冻冷藏设备

酒店厨房的冷冻冷藏设备品种规格主要有冷库、冰箱、制冰机、冰淇淋机和果汁机等。

10.1.8　音像与通信系统

酒店的音像与通信系统主要包括音响设备、闭路电视设备和通信设备。

1）音响设备

酒店音响设备主要分公共音响系统和专用音响系统。公共音响系统的机房设备主要有收音机、录音机、扩音机、功率放大器和转换装置等，主要用于播放紧急广播、酒店公共区域的背景音乐以及客房的主题音乐等；专用音响系统是用于舞厅、会议厅等特定场所的独立小音响系统，它主要由前端设备、调音台、功率放大器、音箱组成；会议用的音响系统还包括同声翻译、有线会议装置等。

2）闭路电视设备

闭路电视设备主要包括卫星电视接收系统、共用天线电视接收系统（CATV）、共用天线等设备。卫星电视接收系统主要用于接收卫星电视信号，它由极化器、低噪声放大器、下变频器、4G波段接收电线组成。CATV系统是由前端设备、信号传播、信号分配等设备组成的设备系统，它用于将公共天线上接收到的电视广播信号传送到酒店各客房。共用天线主要用于改善电视接收效果。

【知识点滴】

视频点播技术（VOD）

VOD（Video On Demand），即视频点播技术的简称，也称为交互式电视点播系统。它是计算机技术、网络技术、多媒体技术发展的产物，是一项全新的信息服务，被广泛地运用于酒店的客房端，以满足酒店客人随意点播的需求。VOD摆脱了传统电视受时空限制的束缚，解决了一个想看什么节目就看什么，想何时看就何时看的问题。有线电视视频点播，是指利用有线电视网络，采用多媒体技术，将声音、图像、图形、文字、数据等集成为一体，向特定用户播放其指定的视听节目的业务活动，包括按次付费、轮播、按需实时点播等服务形式。

3）通信设备

酒店通信系统可以分为无线通信装置和有线通信装置。无线通信装置主要由酒店工作人员使用，例如无线对讲机、无线传呼机；有线通信装置主要由酒店顾客和工作人员使用，例如电话交换机、电传和传真设备。

10.1.9 健身娱乐设备系统

现代酒店健身娱乐设备主要分为 3 类:运动类、娱乐类和保健美容类。

1)运动类设施

酒店运动类设施多种多样,主要有游泳池、健身房、保龄球房、网球场、羽毛球场和乒乓球场等。

(1)游泳池

酒店游泳池的大小、形状、深度可以根据酒店实际需要进行设计。其功能也可以多样化,例如将游泳池与健身房、蒸汽浴、娱乐场结合起来。酒店游泳池分为室内、室外和内外兼用三种类型,其设备主要包括主水泵、循环过滤器、药水泵、潜水泵等。

(2)健身房

酒店健身房是设置各种机械器械供顾客健身的场所,其设备较多,例如多功能综合训练器、跑步机、健身车、登山机、划船器和举重器等。

(3)保龄球房

保龄球是高级酒店的重要娱乐场所之一,其主要设备包括球道、保龄球、木瓶、回球道、竖瓶机和电脑计分系统等。

(4)网球场、羽毛球场、乒乓球场

网球场地分室内及室外两种。室内为硬地场地,室外分硬地场地、草地场地、沙地场地和涂塑合成硬地等。羽毛球单打场地为 13.4 m×5.18 m;双打场地为 13.4 m×6.10 m;场地四周净距大于 3 m,网高 1.524 m。乒乓球台为 2.74 m×1.525 m,球场不小于 12 m×6 m。

2)娱乐类设施

酒店娱乐类设施主要有舞厅、棋牌室等。有的酒店的舞厅兼有多重功能,例如卡拉 OK和咖啡厅等功能;棋牌室又分围棋、象棋、麻将、扑克和国际象棋等不同类型。

3)保健美容类设施

酒店保健美容类设施主要有桑拿房、按摩机以及美容美发室等。桑拿房用于在室内进行蒸汽沐浴,它的主要设备是大功率电炉和温控设备。按摩机是为顾客提供按摩服务的器械,常与桑拿服务配套使用。美容美发室是使用美容美发专用器械为顾客提供美容美发服务的场所。

10.2 酒店设备管理职能

10.2.1 酒店设备管理的作用

酒店设备管理是酒店全体员工在最高综合效益目标指导下,运用科学的管理方法对各种设备系统从选购、安装开始,经过使用、维护保养、更新改造,直至报废为止的全程管理活动。对于酒店设备具有以下功能。

1）加强酒店设备管理是开展酒店生产经营的基本条件

酒店的生产经营与服务活动需要各种设备、操作服务的辅助。设备的运行状态决定了酒店管理与服务能否正常进行。酒店的各种设备在长期的运转过程中会出现各种故障以及设备老化等问题。因此需要加强设备管理，经常性地对设备进行维护、改造、更新等，以保障设备处于良好的运行状态，从而保证酒店生产经营活动的正常进行。

2）加强酒店设备管理是提高酒店服务质量的重要保证

酒店向客人提供的服务产品包括两个方面：人的服务和物的服务。两者相辅相成，共同构成酒店服务产品。其中物的服务是酒店服务产品必须具备的物质条件。加强酒店设备管理，提高设备的运行效率以及先进程度，可以为顾客提供更加快捷、周到的服务。因此，加强设备管理是提高酒店服务质量的重要保证。

3）加强酒店设备管理是提高酒店经济效益的重要手段

酒店设备的费用支出，例如设备购置费、折旧费、维修费、能源消耗等在酒店成本中占很大比重。例如一般酒店设备的购置费占酒店总投资的35%～55%，而运行费用则占经营总费用的15%左右。加强酒店设备管理，可以有效减少设备故障率，降低设备能源消耗，延长设备使用寿命，从而大大降低各项设备费用支出，提高了酒店经济效益。

10.2.2　酒店设备管理的内容

酒店设备管理的内容包括从计划添置设备开始，对设备购置、安装、调试、使用、维护、更新改造，直至报废的全过程管理。

1）计划

由设备使用部门提交设备采购单，设备管理部门对购置设备提供相关技术参数，例如技术、价格、适用性、可靠性、维修性评价、投资回收评价等信息；对符合条件的设备进行筛选，最终提出最佳设备采购计划。

2）购置、安装、调试

对所有设备的采购、安装、调试全过程进行管理与监督。

3）使用

对酒店各部门使用设备提供技术指导，并实施监督管理的职能。

4）维护

对所有设备定期或不定期进行保养、维修；对有故障的设备进行及时的维修，以保证设备正常运行。

5）更新改造

采用新技术对旧设备进行改造，用先进的新设备更换旧设备，以提高设备的技术装备素质。

6）报废

对报废设备进行技术鉴定，为设备报废提供依据。

10.2.3 酒店设备管理的职能

1）设备管理的主体

酒店设备管理的主体是设备管理部门,同时包括酒店各个部门的管理者以及设备使用人员。酒店设备管理部门拥有合理的组织机构和分工明确的岗位是高效开展酒店设备管理的组织保障。设备管理部门应是独立设置的,与酒店其他部门平级,其专门负责工程设备管理。设备管理部门实施酒店总经理领导下的总工程师或工程总监负责制,由总工程师(或工程总监)统领一些专业工程师(或部门专业经理),再由工程师分别承担专业维修组的技术管理工作。除了设备管理部门以外,酒店设备管理工作还与酒店各个部门的设备使用者密切相关。因为设备的正常运行离不开设备使用者的正确操作。各个部门的工作人员只有熟悉设备的操作程序,详细向顾客介绍设备的使用方法,才能减少设备发生故障的概率,保证设备正常运行。因此,各个部门的设备使用者也是设备管理的主体之一。

2）设备管理的岗位职责

酒店应根据设备管理工作的实际需要设置具体的工作岗位,并对每一个工作岗位制订制度化、规范化的岗位规范,岗位规范应详细规定设备管理工作岗位者的知识结构要求以及具体职责。根据酒店设备管理工作的实际需要,设备管理工作岗位主要包括:部门经理、部门经理助理、电气技术主管、机械技术主管、班长、库房主管、供配电工、照明电工、弱电电工、机修工、空调工、电梯工、万能工等。下面对各设备管理工作岗位的岗位职责作简要的分析。

（1）部门经理

酒店设备管理部门经理主要职责包括:根据酒店经营方针以及主管领导的指示对酒店所有设备实施全过程管理,从设备购置、安装调试、维护保养、更新改造等方面进行指导与监督;负责对设备使用人员的设备技术知识培训,合理使用人才,提高劳动效率;制订、实施以及监督各种设备工作计划,例如请购物资计划、设备更新改造计划、工作计划等;组织制定各岗位规范和操作规程,并经常深入督促和检查;现场指导各部门的设备管理工作,巡查重点设备的技术状况,及时发现隐患或故障并组织力量修理;建立完善的设备资产管理制度。

（2）部门经理助理

部门经理助理主要职责包括:协助设备管理部门经理工作,传达部门经理的工作指令,完成部门经理临时交给的各项任务;按制度要求,对设备管理部门进行工作考勤,并对各技术岗位的完成工作量情况和工作质量情况向部门经理汇报;建立设备管理的信息档案,及时检查各种设备运行的报表数据,定期整理上报;对于需要集中排除的设备故障应协调设备管理部门各班组间的关系,集中力量解决。

（3）电气技术主管

电气技术主管主要职责包括:负责酒店所有电气设备处在优良的技术状态下安全运行;现场检查电气设备运行状态,发现问题及时处理;制定、实施电气设备运行方案、操作规程、安装检修的技术质量标准,监督和检查各班组执行情况;编制或审订各类电气设备检修计划和预防性试验计划,制定防止电气设备事故的措施和规章;当电气设备发生故障时组织人员进行抢修;负责电气设备的技术资料收集整理工作;对酒店更新改造电气设备提供技术指导,并负责设备调试、验收工作。

（4）机械技术主管

机械技术主管主要职责包括：在酒店工程技术部门经理领导下负责酒店机械设备管理；负责机械设备现场检查工作,发现问题及时处理；负责酒店所有机械设备的安装验收、改装和维修的组织工作和技术指导；负责机械设备的技术资料收集整理工作；制订并监督执行机械设备维护使用和日常管理的规章制度。

（5）技术员

技术员主要职责包括：严格按照岗位操作规程和各项规章制度操作设备,学习各种现代化设备技术知识,及时完成各项工作任务；负责设备日常维修保养工作,使设备经常处于良好的运行状态；负责对使用设备的变动、更新改造等提出可行性分析意见；负责记录设备的技术状况和工作报表。

（6）库房主管

库房主管主要职责包括：定期编制设备购置申请计划,保证备件按质按量及时供应；定期分析备件的实际消耗和占用资金及周转等情况,定期修订储备定额,逐步做到合理储备；指导备件库工作和采购工作,督促仓库作好备件保管、存放、维护保养。

（7）供配电工

供配电工主要职责包括：严格按照岗位规定开展变配电房运行管理工作；定期检查设备、线路和仪表的运行状态,并做好值班记录；制订停电状态的应急发电措施；按计划做好发电机组养工作。

（8）照明电工

照明电工主要职责包括：负责全酒店所有照明线路和灯具的日常管理和维修工作；完成特殊场所的照明的布置、安装工作；按计划定期检修照明设备、线路。

（9）弱电电工

弱电电工主要职责包括：负责对酒店电子设备日常管理和维修工作；根据计划做好电子设备的月、季、年度检测和保养工作。

（10）机修工

机修工主要职责包括：负责酒店各种机构设备和冷热供水系统、排水系统维修保养工作；服从工程师和技术员调动,参加应急修理任务；定期填写机修工作日志和值班记录。

（11）空调工

空调工主要职责包括：负责空调机组开启、关闭和运转的日常管理和维修工作；定期对空调机组进行保养和维修；填写空调机组重要设备的运行日报表。

（12）电梯工

电梯工主要职责包括：负责酒店电梯的日常运行管理和维修工作；定期开展电梯设备安全性能测试和运行安全检查,并填写工作日报表；及时排除电梯故障,确保正常运行；制定消防状态和停电状态的应急措施。

（13）锅炉工

锅炉工主要职责包括：负责酒店锅炉运行操作的日常管理和维修保养工作；定期检查锅炉设备,定期保养,及时采取措施排除故障；制定紧急停炉安全措施以应对各种可能出现的安全事故。

（14）万能工

万能工主要职责包括：严格按照客房维修项目和公共区域维修项目要求进行巡检维修；在与客房、前厅、销售等部门沟通协调的基础上制订对客房和公共场所的每月每周维修进度计划；严格执行进房操作程序和房内维修的各项有关制度；妥善保养、保管和正确使用各种机器和工具；合理领用零配件和原材料。

10.3 酒店设备管理流程

酒店设备管理要以追求设备最高综合效益为目标，运用经济、技术措施对各种设备系统从选购、安装开始，经过使用、维护保养、更新改造，直至报废为止的全过程管理活动。设备管理的流程主要分为设备的选择与购置、设备的使用与维修、设备的更新与改造、设备的资产管理4个阶段。

10.3.1 设备的选择与购置

1）设备的选择

酒店设备选择应考虑以下原则。

（1）实用性

酒店在选择设备时必须考虑设备的实用性，具体而言必须满足以下要求：技术上的先进性，设备的技术参数必须符合工作质量的要求，只有先进的设备才能提供高效率的服务；操作上的简易性，设备操作方便不仅有利于提高工作效率，而且可以防止操作失误对设备的损害；性能上的安全性，设备必须符合相关安全技术参数要求，具有相关安全防护装置以保障工作人员安全；运行的可靠性，设备运行过程中出现故障的概率要低，且故障应便于维修；使用上的高频率，根据酒店的实际需要决定购置设备的数量与等级，数量上考虑设备的多少和工作性能，质量上考虑能否和酒店的星级相一致，提高设备使用效率，避免设备闲置。

（2）经济性

经济性是酒店选择设备时必须考虑的重要因素，具体而言必须满足以下要求：费用支出的合理性，设备支出费用包括购置费、运行费和维修费，必须综合考虑总费用支出是否经济合理；产出效益的最大化，所选购的设备在折旧年限内产生的总效益必须大于总费用支出，而且效益越大越好。

2）设备的购置

（1）设备购置方式

酒店在采购装备之前需要收集相关设备的信息，包括产品价格、技术参数、厂商信息等。酒店应建立多元化的信息收集渠道以尽可能扩大选择的机会，在综合比较的基础上选择最佳的设备。酒店设备采购的方式主要有采购部采购和工程部采购两种，两种方式各有利弊。采购部采购便于酒店加强设备的采购管理工作，但是采购设备的适用性低；工程部采购可以保证采购设备的质量要求,但是对采购质量不易控制。

（2）设备验收

酒店在购置设备后需要对设备进行验收,它是保证所购设备质量的重要环节。设备验收一般由工程部牵头,联合财务部、采购部、使用部门等相关人员分别对设备的价格、单据、质量等进行开箱验收。

（3）设备安装调试

酒店购置设备经过相关部门验收合格后应及时进入安装阶段。设备安装可以由设备供货方或酒店工程部门进行,也可以委托给专门的安装单位将设备安装到指定的位置,达到相关技术规范要求。设备在安装完成后,需要进行调试,以确保设备能正常运转并满足生产工艺的要求。

10.3.2　设备的使用与维护

酒店设备的正确使用与维护在很大程度上决定了设备是否能够发挥最大的综合效益。因此,加强设备的使用与维护管理是设备管理的重要环节之一。

1) 设备使用管理

保持酒店设备的正常运行状态不仅是保证酒店生产经营活动正常开展的需要,而且也是延长设备寿命周期的需要。因此,酒店应实现设备管理的规范化管理,制定并严格执行有关规章制度、强化员工的设备操作技能和管理意识,以保证设备发挥正常的功能。

（1）设备使用管理的目标

设备使用管理的主要目标是保证设备处于完好的技术状态,以保证设备发挥最大的综合效益。设备的技术状态是指设备所具有的工作能力,包括性能、精度、效率、运行参数、安全、环保、能源消耗等所处的状态及变化情况。酒店设备是酒店向顾客提供服务的物质支撑;酒店设备技术状态是否良好,直接关系到酒店的生产经营活动的正常开展。酒店设备技术状态良好的标准包括 3 点。

①性能良好。设备性能良好是指设备的各项功能都能达到原设计或规定的标准、性能稳定、可靠性高,能满足酒店经营和生产需要。

②运行正常。运行正常包括设备零部件齐全,安全防护装置良好;磨损、腐蚀程度符合规定的技术标准;控制系统、计量仪器、仪表和润滑系统工作正常,安全可靠,设备运行正常。

③能耗正常。能耗正常是指设备在运行过程中,燃料、电能、润滑油等消耗正常,无跑电、冒气、漏油、滴水现象,设备外表清洁。

（2）设备使用管理的要求

酒店设备使用管理要遵循责任人制,明确设备使用部门和使用人员的职责,严格按照规范进行操作;每一台设备都要制定明确的责任人负责设备的使用与维护工作,并制定相关奖惩措施。

酒店设备在使用过程中由于受环境、运行时间、操作方法等多种因素的影响,其技术状态会出现变化。设备操作人员要创造适合设备的工作环境、正确操作设备、有效地保养设备,从而保证设备处于良好的技术状态,保证设备的正常运行。

①"三好"。酒店各个部门在设备使用过程中要做到"三好",即管好、用好、维护好。管

好设备是指每个部门都应尽责管好本部门所使用的设备,实行严格的责任人制,谁使用谁负责。具体要求包括:完善的设备基础资料,设备使用规程完善,设备使用、维护、监督机制健全等。用好设备是指所有的设备都能按照正确的操作方法运行。设备操作人员必须经过严格的岗前培训,熟悉设备的操作程序并严格按照相关操作规程进行操作和维护。维护好设备是指部门要建立设备维护的保养制度,定期开展设备维护保养工作,同时要加强对封存、租用、转借、报废等设备的动态管理。

②"四会"。酒店设备的操作者必须做到"四会",即会使用、会维护、会检查、会排除故障。会使用是指酒店设备操作人员都必须熟悉设备的用途、基本原理、性能要求、操作过程等相关知识,能正确使用设备。会维护是指酒店设备操作人员熟知设备维护要求,正确维护设备,达到相关规程要求。会检查要求酒店设备操作人员了解设备的结构、性能和特点,定期或不定期地对设备进行日常的点检。会排除故障指工程部及其他部门重要设备的运行值班人员应懂得设备的简单故障排除技能,自己解决不了的问题要及时报告并协同维修人员进行检修。

③"五项纪律"。酒店设备操作人员要严格执行"五项纪律",即实行定人定机、凭证操作制度,严格遵守安全技术操作规程;经常保持设备清洁,按规定加油,做到没完成润滑工作不启动设备,没完成清洁工作不下班;认真执行交接班制度,作好交接班记录及运转时记录;管理好工具、附件,不能遗失、损坏;不准在设备运行时离开岗位,发现异常的声音和故障应立即停用设备并检查,自己不能处理的应及时通知维修工人检修。

(3)设备使用管理的内容

酒店设备使用管理是一个系统性的工作,其内容涵盖面广泛,包括制订设备保养制度、监督检查、培训设备操作人员以及合理使用设备等。

①培训设备操作人员。高素质的设备操作人员是保障设备正常运行的基本条件。酒店应组织员工进行相关专业知识培训,以使其懂得所操作设备的性能、特点、结构和使用方法,懂得操作规程和保养规程,掌握正确操作设备必需的技能。

②合理使用设备。合理使用设备包括两个方面的要求:一方面指设备的充分利用,设备购买回来后尽快安装、调试并投入使用;保持设备的高利用效率,避免设备长期闲置所带来的损失;另一方面,设备不能超负荷、超工时、超维修保养期使用,以防止对设备造成很大的损害。

③制定设备保养制度。酒店工程部门根据不同设备的用途、性能、操作要求、保养要求制定各种设备使用操作规程和保养规程;建立设备使用岗位责任制,以促使设备使用人员按规程操作设备。

④监督检查。设备的监督检查包括两个方面:对设备使用状况进行考核检查和对设备保养情况进行考核检查。检查主要由各级管理人员定期进行,考查结果要认真详细地做好记录,并作为相关奖惩措施的依据。

2)设备保养管理

设备保养管理是设备管理中的重要内容之一,它是指为了保持酒店设备处于良好的技术状态,发挥最大的综合效能而进行的日常保养、维修工作。设备保养管理得好可以有效降低设备发生故障的概率,节约维修费用,从而提高了酒店服务质量和经济效益。

酒店设备保养管理分两种类型：日常保养和定期维护保养。

（1）日常保养

日常保养包括每班保养和周末保养。定期维护保养包括一级保养和二级保养。日常保养工作一般由设备的使用、操作人员完成；每班保养在每班结束后进行，主要工作是对设备进行清洁、润滑和点检；周末保养在每周末实施，主要工作是用1~2小时的时间对设备进行彻底清洁、擦拭和上油。

设备的日常维护保养必须达到四项基本要求：整齐、清洁、润滑、安全。整齐是设备放置整齐，设备零、部件及安全防护装置齐全，各种标牌应完善、清晰，各种线路、管道完整等基本要求。清洁指设备内外清洁、无锈斑，各滑动面无油污、无碰伤，各部位不漏油、不漏水、不漏气，设备周围场地要经常保持清洁，无积油、无积水、无杂物。润滑指设备的良好润滑可以保证设备的正常运转，杜绝因设备润滑不良而发生事故。安全指遵守操作规程和安全技术规程，防止人身和设备事故。完好指设备的完好，能正常发挥功能。

（2）定期维护

设备的定期维护是指专业设备维修人员按照工程部编制设备维护计划定期对设备进行维护、修理工作。根据保养工作的深度、广度和工作量可分为一级保养和二级保养。一级保养的工作内容包括对设备的全面清洁、沟通油路、调整配合间隙、紧固有关部位及对有关部位进行必要的检查。二级保养除了一级保养的全部工作内容外，还包括对设备进行局部解体检查、清洗换油、修复或更换磨损的零部件、发现异常情况并排除故障、恢复局部工作精度、检查并修理电气系统等。

3）设备维修管理

设备维修是指当酒店设备发生故障时，为了恢复设备的功能而采取的各种措施，包括更换或修复磨损、失效的零部件、拆装整机或部件等。

（1）设备维修的种类

设备维修主要分为计划内维修和计划外维修两种。计划内维修又包括预防性维修和改良性维修。预防性维修是按计划对设备进行定期的保养和检修，以防设备设施发生可能的故障和损坏。对酒店的重要设备例如锅炉、管道、车辆、空调系统、电梯、动力机械等要进行预防性维修。改良性维修是指对设备或设施的更新和改造。改良性维修因为要求酒店部门停业，因此应事先制订详尽的改造方案以保证维修工程进度。计划外维修是指由于外界原因发生意外事故或损坏时的紧急维修。酒店工程部应对各种设备可能出现的计划外维修制订应急维修方案，配备维修材料，尽量减少设备发生意外事故所造成的损失。

（2）设备维修的阶段

酒店设备维修主要可以划分为两个阶段：收集维修设备信息和实施设备维修工作。

①收集维修设备信息。准确、快捷地获取设备维修信息是保证设备维修管理工作顺利开展的前提条件。因为酒店设备种类繁多且分散，获取设备维修信息的难度较大。因此，酒店必须建立完善的设备维修信息获取渠道收集相关设备维修信息。一般酒店收集设备维修信息的方式主要有四种：报修、巡检、计划维修和预知性维修。报修指酒店设备操作人员发现设备故障后，通过填写"设备报修单"或以电话、电脑信息传递的方式将设备的故障状况通知工程部，由工程部安排人员进行维修。巡检指对设置在酒店公共区域的设备进行巡视检

查,发现故障及时处理、消除设备隐患。计划维修是根据设备的使用特点或维修经验事先确定维修内容。预知性维修是根据设备的日常点检、定期检查、状态监测和诊断提供的信息,经统计分析、处理,来判断设备的劣化程度,并在故障发生前有计划地进行针对性的维修。

②实施设备维修。获取酒店设备维修信息后,由酒店工程部根据设备维修工作量大小的不同具体实施维修工作。根据维修工作量的大小,维修工作可以分为小修、项修和大修。小修是工作量最小的一种修理,它包括检查、调整、更换或修复设备零部件;项修是根据设备的实际情况,对状态劣化已达不到生产要求的设备或零部件,按实际需要进行针对性的修理。大修是工作量最大的一种修理,它要对设备进行全部解体,修整所有基准件,修复或更换磨损、腐蚀、老化及丧失精度的零部件,使之达到规定的技术要求。

③设备维修的制度。设备维修制度是保证设备维修工作走上正规化、规范化的制度保障。加强设备维修制度的制定与执行有利于促进酒店设备维修质量水平的提高。

A.检查制度。规定执行设备检查工作的责任人以及具体的检查时间、程序、要求等。

B.报修制度。酒店必须建立切实可行的报修制度,由设备使用部门执行日常检查工作,发现设备故障后按照规定的程序通知工程部进行维修。

C.质量规定。维修人员从接到报修到到达现场的时间以及排除故障、修复设备的时间应准确及时;同时对于设备维修的效果也做出相应技术规定。

D.报告制度。根据不同类型的维修确定不同的报告程序:日常维修报告程序是维修人员向使用部门报告,工程部向总经理报告;而对于改良性维修等影响较大的维修工作,工程部应该报告总经理,经批准后实施,并通报有关部门,维修工作完成后也要报告总经理和有关部门。

【案例启迪】

令人满意的客房设备快捷维修

某酒店806号房间是间长包房,住着两位德国客人,他们是一家合资企业的德方工程技术专家。2006年德国世界杯的决赛之夜,两位德国客人分别坐在自己的床头,兴致勃勃地边喝啤酒边欣赏电视里的足球比赛,时不时还为场上球员的精彩表现而欢呼。不知不觉,喝空的啤酒易拉罐就在床头柜上堆了一大堆。突然,电视和电灯都同时熄灭了,房间内顿时漆黑一片。原来是他们喝酒时不小心,打翻了一罐啤酒,酒水倒在了电控柜台上,顺着缝隙渗进柜内,造成了短路。客人马上打电话给酒店的客房服务中心,要求尽快修复,以免错过比赛。工程部值班员小李接到客房服务中心的电话并了解了大致情况后,迅速打开身旁的一只装满各种工具、用品及零配件的"百宝箱",熟练地取出螺丝刀、手电筒、试电笔、电源接线板、电吹风等工具,赶到806房现场。只见他口含手电筒,敏捷地拆下电控柜侧面的盖板,用干布、卫生纸把柜内的水分吸干,再从外面楼层引进电源接通电吹风,对准受潮部位使劲猛吹,只用了五分钟便吹干了。刹那间房间里一片光明,电视也自动开机恢复了比赛节目。"哇! 太好了",两位德国客人禁不住欢呼起来,连声道谢,并竖起大拇指一个劲地称赞。

（资料来源:旅交汇"他们都是维修工",http://www.17u.net/news/newsinfo_94711.html）

10.3.3　设备的更新与改造

由于技术进步、酒店设备长期使用等原因会引起设备性能下降、结构老化,从而影响设备的使用功能。因此,定期对酒店设备进行更新改造是提高酒店服务质量、提高酒店竞争力的重要手段。设备更新指以技术更为先进、性能更加完善、能耗更为经济的设备代替陈旧设备;设备改造指用新的科学技术、新的工艺流程改变现有设备的结构、工艺流程,以提高其技术性能、工作效率。

1)设备更新与改造的原则

酒店设备的更新与改造应遵循重要性、实用性、可行性、经济性和环保性的原则。

(1)重要性

根据酒店实际经营管理的需要,明确影响酒店生产经营活动最为薄弱的设施设备,集中人力、财力和物力优先对这些关键设备进行更新改造。

(2)实用性

经过更新改造的设备要切实符合岗位工作的实际需要,切忌盲目追求设备的技术先进性而不实用的行为。

(3)可行性

在进行设备更新改造之前,要进行技术、效率、安全、环保、节能等方面的调查研究和比较,对采用的新技术、新工艺必须进行相关技术论证,确定其是否可行。

(4)经济性

更新改造设施设备必须遵循最大产出、最少投入的原则。

(5)环保性

酒店更新改造的设施设备必须符合国家相关环保技术指标要求。

2)设备更新与改造的程序

设备更新与改造的程序包括 4 个步骤:编制计划、进行可行性分析、编制任务书和实施更新改造。

(1)编制计划

根据酒店各经营管理部门工作的重要性以及设备的具体情况,确定设备更新改造的重点以及先后优先顺序;确定了重点更新改造设备以后编制设备的改造更新计划。

(2)进行可行性分析

对列入改造更新计划的设备需要在技术和经济上进行可行性分析。能够通过大修或技术改造恢复技术性能的设备可以采取改造措施;而对于大修或改造不能满足相关技术性能要求的设备应采取更新措施。对于改造或更新设备的新技术、新工艺应进行相关技术论证以选择最佳方案。

(3)编制任务书

确定了更新、改造设备以后要编制任务书,对于改造更新设备的时间、资金安排、程序等做出详细的安排。

（4）实施更新改造

设备更新、改造任务书经酒店相关部门批准以后，由工程部牵头具体组织实施。

10.3.4 设备的资产管理

酒店设备资产管理指对酒店设备财产的形态和状况进行管理，了解酒店设备财产的分配、归属、运行状况，为固定资产的折旧和大修理计划的制订提供依据。设备资产管理的主要工作有以下几方面。

1）设备分类编号、登记和保管

对酒店设备进行科学的分类编号有利于加强设备管理工作，设备编号由两部分组成，基本编号和附加编号。基本编号用于区分不同种类的编号，例如用 A、B、C、D 或甲、乙、丙、丁等代号代表不同类型的设备；附加编号用于区分大类下的细类设备类型，如用 a、b、c、d 或 1、2、3、4 等标识。通过设备编号应使每个设备都以编号的形式在账上有名，以便于管理。

每台设备进入酒店后都要进行设备登记，登记的内容包括设备台账、设备卡片和设备档案。设备台账有三种编制形式：按购入时间先后形成财务部的固定资产台账、按使用时间形成使用部门设备使用台账、按设备的系统顺序形成工程部的设备台账。设备卡片是设备资产的凭证，在设备验收移交、正式运行时工程部、财务部、使用部门应建立相应的设备卡片。设备台账和设备卡片由设备使用部门保管，凡发生设备变动、损坏、报废、出售、提取折旧等，均要同时在设备台账上登记。设备档案是对设备进行全过程管理的所有文字、图片、图纸、照片等资料的集合。设备资产资料的保管工作是对设备资产管理的重要内容。所有设备资产资料要登记在册，并作为档案保管；每套技术资料要有与设备相应的编号，以便查找。技术资料由工程部集中保管，设备的使用说明书等文件资料可直接交给使用部门。

2）设备处理

酒店设备处理指对酒店闲置不用或淘汰的尚有使用价值的设备进行有偿出售或在酒店之间互相调剂使用。设备处理由设备使用部门提出意见，报主管部门或总经理批准后由工程部具体实施。

3）设备报废

设备报废指对超过核定的使用年限或损坏无法修复的设备办理报废手续。设备报废由设备使用部门提出申请意见，由工程部会同有关技术人员进行技术鉴定确认，经总经理批准后报废。

第11章 酒店信息管理

【学习目标】

通过本章的学习,学生应该能够:

1.熟悉酒店信息系统的基本概念

2.熟悉酒店信息系统管理的内容和意义

3.熟悉酒店管理信息系统的结构和功能

4.熟悉酒店信息系统开发的规划

5.熟悉酒店信息系统开发的方法

6.熟悉酒店信息系统的安全维护

【关键术语】

◇ 系统开发 System Developing

◇ 系统维护 System Maintenance

◇ 酒店信息系统 Hotel Information System

◇ 酒店管理信息系统 Information System of Hotel Management

【开篇案例】

FIDELIO——独霸鳌头的酒店管理系统

Fidelio Software GmbH 于 1987 年 10 月在德国慕尼黑成立,时至今日,已跃居世界酒店管理系统供应商之首,排名全球前列的国际性酒店连锁集团如万豪、雅高、凯悦、希尔顿、香格里拉等都是 Fidelio 产品的忠实用户。所有 Fidelio 系统皆具备丰富的接口功能,如收款机(POS)、电子门锁(Electronic Door Lock)、电话计费系统(Call Accounting System)、收费电视(In House Movies)、小饭吧(Mini bar)、信用卡(Credit Card)、语音邮件(Voice Mail)等,务求灵活地配合酒店的特殊环境的要求。

传统的酒店管理系统软件的前台系统与后台系统的划分,基本上是基于酒店职能部门的设置。这使得软件本身与实际管理实践之间的差异相对明显,而且难以克服。Fidelio 各种产品的划分思想则完全基于数据流,这使得用户可以更活泛地利用 Fidelio 系统为自己的管理服务而不失去固有的风格和传统。在管理的深层次上对数据流实施控制和动态分析，使得提高酒店的利润、降低工本成为可能。

（资料来源：人人网"饭店管理系统（FIDELIO Hotel Management System）"，http://blog.renren.com/share/235286993/1790257919）

酒店的发展不仅依赖于物质资源和人力资源的合理配置，同时也依赖于各种信息资源的有效管理。酒店信息系统是以酒店信息为基础，以提高效益和效率、辅助管理和决策为目的的酒店管理的重要技术支撑，它是酒店经营管理现代化、信息化的重要标志。随着信息技术的日益发达，酒店信息系统的功能也在不断完善，如何对酒店信息系统开展有效的管理，成为关系酒店企业经营和管理水平高低的重要因素。

11.1　酒店信息系统

11.1.1　酒店信息系统概述

1）酒店信息系统的概念

信息系统是以加工处理信息为主的系统，它能对数据进行收集、存储、处理、传输、管理和检索，并能向有关人员提供有用信息。信息系统集组织内部各类信息流为一个系统，将整个系统中各个组成部分有机的联系在一起，它与整个系统的质量和运行的情况密切相关。信息系统可以是手工处理，也可以是计算机处理。作为现代信息科学技术的产物和结晶，计算机可以大大地提高信息的功能和效率。建立在以计算机为基础之上的信息系统是未来社会发展的必然趋势。

酒店是由以上各个部门、部门之间及部门与外界的相互关系所构成的一个完整系统。酒店信息则是存在于整个酒店系统的每一个部门和要素之中，因而就构成了庞大的酒店信息系统。该系统需要经过专业人士的开发和管理才会形成可以看得见和可以操作的实体。酒店信息系统作为一个高级复杂的系统，更是离不开计算机和网络的帮助。系统的观念、数学的方法和计算机的应用是酒店信息系统的三大要素，这同样也是管理现代化的重要标志。因此，本章主要讨论以计算机、网络及其他办公设备为基础的酒店信息系统的管理。

2）酒店信息系统的特征

（1）整体性

这是系统区别于单一个体的基本特性，系统是由两个或两个以上的部件组成。这里的整体性是指系统的整体效果大于局部效果之和的特性。组成酒店信息系统的各个部件虽然有自己的特性和相对独立性，但它们并不是一个简单的集合，各部件都应根据一定的逻辑统一性而存在，各部件相互协调产生总效果大大优于各部件独立工作的效果。

（2）相关性

酒店信息系统中的各个部分之间不是彼此完全独立地、静止地处在系统中，而是按照一定的逻辑关系连接在一起，相互联系、相互制约，实现共同的系统目标。也就是说整个酒店信息系统的目标是通过一定的逻辑关系,让各要素的功能得以实现。

（3）目的性

酒店信息系统的目的性是指系统有某种特定的目标,即为酒店经营管理活动提供支持和帮助,它的一切行为都是为了实现这个目标。

3）酒店信息系统的基本功能

酒店信息系统的基本功能和其他信息系统是一样的,即数据的输入、数据的存储、数据的处理、数据的传递、数据的输出。

（1）数据的输入

数据的输入是酒店信息系统发挥其功能的重要前提。它的主要工作是把分散在酒店系统的数据收集并记录下来,整理成适合信息系统要求的格式,并将整理好的数据通过信息输入设备存入酒店信息系统中。

（2）数据的存储

为了突破酒店信息时间和空间的限制,酒店信息系统必须具有数据存储的功能,以及时发挥提供信息、支持决策的作用。因此要将各类有价值的酒店信息存储在系统中,以便需要时及时进行调用和更新。

（3）数据的处理

首次输入的数据带有很大的原始性,酒店信息系统必须对这些原始数据进行加工处理,以便得到某些更加符合要求的信息。数据加工处理的方法不仅包括简单的数学运算,也包括统计学和运筹学中的各种检验和预测方法。

（4）信息的传递

酒店信息系统覆盖整个酒店,具有较大的规模,因此系统必须具备信息的传递功能,信息只有在传递的过程中才能真正发挥作用。因此要健全信息传输系统,加强系统控制,提高信息传递的快速性和可靠性。

（5）信息的输出

酒店信息系统的主要价值是给酒店管理者提供决策支持,因此,系统必须及时准确地向管理者输出信息,否则就无法实现其自身的价值。信息的输出要符合管理者的使用要求,这将大大提高酒店的管理效率。

11.1.2　酒店信息系统管理

1）酒店信息系统管理的意义

（1）提高经济效益

借助现代科技的酒店信息系统,不仅可以降低酒店运营成本、提高管理效率、全面整合酒店信息,而且数字信息产品培育了酒店新的营业收入增长点。信息技术的使用,使得管理者可以随时掌握酒店的经营状况,增强各部门之间的协作,从而可以大大简化传统酒店运行中的流程,降低酒店人力资源成本。虽然酒店信息化是一项耗资巨大的系统工程,但它给酒店带来的总收益将远远超出其成本。

（2）强化核心竞争力

信息时代互联网的发展和应用，改变了酒店的营销方式、拓宽了营销领域、丰富了营销技术，如何借助网络的信息化平台开展酒店网络营销、开展有特色的服务、优化酒店管理的流程，成为酒店业竞争的新内容。同时，企业经营管理的思想和理念可以说是酒店的核心竞争力之所在，酒店信息化建设的过程也是贯彻实施管理理念的重要途径，谁先采用了先进的科技手段，谁就能增加自身的核心竞争力，谁就能抢占市场的先机。

（3）适应未来发展需要

从目前我国酒店的客源市场构成来看，随着中国对外开放和参与国际经济交流和合作的不断深入，旅游业的蓬勃发展，来华外国客人的数量逐年增加，世界旅游组织预测，中国将在 2020 年成为世界最大旅游目的地，接待旅游者人数将达 13 710 万人次，庞大数量的接待任务需要高效率的信息流程管理，尤其是商务客人的数量将有较大的增长，信息化商务酒店将为客人营造良好的网络环境，顺应我国制定的旅游信息化战略决策，更好地适应未来酒店发展的需要。

2）酒店信息系统管理的内容

酒店信息系统是随着酒店不断现代化、科技化、信息化而逐步发展起来的新生事物。它存在于酒店的每个部门和环节，但由于它不像生态系统那样显而易见，所以一直不能被人们完全认识。它是人们从酒店经营和管理中不断积累经验，综合应用信息论学、系统工程学、逻辑学原理和旅游学等多门边缘性学科知识的成果。酒店信息系统管理包括 3 个方面的内容。

（1）酒店信息系统开发过程的管理

酒店信息系统的开发是一个长期而又复杂的工程，需要投入大量的人力、物力和时间。不仅要对原有系统进行详细的调查，还要规划、设计、建立新系统，这就需要有效的计划、组织、领导和控制所拥有的资源，实现最终的目标。

（2）酒店信息系统开发完成后的运行维护管理

完整的酒店信息系统包括了搜集、整理、处理、存储和应用等多个环节，涉及了酒店的各个部门。系统的维持必须要有配套的管理活动，否则信息系统难以达到辅助管理、辅助决策的目的，便失去了存在的价值和意义。所以，应有专人进行系统的管理和维护，防止计算机病毒的入侵，排除系统存在的故障。

（3）酒店信息系统使用过程的创新管理

由于酒店处在一个变化的社会环境中，周围的情况在不断地发生变化，在开展酒店信息系统管理时各种因素不可能完全考虑进去，有些功能会被淘汰，或增加了新的功能需求，在系统运行的过程中要根据实际情况加以升级和扩充，否则将会因为脱离实际而无法生存运行，缩短系统的生命周期，这就是酒店信息系统的创新。

11.2　酒店管理信息系统

管理信息系统（Management Information System，MIS）是一个不断发展的新型学科，MIS的定义随着计算机技术和通信技术的进步也在不断更新，在现阶段普遍认为 MIS 是由人和计算机设备或其他信息处理手段组成，能进行收集、传递、储存、加工、维护和使用的系统，它能辅助企业做出决策,能利用信息控制企业行为,能帮助企业实现规划的目标。按照组织职能可以划分为:办公系统、决策系统、生产系统和信息系统;按照信息处理层次可以划分为:面向数据的执行系统、面向价值的核算系统、报告监控系统、分析信息系统、规划决策系统,自底向上形成信息金字塔。

酒店管理信息系统属于管理信息系统的一个重要分支,其主要功能是实现计算机管理系统在酒店中的具体运用。它是在数据处理基础上发展起来的面向酒店企业的一个集成系统,是反映动态管理过程全貌的一个集合体。

11.2.1　酒店管理信息系统的概念

酒店管理信息系统(Hotel Management Information System,HMIS)目前还没有严格的学科定义。查良松教授在《旅游管理信息系统》一书中将其定义为:"酒店管理信息系统是一个利用计算机技术和通信技术对酒店管理信息进行综合控制的、以人为主体的人机控制系统,即酒店管理信息系统=计算机技术+通信技术+酒店信息。"

我们可能经常会把酒店管理信息系统和酒店信息系统管理这两个概念弄混淆,在这里有必要对它们的区别和联系进行分析。酒店管理信息系统和酒店信息系统管理虽然在字面上没有什么区别,但在意义上确有很大差异。前者的侧重点在"系统",它是对酒店信息进行管理的一种工具和手段,是一个静态的概念;后者的侧重点在"管理",它是酒店管理工作的一个重要方面和环节,是一个动态的概念。它们之间也存在一定的联系,两者都属于酒店管理的研究范畴,对后者的研究包含着对前者的研究,后者的顺利开展必须借助前者这个有效的工具。因此,我们有必要在这一节重点探讨一下酒店管理信息系统的有关问题。

11.2.2　酒店管理信息系统的特征

酒店管理信息系统是为酒店经营服务的辅助管理工具,是酒店信息化的主要手段。它的主要特征有以下4个。

1)辅助性

酒店管理的主体还是人,计算机只是数据处理的辅助工具。酒店管理信息系统通过对酒店各种相关信息进行收集、处理和传递,最终还是为管理人员的战略决策提供信息支持,辅助他们作出正确的决策,以达到有效实现酒店组织目标的目的。通过它的辅助管理,能使酒店管理更加科学化,日常事务处理更加有序、更加规范、更加准确。

2)开放性

酒店管理信息系统的开放性体现在它是一个具有信息输入、输出功能的开放式系统。它的输入体现在对各种票据、登记账单、报表等原始信息的采集、录用,输出体现在通过技术处理后的各种统计报表、汇总表等有用信息的显示、使用。通过对信息的输出和输入不仅能够对环境进行分析并适应环境,而且能够在一定范围和程度上改造环境,促进酒店积极营造有利于自身发展的环境。

3)层次性

现代酒店管理具有明显的等级层次,可以划分为基层业务管理、中层经营管理和高层决策管理。作为酒店管理的信息化工具,酒店管理信息系统与之相对应的也可以分为基层、中层和高层三个层次。其中基层子系统主要是录用和管理一些基础数据以提高酒店工作效率和服务质量;中层子系统主要管理综合数据以提高管理效率和管理精确度;高层子系统则主要根据系统输出的结果信息作出酒店发展战略决策以提高经营管理的效益,如酒店营销策略制定、发展战略规划、成本控制决策等。

4)反馈性

酒店管理信息系统是对酒店的具体业务信息进行综合控制,而酒店的经营环境处于不断的发展变化之中。因此,必须根据酒店管理信息系统输出的结果信息与外界的信息及时调整内部处理方式或扩充相应处理功能。这样可以保证系统输出的结果更加精确、实用。

11.2.3 酒店管理信息系统的结构

1)酒店管理信息系统的概念结构

酒店管理信息系统从概念上看,由 4 个部分组成,即酒店信息、信息处理器、系统管理者和信息享用者,如图 11.1 所示。

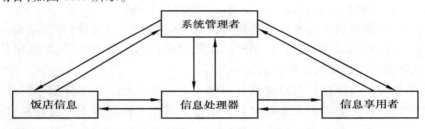

图 11.1 酒店管理信息系统概念结构图

2)酒店管理信息系统的逻辑结构

管理信息系统的逻辑结构是指从收集和加工信息的体系来看管理信息系统的结构,也就是从收集和加工信息的角度来看系统中逻辑部分的组成及其之间的相互关系。我们可以从纵向和横向两个方面来理解。纵向结构是基于管理层次的管理信息系统结构,即酒店管理信息系统可以按管理活动的层次分为 3 个层次即高层(战略与决策)、中层(管理控制)和基层(作业控制与业务处理)。横向结构是基于管理职能的管理信息系统结构。酒店管理信息系统根据酒店各个不同职能部门可以划分为预订接待、财务审核、客房中心管理、餐饮娱乐管理、总经理查询、财务管理、人力资源管理、工程设备管理和仓库管理等几个子系统。

3)酒店管理信息系统的物理结构

酒店管理信息系统的物理结构是指系统的硬件、软件、数据资源在空间上的分布情况,也就是硬件系统的拓扑结构。酒店管理信息系统的物理结构一般有三种:单机批处理、集中式和分布式。早期的酒店管理信息系统都是单机批处理结构,即只在一台电脑上安装了管理信息系统,每次只能一个人对数据进行操作,因而数据的共享和实时处理性能较差;集中式结构采用一台小型计算机作为主机,各终端可以与主机联系,进行各类数据处理作业,但各终端只能作为数据的输入、输出,不能直接进行数据处理;分布式结构产生于 20 世纪 80

年代,通过网络将各个工作站连接在一起,工作站不仅可以单独处理数据,还可联机入网,在服务器内处理数据。其优点在于结构价格低,安全可靠性相对较高,资源利用率高,系统的开发、扩充、维护都比较方便。

4)酒店管理信息系统的功能

酒店管理信息系统是在系统性的进行信息采集、归类、整理和处理的基础上,集中统一管理酒店信息及其流向。酒店是一个综合性的服务企业,必须具备完备的功能支持系统运行。因此,酒店管理信息系统设计的首要步骤是进行功能需求分析,其分析的结果直接影响信息系统功能的完整性、可靠性和整体效率。酒店管理信息系统分为前台和后台两部分,因此,本章将分前台系统和后台系统进行功能分析。

(1)前台系统的功能

①预订子系统。预订是客人与酒店接触的第一步,其目的是提高酒店的开房率,为客人预留房间,提供良好的预订服务。预订分为散客预订和团队预订。

散客预订的功能包括散客信息的输入、修改、取消和查询等。可以根据散客现有信息预订,也可以根据散客的历史档案进行预订,当客人的预订要求不能满足时,系统必须提高"转酒店"功能。当预订被取消后,系统还必须有预订恢复的功能。

团队预订的功能需求比散客预订稍显复杂,在其基础上需要增加许多功能。如团队主单输入、修改、删除的功能,团队预留房分配、团队付款代码定义的功能,团队房价定义修改功能,团队成员信息批量输入和批量修改功能等。

②接待子系统。接待是酒店通过总台向客人销售客房及其他综合服务的最重要环节,决定着酒店的潜在客人能否成为实际客人。接待人员在工作任务上也具有预订的职责,因此接待子系统同时也应该具有预订的全部功能。接待也分为散客接待和团队接待。

散客接待子系统必须具备各种形式的接待功能。如已预订的散客接待、无预订的直接接待、回头客的接待、在住客人的信息修改、在住客人的信息查询、到期客人的续住等。

团队接待子系统的功能更加复杂,它必须处理团队主单、团队价格、团队预留房、团队成员等信息,同时还必须具备团队成员信息的修改、主单信息修改、团队返回重新入住以及付款方式处理等功能。

③结账子系统。结账子系统的主要功能是处理客人账务,具体功能有客账输入、调整和冲账,各种付款方式的处理,客人结账退房,临时挂账处理,提前结账处理,外币兑换,应收账务管理,各种账务报表管理等。

④稽核子系统。稽核子系统的主要功能是对酒店经营业务的总结,以确保准确地将客人的费用过入相应的账户,并核对酒店当天发生的各项费用及其单据。其具体功能包括交接班、酒店账务处理、日营业报表、夜间处理、每日数据备份等。

⑤客房管理子系统。客房是酒店为客人提供安全、舒适、便利的居住环境和配套设施服务的重要体现,客房管理信息系统是实现酒店信息化经营管理的工具,它能提高客房管理的效率和服务质量。客房管理子系统的主要功能有修改客房状态、客房过账管理、客房耗材管理、拾遗物品管理、客房历史查询、客房维修管理和客房部内部管理等。

⑥公关销售子系统。公关销售是酒店扩大组织影响,建立良好客户关系的重要途径。公关销售子系统的主要功能有房间预订、餐饮预订、客人档案管理、黑名单管理、贵宾卡管

理、客源市场分析和预测、销售业绩统计等。

⑦总经理查询子系统。总经理必须要对酒店整个管理信息系统中所保存的各种信息全面了解并加以充分利用,为管理决策提供可靠的依据。总经理查询子系统的主要功能有各种预订、接待信息查询,销售、经营分析,质量检查,成本费用查询,客房、餐厅、会议室使用情况查询,人事、工资信息查询,客源市场信息查询等。

(2)后台系统的功能

①财务会计子系统。酒店财务会计是通过对企业经营管理过程中表现出来的资金运动进行核算,全面反映和监督企业经营管理的全过程,它是酒店经营活动的中心。财务会计子系统的主要功能有科目管理、期初处理、会计凭证录入、凭证管理、平整预结算、凭证审核过账、输入明细分类账、账目报表查询、系统维护等。

部门经理助理主要职责包括协助设备管理部门经理工作,传达部门经理的工作指令,完成部门经理临时交给的各项任务;按制度要求,对设备管理部门进行工作考勤,并对各技术岗位的完成工作量情况和工作质量情况向部门经理汇报;建立设备管理的信息档案,及时检查各种设备运行的报表数据,定期整理上报;对于需要集中排除的设备故障应协调设备管理部门各班组间的关系,集中力量解决。

【案例启迪】

丽都假日酒店的财务信息化

北京丽都假日酒店是中国第一家假日酒店,共有 5 层、433 间客房和套房,包括行政俱乐部楼层的 89 间客房,专为商务旅行人士度身设计。庞大的部门体系使其涉及的业务复杂多样,情况变动频繁,财务分析工作异常紧张繁重。财务部需要在短时间内处理完大量数据和报表,并将分析结果及时上报个酒店决策层。而由于时间、精力等的限制,很多分析容易浮于表面,难以透过数据得到更深、更广的分析结果。为此,北京丽都假日酒店采用了"智能化财务分析系统(集团版)",该软件不到 20 分钟便可完成从数据导入到最后导出几十页图文并茂的财务分析报告的全过程。以往财务人员手工需要几天几夜才能做完的事情,智能化软件只需用一二十分钟,其分析结果的准确性,也通过了高级财务人员的验证。

(案例来源:贵阳酒店网.财务管理智能化助推旅游业. http://www.svec-tvro.com/xiandaijiudian/200810/29-123.html)

②固定资产管理子系统。酒店拥有大量固定资产,必须对其严格管理。固定资产管理子系统的主要功能有固定资产卡片维护、选择计提折旧的方法、编制固定资产凭证、月底自动转账、固定资产使用和折旧情况查询等。

③采购管理子系统。采购管理的好坏将直接决定酒店经营成本的高低。采购管理子系统的主要功能有仓库、部门、币种编码管理,供应商代码管理,采购文件管理,供应商管理,收货单管理,订货单管理,采购计划查询,库存量查询,计划执行报告等。

④工程设备管理子系统。工程设备管理是酒店后台管理的重要内容,它将直接影响酒店的经营效益。工程设备管理子系统的主要功能有设备申购管理、设备维护管理、设备报修

管理、能源登记管理、能源使用分析管理、绿色酒店管理、设备供应商管理等。

⑤人力资源管理子系统。人力资源是酒店最重要的资源,对其有效的管理能大大提高酒店的工作效率。人力资源管理子系统的主要功能有员工人事档案的管理、考勤管理、人员调动管理、工资管理、工资相关报表管理等。

11.3 酒店信息系统的开发

11.3.1 酒店信息系统开发的特点

1)酒店信息系统的开发以酒店组织结构的实际为出发点

不同类型旅游企业信息系统的功能需求、具体形式及运行机制是不完全相同的。因此,信息系统开发应针对特定类型旅游企业的实际需求出发,符合其业务流程的特点,这就要求酒店信息系统必须符合酒店业务特性的原则。酒店信息系统中包括接待登记、餐饮、收银、库存、查询、报表、人员管理、系统维护等操作模块,在进行酒店信息系统开发时就应该以酒店组织的结构和功能为出发点,针对特定的客户需求开发出真正符合用户需求的信息系统。

2)酒店信息系统的开发以健全的管理环境为前提

合理的管理体制、完善的规章制度、科学的管理方法和完整准确的原始数据,是酒店信息系统合理开发的必要前提。没有健全的管理环境,就无法确保酒店信息系统的有效运作。因此,酒店管理环境的建立与健全为酒店信息系统的开发奠定了基础;反之,酒店信息系统的开发与运行又将指导酒店企业的管理活动,二者相辅相成、共同发展。

3)酒店信息系统的开发以一定的物质条件为基础

任何一个管理信息系统的开发都必须具备一定的物质条件,需要相应的财力支持。酒店信息系统的开发将涉及多方面的费用,如设备费:包括计算机的硬件、软件、网络通信设备、空调、电源、机房等的购置费用;开发费:包括开发人员的工资、编程和调试费、操作

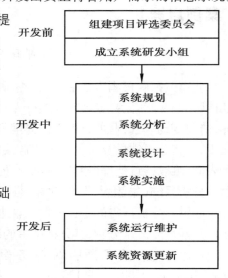

图 11.2 酒店信息系统开发的步骤结构图

人员培训费,以及其他一些费用等。因此,一定的物质条件是酒店信息系统开发的基础。

11.3.2 酒店信息系统开发的步骤

信息系统的开发是一个有组织、有计划的过程。酒店信息系统的开发与一般信息系统的开发在过程上具有相似性,主要经历三个阶段:开发前的准备阶段、开发中的研究阶段和开发后的维护阶段。

图 11.2 列出了酒店信息系统开发的主要步骤,看起来比较简单,然而在实际工作中却

非常烦琐,涉及的内容也相当广泛,重点包括以下内容。

1)组建项目评选委员会

项目评选委员会是系统开发的最高决策机构,又是系统开发的主要咨询机构。该委员会的主要工作是根据酒店的实际工作需要确定系统开发的目标,审核批准系统开发的方案,验收鉴定系统开发的成效等。其中人员构成应该包括专门负责管理信息系统开发的各级管理者,有经验的系统开发专家及管理专家等,由他们对信息系统开发的全过程负责。

2)成立系统研发小组

系统研发小组是由各行各业的专家组成的。包括管理专家、计划专家、运筹专家、计算机专家、系统分析员等。这些小组成员可以从外单位聘请,也可是本公司的员工。该研发小组的主要任务是完成整个系统开发的总体规划、系统分析、系统研发,这些是酒店信息系统开发中最核心的部分。因此,研发小组是管理信息系统开发的主力军。

3)制订系统开发规划

信息系统开发的总体规划是整个系统开发的指导性文件,同时也是酒店战略规划的重要组成部分。做好系统开发规划意义十分重大,决定着信息系统开发的成功与否。系统开发规划的制定包括以下步骤:

①提出初步的新系统开发目标,向项目委员会提交申请书。

②获得批准后,再对现有系统进行调查分析。

③从调查分析得出的结论提出新方案,完成系统设计。

④通过可行性研究确实可行后,确定系统开发的方案并制订开发计划。

⑤按计划组织实施信息系统的开发。

4)维护与更新系统运行

系统开发完成之后进入酒店信息系统的试运行阶段,需加强系统运行的维护管理工作以确保系统运行的良好状态。为此,应该由专人负责对酒店信息系统的维护与更新,在排除运行故障的同时,根据环境和用户需求的变化,不断更新和健全系统的软硬件,完善系统的信息管理功能,增强系统的生命力,延长系统的生命周期。

11.3.3 酒店信息系统开发的规划

总体规划是酒店信息系统开发中的首要阶段。由于酒店信息系统的开发是一项耗资大、历时长、技术复杂且学科交叉的系统工程,因此,在开发初期必须以整个系统为分析对象,确定系统的总目标、总要求、主要功能结构、性能要求、投资规模、资源分配、可行性分析等,对系统开发进行全面规划。

1)开发项目的申请

(1)项目申请者

项目申请者有内部和外部两方面:酒店的内部申请者可以是部门经理、高级管理人员和系统分析师;外部申请者是政府代理人。申请者根据申请的不同理由,可以建立全新的酒店信息系统,或者完善现行的系统。

（2）项目申请书的内容

由用户或者系统分析师向项目评选委员会提出的开发项目申请书,是系统开发研究的重要依据。尽管申请书的格式可能各不相同,但其大致内容基本相同,主要内容包括:①背景的介绍。②问题的提出。③问题的重要性和必要性分析。④提出初步解决问题的方法。⑤其他一些相关情况的介绍。

2）开发项目的初步调查

开发项目的初步调查集中在酒店组织的概况上,包括对酒店当前的经营管理体系概貌、运行状况和开发条件的调查。主要是为新系统的目标确立收集原始资料,做好准备。如果酒店当前已经拥有一个信息系统,还包括对这个系统的调查。

（1）调查的对象和目的

初步调查的调查对象主要是组织中各主要部门的领导或业务负责人。主要目的是调查各部门的业务概况、管理流程、主要信息需求及各部门之间的信息联系、存在的主要问题等。

（2）调查的内容

①组织机构概况。了解酒店的发展历史、目前规模、组织机构、组织目标、经营状况、管理体制和管理水平等。

②用户需求分析。初步调查的第一步就是要从用户提出新系统开发的缘由、用户对新系统的要求入手,考察用户对新系统的需求,预期新系统要达到的目标。

③企业当前的运行状况。了解酒店的内部和外部环境及其对企业运作的影响。重点调查现行酒店信息系统的目标、功能、技术水平和人员配备等。

④新系统的开发条件。初步调查要为新系统开发的可能性提供充分的依据,应该从多个方面入手,准确客观地判断开发条件是否具备。具体从以下几个方面入手调查。

A.员工持什么样态度。主要调查企业领导、广大管理人员和管理部门对开发新系统的态度,了解各方对现行系统是否满意,有什么意见和要求等。

B.目前的管理环境是否完善。管理环境是建立酒店信息系统的基础,包括管理部门的机构是否健全,职责与分工是否明确合理,规章制度是否齐全、各项主要管理业务是否科学合理等。

C.可提供的资源状况。包括可投入系统开发的人力、财力、物力以及计算机设备、通信设备、辅助设备的配备及使用情况等。

D.约束条件。主要是指一些不以系统开发人员的主观愿望所决定的客观条件。

3）开发项目的可行性分析

在项目目标已经确定、对系统的基本情况又有所了解的情况下,为避免盲目投资,减少不必要的损失,在大规模行动之前要对开发项目进行可行性分析。可行性分析是根据系统的环境、资源等条件,判断所申请项目的必要性和可能性。

（1）分析开发新系统的必要性

所谓必要性是指客观上是否需要开发新系统。例如,随着酒店的发展壮大,市场竞争的加剧,进行决策管理的信息需求量增大;或是公司业务扩展,顺应电子商务发展的潮流等。用户可能基于各种原因,提出研制开发新系统的要求。

（2）分析开发新系统的可能性

所谓可能性就是指开发的条件是否具备，通常从以下几个方面去分析。

①技术可行性。主要根据现在的技术设备条件以及准备投入的技术力量和设备，分析系统在技术上实现的可能性。

②经济可行性。经济可行性是一条最基础的标准，没有资金，再好的项目也是空谈；得不偿失的项目也没有必要去考虑开发。除了研究开发与维护新系统所需要的费用能否得到保证外，还需要研究新系统将要带来的各种效益、开发成本与维护费用之间的关系。

③运行可能性。一方面，由于新的酒店信息系统的使用将给酒店的组织机构、管理体制、管理思想、工作环境等方面带来变化，这就要考虑酒店的员工是否愿意接受它；另一方面，酒店信息系统是人机系统，没有各种使用者的有效合作，是无法正常运行的，要对员工进行基本的计算机操作培训，让他们能够更加胜任自己的工作。

④社会适应性。由于信息系统是在社会环境中工作的，除了技术因素和经济因素之外，还有许多社会因素对项目的开展起着制约的作用，因此在系统开发过程中应对社会适应性加以关注。

（3）可行性报告

可行性报告是项目开发总体规划的书面文档，是总体规划的结论。可行性分析的直接目标就是完成可行性研究报告。从分析完成报告到审批报告，整个工作是一个收集信息、综合分析、判断决策的复杂过程。对于投资方而言，这个最终的结果报告，将作为其决策投资以及确认有关项目计划和项目经济合同的依据。可行性报告的内容和形式，因具体的项目而有所不同，信息系统开发的可行性报告大概包括以下内容。

①概述：说明系统的名称、用户、开发者。

②管理信息系统建立的背景、必要性和意义。

③新系统的目标、规模、主要功能。

④新系统的初步实现方案，一般要求提出一个方案和几个辅助方案。包括：拟建系统的目标，系统规模、组成和结构，系统的实施方案，投资方案，人员培训方案等。

⑤可行性分析。

⑥结论。

⑦如果可行性分析结论是可行的，写出系统开发计划。

从客观上讲，可行性报告的结果并不一定是可行的，也可以是不可行的。但人们提出可行性报告，自然是打算进行该项目的开发，也就是以为它是可行的，可行性研究的目的，就在于判断它是否存在问题。若不可行，可以对项目作一些局部的修改，如修改项目的目标、追加某些资源或等待某些条件的成熟等，项目就可以成为可行的。

4）开发项目实施计划的制订

酒店信息系统开发项目实施的工程计划，从系统工程角度分析包括5个方面内容：工程进度计划、工程组织计划、工程基础条件计划、工程验收计划和工程成本费用计划。

（1）工程进度计划

酒店信息系统的设计和开发，涉及系统规划、系统分析、系统设计和系统实施等多个步骤，其工程所需的时间一般在一年以上，经过2~3年的不断调试才可能成熟。因此需要制订工程进度计划,以保证系统开发人员的工作效率。

（2）工程组织计划

工程组织计划主要是指满足工程进度计划所涉及的各项工作的人员安排和协调性工作安排。计划中应适度明确各级工作的负责人,全面考虑工程中涉及的部门、岗位、工作难度等,做好各部门中不同岗位之间的协调。

（3）工程基础条件计划

一方面要明确开发项目的基础设备要求,包括所需的计算机网络、计算机软件平台、中心机房等各项设施条件;另一方面要确认开发系统所需的资料、数据、标准化规范等。

（4）工程验收计划

在初步调查、系统定义和可行性研究的各个过程中,要逐步确认项目验收标准,科学确定项目验收日期。在制订工程验收计划时,对工程验收日期和验收标准不能有丝毫的含糊,不然会使工程延误甚至失败。

（5）工程成本费用计划

工程的成本费用与工程进度、工程的人力投入以及工程的基础投入都有直接关系。在实际工作中,这些费用既包括一次性投入,也包括经常性投入,此外还有工程中不可预见费用的发生或不可抵抗因素的开销。

11.3.4 酒店信息系统开发的方法

信息系统开发的总体规划是对整个系统开发过程的设想和计划。在实际的开发工作中,我们还需要运用科学的方法指导酒店信息系统的具体开发。西方一些工业强国,如美国、日本、西欧等对信息系统的开发方法进行了不断地探索和研究,形成了几种比较成熟的方法,如生命周期法、原型法、面向对象法和结构化系统开发方法。我们可以充分借鉴这些方法来指导酒店信息系统的开发。

1）生命周期法

（1）生命周期法的概念与特点

生命周期法（Life Circle Approach,LCA）是国内外信息系统开发最常用的方法。因为任何一个软件都有它的生存期,是指软件项目从提出,经历分析、设计、运行和维护,直至退出的整个时期。生命周期法将软件工程和系统工程的理论和方法引入信息系统的研制开发中,将信息系统的整个生存期视为一个生命周期,同时又将整个生存期严格划分为五个阶段,这样就可以分阶段、分步骤地进行信息系统的开发。生命周期法主要有以下三大特点。

①采用系统的观点与系统工程的方法,自上而下进行系统分析与系统设计,并自下而上进行系统实施。

②开发过程阶段清楚,任务明确,文档齐全,使得整个开发过程便于管理和控制。

③采用最常见的结构化的分析与设计方法,易于系统的实施,便于系统的维护。

（2）生命周期法的阶段与任务

生命周期一般将信息系统的生命周期划分为5个阶段:系统规划、系统分析、系统设计、系统实施、系统运行与维护。

①系统规划阶段。系统规划主要是由系统分析员和用户讨论了解情况,确定是否有必

要建立一个新的计算机管理系统,还是对原系统作局部改进,通过对酒店情况的调查,从技术、资金等方面进行可行性研究,并将分析结果以可行性报告的形式提交项目评选委员会。

②系统分析阶段。系统分析是指系统开发人员详细调查和分析现行系统的各项业务活动,如系统的运行机制、运行情况、存在问题等,从而构思和确定新系统的基本目标和逻辑功能,完成系统分析报告。这个阶段的工作深入与否,直接影响到将来系统的设计质量和经济效益。

③系统设计阶段。系统设计是指对计算机信息系统内部结构的设计。主要是结合计算机处理技术,对系统中各个组成部分进行具体的设计。包括对处理系统的模块设计、代码设计、数据库设计、子系统设计、输入输出设计、逻辑处理设计等,从而确定信息系统的物理模型。

④系统实施阶段。当实施方案确定之后,项目就进入了具体的实施阶段。这一阶段的主要工作包括各种设备的购置与安装,操作人员的培训、大批基础数据的整理和录入等,在各部分工作完成之后则可以有步骤地验收及调试,进行试运行。

⑤系统运行与维护阶段。酒店信息系统开始正式运行后,随着业务的扩大、社会环境的变化、技术的改进等,需要对系统不断进行升级和维护,使信息系统不断完善,充分满足用户的实际需求。

(3)生命周期法存在的问题

生命周期法作为系统开发的一种理论,在系统开发中得到普遍应用,但也存在一些不足之处,主要表现在以下几个方面。

①开发周期长、效率低,文档资料过多,用户难以真正理解这些文档或说明书。

②开发过程复杂,各阶段审批工作困难。

③在系统开发初始阶段,过于强调用户需求,用户和系统分析人员之间缺乏交流,造成系统需求定义困难。此外,该方法不允许系统开发随着内外环境或用户需求的变化而发生变动。

2)结构化系统开发方法

结构化系统开发方法(Structured System Development Method,SSDM),是结构化分析设计、工程化系统开发和生命周期三种方法的结合。它是迄今为止系统开发中使用最普遍、最成熟的一种方法。

(1)结构化系统开发的基本思想

结构化系统开发方法是一种面向功能的生命周期法,它的基本思想是用系统工程化的观点,将系统开发看作工程项目,有计划、有步骤、自上而下分阶段在结构化和模块化基础上进行。即将系统的总功能逐层分解为多个子系统功能或模块,子系统功能还可分为更细的功能,使模块之间的联系降到最低。

(2)结构化系统开发方法的优点

①可用直观的工具来表达系统的结构。结构化设计方法是提供的系统结构图,不仅可以帮助系统设计人员设计优化应用软件,还可使用户在系统实现前了解系统的总体情况。

②系统开发易于实现。结构化设计将系统承担的总任务由大到小、由繁变简,将一个复杂系统分解成许多小的模块。

③系统可维护性好。因为构成系统的每一个模块规模小且功能单一,模块本身容易得到修改;模块的独立性高,不会由于某一模块的故障而影响其他模块。

3）原型法

（1）原型法的基本思想

20世纪80年代后，计算机技术取得了迅速的发展，各种数据库和开发工具相继出现，在新一代应用软件开发生成环境的支持下，逐步形成了原型化方法。原型法的基本思想是系统开发人员在获得用户基本需求后，借助强有力的软件环境支持，快速的构造一个系统的"原型"，用户和开发人员再对这个原型反复评价、修改，逐步确定各种需求细节，从而最终形成一个用户满意的模型。

（2）原型法的开发过程

原型法是随着用户和开发人员对系统认识和理解的加深，不断对系统进行修改和完善的过程。整个开发过程可以分成下面几个步骤。

①确定初步需求。确定用户的基本需求是指对系统功能、数据格式、报告格式和屏幕界面等的要求。这些要求不需要像结构化方法那样详细，只是概略的描述。

②设计系统原型。在对系统功能初步了解的基础上，系统开发人员可以尽量使用软件开发工具和利用已商品化的软件，迅速设计实现一个软件系统模型。

③试用评价原型。用户亲自试用原型，能较为直观和明确地进一步提出需求，加强和开发人员的沟通。

④修改完善原型。根据用户意见对原型进行修改，然后再试用和评价，这样循环往复，逐步提高和完善，直至用户满意。

4）面向对象法

（1）面向对象法的基本思想

面向对象的开发是一种新的软件开发思想。对象是应用领域的概念，而不是计算机实现中的概念。传统的软件设计把数据与对它们的处理分开，必然使人们在思考问题时还要思考计算机处理的细节，而面向对象技术把数据和对它们的处理组合为对象，并将它们各自模块化，建立起联系，人们在思考问题时就可以脱离处理过程的细节。

（2）面向对象法的开发过程

面向对象的开发方法，也称为对象建模技术。应用面向对象法对酒店信息系统进行开发主要分为以下3步。

①面向对象的分析。从问题的陈述入手，分析并构造与对象有关的各种现实模型，简洁明确地抽象出系统目标。进一步与需求分析对应，导出功能模型、对象模型和动态模型。

②面向对象的设计。只要软件结构是以数据为中心进行设计，遵循面向对象模块分解的基本原则，且以数据操作作为模块界面，都可以认为是面向对象的设计。在系统设计阶段，首先要进行系统的总体设计，即将系统分解成子系统，子系统又分解为模块；然后进行详细设计，即设计对象的数据结构及操作算法等。

③面向对象的实现。所谓实现就是程度设计，在实现这个步骤后还有测试、维护、更新阶段。但面向对象的概念贯穿整个开发周期，因此不必进行不同阶段的意义转换。

11.4 酒店信息系统的安全维护

酒店信息系统的开发是一项复杂而又艰辛的系统工程,不仅要投入大量的资金,而且需要系统开发人员付出大量的脑力劳动。因此,酒店信息系统的安全及其管理就显得非常重要。本节通过分析影响系统安全的因素,提出酒店信息系统安全管理的办法与措施。

11.4.1 酒店信息系统安全的概念

随着信息技术和网络技术的快速发展,经济全球化和网络化已成为一种不可抗拒的潮流,越来越多的个人和企业将商务活动网络化,因而使得信息的处理和传递突破了时间和空间的限制,生产效率得到了显著的提高,世界经济获得了迅速的发展。然而由于信息系统的脆弱性,利用计算机和网络手段进行的犯罪活动日益猖獗,非法访问、网络侵权、黑客攻击、信息走私等活动日益严重,给企业经营甚至国家安全带来了巨大的威胁。信息系统的安全管理成为亟待解决的社会问题。

所谓信息系统的安全,从本质上来说就是网络上信息的安全。信息系统的安全管理包括维持网络正常运行的硬件、软件、系统中的数据和系统的运行四个部分的安全,使之不受到偶然的或者恶意的因素造成部件的破坏、更改、泄露,以此来保证网络服务的畅通无阻。从广义的角度来讲,凡是涉及信息的真实性、保密性、完整性的理论和技术都是信息系统安全管理应该研究的问题。所以信息系统安全管理的内容包括两个方面:一方面是技术问题,主要侧重于防范外部非法用户的破坏;另一方面是管理问题,主要侧重于内部人为因素的管理。

信息系统的安全问题已经成为一个关系国家安全、社会稳定和民族优秀文化继承和发扬的重要问题,其中网络和信息的安全涉及计算机科学、网络技术、通信技术、信息安全技术、应用数学、信息论等多种学科的知识。酒店信息系统是利用信息技术去解决酒店组织中营销管理、企业管理、行业管理等问题,安全问题也一样需要受到重视,需要借鉴其他信息系统安全管理的经验。

11.4.2 酒店信息系统安全的影响因素分析

由于计算机拥有极大的数据存储量和极快的数据处理速度,人们将越来越多的数据资源存储在计算机系统中,使得信息和资源在计算机中高度集中。然而一旦其中的信息或网络遭到破坏或丢失,都将会给社会造成极大的影响。信息系统是以计算机数据处理为基础,因而信息系统的安全也与计算机系统的安全密切相关。分析信息系统的安全因素应该从它的构成出发,分别研究影响信息系统设备(硬件设备)安全、软件安全、数据安全和运行安全的因素。通过分析,可以将对信息系统的安全构成威胁的因素归纳为以下几个方面。

1)影响信息系统设备安全的因素

信息系统设备的安全主要有赖于计算机硬件、存储介质、通信设备和网络线路的安全,要确保他们不受自然和人为因素的影响破坏。

网络的拓扑结构包括总线型结构、星型结构、环型结构、书型结构等,实际的网络又是这些网络结构组成的混合结构,所以很多情况下造成硬件的相互冲突。例如网桥、路由器等大量用于广域网络,而路由器技术和性能目前还受到很大的限制。另一方面,计算机的核心芯片多依赖于进口,不少关键的网络设备也依赖于进口,造成网络安全的缺陷。对于存储介质和通信设备等都有自己使用的条件要求,如温度、湿度、电压等,在操作的时候一定要严格遵循设备的使用说明,对于公用的设施设备更应该爱惜,加强这方面的管理。有实力的酒店组织还应该储备有备用的应急设备。

2)影响信息系统软件安全的因素

信息系统的软件安全有赖于应用软件的程序代码及其相关数据、文档的安全,要保护它们在运行过程中不被任意篡改和非法复制,坚决使用正版的软件。

由于软件程序的复杂性和编程方法的多样性,软件系统中很容易有意或无意地留下一些不易被发现的安全漏洞,会引起极大的网络安全问题,主要包括以下几个大类的问题:操作系统的安全问题、数据库及其应用软件的安全问题、TCP/IP 协议的安全漏洞、网络软件和服务的安全漏洞。同时,从企业内部信息系统的安全运行来说,要加强对员工操作的管理。制定严格的管理制度,避免因操作不当误删除文件,随时备份重要的数据和文件,交给专人保管。此外,要防止系统文件和文档被病毒感染,自动地进行文件删除和修改。

3)影响信息系统数据安全的因素

信息系统的数据安全是指信息系统内存储的数据和资料不被非法使用和修改。

数据和资料对一个系统来说是至关重要的,也是通过信息系统进行管理决策的关键所在,要保证存储的数据不被非法使用。在技术上要防止黑客的入侵、防止信息被窃取和破译;在管理上要明确各级管理部门查阅相关信息的权限,并通过计算机授予查看、修改和管理权限的密码,不得随便让他人查看系统的数据信息,更不能告诉他人系统的密码。

4)影响信息系统运行安全的因素

信息系统的运行安全是一个动态的、综合的概念,它有赖于信息系统的连续正确运行。

首先,酒店的管理者对信息系统应该要有高度的重视,树立信息安全的观念,及时杜绝一些不可抗力因素(如火灾等)的发生;其次,应该改进信息的管理机构的设置,为系统设置具有相当权限和责任的管理机构,并配置足够的人员和资金,提高工作人员的素质,包括操作的技能和责任心;最后应该加强行政管理制度和法律法规的制定,以防范人为因素对安全性所造成的威胁。

11.4.3　酒店信息系统运行的安全维护

1)完善信息系统的管理机构

任何管理活动得到有效实施的前提都是有一个良好的组织。因此要实现酒店信息系统的安全管理也得首先确定相应管理的机构,它是酒店必不可少的部门。如美国的大型酒店组织机构极为庞大,但每个部门均可通过酒店管理信息系统了解到其操作的范围,整个酒店的工作不会发生混乱。然而在我国,酒店信息系统的管理机构在职能地位和人员配备上都存在弊端,需要不断完善以确保酒店信息系统的安全运行。

（1）提高管理机构的职能地位

在我国,酒店信息系统的管理机构在酒店内部的职能地位与其他部门平行。这样虽然可以实现信息资源在酒店企业内部的共享,但系统运行中有关的决策和协调能力却大大降低了,系统运行的安全性难以充分保障。酒店信息系统应该由企业最高层直接领导,作为参谋中心和协调中心而存在,才能够充分发挥信息系统的决策支持和有效指挥作用。

（2）完善管理机构的人员配备

信息系统管理机构的人员配备直接影响着系统的正常工作。一名高素质的工作人员,不仅能够对系统运行进行严格的管理和维护,还会对系统的完善提出合理的建议。按照工作的职责分工,信息管理人员大致可以分为 3 大类:系统维护技术人员、系统日常管理人员和系统业务操作人员。信息系统管理部门的主要成员由前两类人员组成。一般在中小型酒店里,信息系统管理部门的人员较少,系统维护、网络维护、资料管理、员工培训都集中在少数几个人身上,难以确保系统的安全运行,以上这些问题有待进一步解决。

2）规范系统运行的管理制度

制度是规范行为的有力保证。它为企业的管理活动提供了科学的依据,有利于明确酒店信息系统的操作规范。一般的运行管理制度包括:系统操作规程、系统安全保密制度、系统修改规程、系统定期维护制度以及系统运行状况记录和日志归档等,如:重要的数据输入和输出制度,密码口令专管专用制度,定期病毒防治管理制度、安全培训制度。

3）加强数据的维护与管理

酒店组织中各种数据是管理信息系统的基本加工对象,系统正常运行的参数是必要的辅助数据,这两部分数据是信息系统数据维护的重要内容。要实现系统的安全运行,一定要加强数据的维护和管理,确保数据的安全。首先,要保证输入系统的数据是正确、有效、符合程序处理的要求,这样才会被系统所接受并做出正确的处理;其次,要及时、准确地备份数据和妥善地保管备份数据,在系统出现故障的时候能够在短时间内将系统数据恢复到最新的状态;最后,在将数据制作成文档时力求制度化、标准化,形成一些固定的格式,维护文档的一致性,方便对文档的各种处理工作。

11.4.4　酒店信息系统的安全维护

1）信息系统的安全设计

信息系统的安全问题应该在系统设计阶段就予以充分的重视。信息系统的安全设计包括:物理实体的安全设计、硬件系统和通信网络的安全设计、软件系统和数据的安全设计等内容。这些都属于计算机和网络应用技术方面的问题,在系统开发的时候应该多听取有关专家关于这些方面的建议,力求使得这些由物理因素造成的安全隐患降至最低,保证系统的正常运行。

2）操作系统的安全选择

选择一个安全可靠的操作系统,是软件安全的最基本要求,也是确保其他软件正常运行的基础,是信息系统稳定运行的保证。因此只有在选择安全可靠的操作系统的前提下,讨论系统软件的安全性才有意义。同时,多数信息系统都运行在某个数据库管理系统之上,数据库管理信息系统的安全直接关系到信息系统应用程序和数据文件的安全。因此,在选择数据库管理信息系统时,一定要考虑数据库本身的安全能力和安全措施。

3)自然因素的安全防控

(1)防水、防火

机房的建设和网络的组建要达到当地消防部门的相关规定,机房内不能铺设水和蒸汽管道,地面上要有防滑措施。

(2)防磁、防震

因为磁场会改变存储介质上的数据,磁盘和磁带等介质应该远离变压器等磁场源。

(3)防静电、防尘

防静电的最好办法是将电器接地,并采取一定的措施防止静电的产生。同时注意因静电或其他原因造成的灰尘污染,保持机房的清洁卫生。

(4)选择合适的辅助设备

机房内使用的工作台、终端桌、隔板、窗帘等都应该是非易燃材料制品;并且机房内不宜使用地毯,因为地毯会聚集灰尘、产生静电。

4)计算机病毒的有效预防

近些年来,世界范围内的计算机系统一直受到计算机病毒的困扰,而且到目前为止还没有一种非常有效、彻底的防治手段,酒店信息系统也是如此。所谓计算机病毒实际上是一种专门破坏其他程序和数据的一小段程序,它可以通过磁盘拷贝、通信网络和计算机网络扩散,一般可分为操作系统型病毒、文件型病毒和源码病毒,无论哪种病毒一般都很难发现,也会给系统带来不同程度的损失。

计算机病毒的感染基本上是通过两条途径:一是在网络环境下,通过数据网络的传输;一是在单机环境下,通过软盘的信息传输。一般来说,预防电脑病毒的感染比病毒侵入后再去发现和排除它要重要得多。特别需要注意以下事项。

①在使用公共的电脑或共享的软件时要特别谨慎,确需使用的时候应该进行杀毒。

②在网络通信时要限制网上可执行代码的交换,不执行来历不明的程序和邮件包,不把用户数据或程序写在系统盘上。

③对安装的反病毒软件如:金山毒霸、Mcafee VirusScan、Norton AntiVirus 等,要启动实时监控的功能,并及时在线更新病毒库。

④养成良好的软件备份习惯,对重要的可执行文件和重要的文档做一些备份,当机器遭到病毒攻击时,如不能杀毒则可考虑磁盘的格式化,使系统恢复正常。

第12章　酒店集团化发展

【学习目标】

通过本章的学习,学生应该能够:

1.了解酒店集团化发展的历程

2.了解酒店集团化发展的驱动力和形成路径

3.熟悉国内外酒店集团发展的现状

4.掌握酒店集团化的经营管理模式

5.掌握我国酒店集团化发展的创新模式

【关键术语】

◇　系统开发 System Developing

◇　系统维护 System Maintenance

◇　酒店信息系统 Hotel Information System

◇　酒店管理信息系统 Information System of Hotel Management

【开篇案例】

全球最大的单一品牌酒店集团——最佳西方国际集团

美国最佳西方国际集团(Best Western International,Inc.),是全球单一品牌最大的酒店连锁集团,在北美和欧洲具有广泛的影响,迄今已经在世界上 80 多个国家拥有 4 000 余家酒店,总客房数超过 30 万间。1946 年,拥有 23 年管理经验的旅游业主古尔汀(Guertin)建立了最佳西方汽车旅馆。该旅馆最初是作为酒店向旅游者推荐住宿设施的联系渠道,主要通过前台接线员间的电话联系。多年来,最佳西方一直采取建立战略联盟的方式,在全球建立经营网点,通过其全球预订系统和灵活多样的服务项目,把各个成员酒店联合起来,迅速成为世界第一大的酒店品牌。2002 年,最佳西方品牌正式进入中国。全世界每天有超过 25 万人下榻其旗下的酒店。

酒店集团(Hotel Group),又称连锁酒店或酒店联号,是以酒店企业为核心,以经营酒店产品为主体,通过产权交易、资本融合、管理模式输出、管理人员派遣和营销网络等超市场的制度性制约而相互关联的企业集团。酒店集团在本国或世界各地拥有或控制两家或两家以上的酒店,是一种集约化的发展道路。

(案例来源:第一资讯.美国最佳西方:全球单一品牌最大的酒店连锁集团. http://www.91dyzx.com/news/bencandy.php? fid=44&id=15299)

12.1 酒店集团化发展史

12.1.1 酒店集团发展历程

酒店集团和连锁经营形式起源于美国。美国是世界主要酒店集团的发源地和总部所在地,是酒店资本、管理和技术的最大输出国。1907年美国里兹公司首次以出售特许经营权给酒店开始了小规模的酒店联号经营形式,被认为是酒店集团的雏形。第二次世界大战之后,随着交通条件的改善和经济的繁荣,世界各国商务与休闲旅游市场蓬勃发展,在这种背景下,为了满足市场的需求,获得更大范围内的市场价值,一批酒店集团在欧美等国家开始产生并发展。

在酒店集团发展的历史上,斯塔特勒(Statler)发展了一种最早的现代酒店联号,康拉德·希尔顿作为酒店管理合同的创始人而广受赞誉,后来这样的合同孕育了酒店管理公司的形成。1946年,泛美航空公司成立了第一家由航空公司所有的酒店集团,即洲际酒店集团(Inter-continental Hotels Corporation),随即在拉美地区建立了几家酒店,至20世纪50年代后期,该集团在委内瑞拉、巴西、乌拉圭、智利、墨西哥、哥伦比亚、古巴等国都有了酒店。凯蒙斯·威尔逊(Kemmons Wilson)于1950年通过特许假日酒店的名称使用权并建立全国性的预定网络系统的方式,开创了有名的假日集团。在这个阶段成立的酒店集团基本上处于巩固与发展各自国内市场或周边区域市场的阶段,如希尔顿集团、洲际酒店集团、喜来登酒店集团、假日集团等,依托其人力、物力、财力和网络等优势资源,获得了地域的扩张,开始了同质规模向异质多元的转化,开始形成了全国性的酒店集团系统。

随着发达国家民航业的发展和洲际高速公路交通网络的逐步建成,各国的商务与休闲旅游的范围也从本土性、区域性发展成为洲际性、国际性。酒店集团根据各国商务旅游、休闲旅游的需要,纷纷向国际市场进军,在洲际酒店集团和希尔顿集团先行拓展国外市场之后,美国的喜来登酒店集团(Sheraton Crop.)、威斯汀酒店集团(Westin Hotels)、诺特酒店集团(Knott Hotels)、凯悦国际酒店集团(Hyatt International)等也紧跟其后,纷纷开始了海外扩张之路。同时,许多相关行业的跨国公司看到了国际酒店业发展的前景,在利益的驱动下兼并、收购已粗具规模的酒店集团。在20世纪50年代末至六七十年代,通过品牌和业务链延伸来扩大市场成为集团化经营的主流,涌现了大量的知名酒店品牌,如华美达(Ramada)、马里奥特(Marriott)、四季酒店集团(Four Seasons Hotels & Resorts)、汽车酒店6(Motel 6)、雅高集团(Accor)、天天酒店集团(Day Inn)等。

20世纪80年代与90年代,全球酒店集团开始了以收购兼并为主要形式的整合扩张活动,出现了大批规模庞大、拥有完整的品牌系列、从事多样化经营的巨型酒店集团。目前,世界酒店业在一定程度上也被这些巨型酒店集团所控制。如在 1980 年,雅高集团拥有酒店 280 家、客房 35 000 间,并通过兼并杰克—槐斯—玻勒尔国际公司(JBI),引进了索菲特 (Sofitel)品牌,1985 年引进 1 号方程式(Formule1)经济品牌,1990 年,耗资 23 亿美元收购美国汽车酒店 6(Motel6)品牌,与普尔曼公司(Pullman)的合并于 1992 年完成,在 2000 年集团酒店数达到 3 488 家,客房数 389 437 间。在 1996 年,喜达屋集团(Starwood Hotels & Resorts Worldwide)以 18 亿美元收购威斯汀酒店集团,1997 年,以 102 亿美元收购 ITT(含喜来登和 Caesars World)成为全球最大的市场融资集团;1998 年英国巴斯集团从塞桑集团手中以 29 亿美元购买了洲际集团,创造了涉足国家和地区达 95 个,拥有 45 万家酒店的纪录,之后放弃了假日品牌,代之以巴斯酒店;1997 年和 1998 年马里奥特集团急剧扩张,1997 年收购复兴集团,增加了美国外的复兴、新世界、华美达,1998 年又收购了里兹-卡尔顿的剩余资产,在 2000 年集团酒店数达到了 2 099 家,客房数 390 469 间。

进入 20 世纪,国际酒店集团开始向亚洲、东欧、拉美等区域发展,大型酒店集团跨国经营所涉足的国家范围不断扩大,形成酒店集团全球化发展的雏形。当今酒店集团化发展已经进入了一种前所未有的新阶段,酒店集团扩张速度极为迅速,如洲际酒店集团 2001 年的酒店总数为 3 274 家,到 2014 年底已增长到 4 840 家,客房数达到惊人的 679 050 间;温德姆酒店集团依靠在资本市场的不断并购,到 2014 年年底酒店总数达到 7 645 家,客房数量 645 423间。各大酒店集团的酒店数量和客房数量反映出酒店集团已经全面实行了规模化经营,排名世界前七位的酒店集团的客房数量都达到了 30 万间以上(见表 12.1)。

在全球化经营过程中,酒店集团已没有国籍之分,实现了在世界范围内的全方位空间扩张,涉及的国家和地区众多,1999 年,酒店集团进入国家数量超过 50 家的多达 8 个。2010 年,国际化经营涉及国家最多的洲际酒店集团遍及世界上 100 多个国家和地区。以雅高为例,从 1967 年开始,在短短的 42 年的经营中,雅高从一个美国式的汽车旅馆逐步发展成拥有 4 120 家酒店,跨越 90 个国家和地区的全球最大的酒店管理集团之一。从其国际化指数(跨国经营的酒店与总酒店数之间的比例)来看,1983 年为 49%,1990 年为 66%,2002 年上升到 74%,说明其国际化程度是相当高的,而且一直呈稳步上升的趋势。同时,酒店集团开拓新市场的范围和方式也有新的突破。例如近几年,欧洲和北美的一些世界超级酒店集团扩张的中心由本土转向亚太地区,由中心城市转向二级城市——特别是重要的旅游目的地和省会城市。

表 12.1 2014 年全球酒店集团十强

排名	集团名称	总部	酒店数量/家		客房数量/间	
			2014 年	2013 年	2014 年	2013 年
1	Hilton Hotels Corp. 希尔顿酒店集团	美国	4 322	4 115	715 062	678 630
2	Marriott International 万豪国际集团	美国	4 175	3 916	714 765	675 623
3	Inter Continental Hotel Group 洲际酒店集团	英国	4 840	4 653	710 295	679 050

续表

排名	集团名称	总部	酒店数量/家		客房数量/间	
			2014 年	2013 年	2014 年	2013 年
4	Wyndham Hotel Group 温德姆酒店集团	美国	7 654	7 485	660 826	645 423
5	Choice Hotels International 精品国际酒店公司	美国	6 300	6 340	500 000	506 058
6	Accor Hospitality 雅高集团	法国	3 717	3 576	482 296	461 719
7	Plateno Hotel Group 铂涛酒店集团	中国	3 023	1 726	442 490	166 446
8	Starwood Hotels & Resorts 喜达屋酒店与度假村集团	美国	1 222	1 175	354 225	346 819
9	shanghai Jin JiangInternational Hotel 锦江国际酒店集团	中国	2 910	1 556	352 538	235 461
10	Best Western International 最佳西方国际集团	美国	3 931	4 097	303 522	317 838

（资料来源：*HOTELS*，2015 年）

12.1.2 酒店集团发展驱动力

旅游酒店集团是在一定的历史背景和市场环境中形成和发展的,受内、外部众多环境因素的影响,下面在对市场竞争环境、成本节约、科学技术发展和国家体制政策等因素分析的基础上,剖析了驱动旅游酒店集团发展的主要动力因素。

1)环境驱动

专业分工给各个产业的发展带来了前所未有的变化,旅游产业也不例外,涉及的部门很多,包括酒店、餐饮、交通、景区景点、购物、娱乐及其相关的产业延伸和市场细分,不同的旅游企业在市场竞争中处于价值链的不同环节。在市场经济这种资源配置形式和经济运行状态下,旅游企业集团的出现在一定程度上也是一种市场需求。新制度经济学创始人科斯(美国)认为市场和企业是资源配置的两种方式。在企业外部,价格机制指导生产,引导经营方向,并通过市场进行交易;在企业内部,复杂的市场交易被企业家这个协调者所取代。企业集团的这种"放大的市场替代功能",正是企业集团这种组织形式出现和迅速发展的原因。

在市场环境中,对酒店集团的发展有重大影响的主要包括供求机制、价格机制、竞争机制等。供求机制是市场机制的主体,供求运动是市场内部矛盾运动的核心,酒店在市场中既是供应者,也是需求者,在这种供与求的不断运动和变化中,通过横向的或纵向的价值链延伸,形成酒店集团的形式,将部分市场交易内部化。价格机制主要是作为一种反馈机制而存在,起指示器的作用。但是实际中,往往供求是不平衡的,价格的指示作用也会滞后,竞争机制便开始作用,试图恢复平衡,酒店集团的成长和发展既是竞争的产物,也是竞争的必然结果。集团与市场之间呈现的是一种动态的均衡,正是这种动态的处于经常变动中的均衡,使酒店集团在市场竞争的汪洋大海中形成"联合舰队",取得竞争优势。

2)成本驱动

成本节约是酒店取得竞争优势的重要途径,也是酒店盈利的重要保证。酒店集团作为多法人联合体,通过规模不断扩大,内部结构的调整,使自己同时享有规模经济效应和范围经济效应。其中,企业集团节约的成本分为信息成本、经营成本、交易成本、资金成本、其他营业成本等。

信息成本,包括外部市场信息成本和内部企业信息成本,日本后藤认为"调整生产活动的组织,没有必要限于企业组织和市场机制两个方面,企业不止于孤立的存在,通过企业间结成特殊的关系,在这些企业间进行反复、连续的交易。这样,与一般利用市场机制比较,能够大幅度降低合同成本及信息搜集成本,此外,企业间结成这样柔软关系的成本,与将自己的企业组织通过垂直统合扩张相比较,其成本可能会更低。所以,在这样的情况下,作为继企业组织和市场组织之后的第三个组织,企业集团便产生了"。酒店业的发展尤其依赖于高效的信息传递,所以形成酒店集团之后,不仅增强了搜索外部信息的能力、扩大了信息来源和渠道,还降低了在集团内酒店间交换信息的成本,同时还可以节约选择最佳交易对象所需要的费用。

经营成本,是酒店维持经营能力和提高经营效果所付出的成本代价。马力斯(Marris)在其代表著作《经营者资本主义的经济理论》中,提出了企业均衡成长模型。均衡条件是资产的成长率和总需求成长率相等,变数是多元化率、利润率,制约条件是企业评价率在一定水准以上,负债比率在一定范围以下。企业集团内的企业通过优先的金融交易的优势扩大负债比率制约的范围,通过股份的相互持有扩大企业评价率降低的余地,从而使企业有更高的成长。取得较低的经营成本、赢得市场竞争优势的目的,驱动了酒店集团化发展。

交易成本,包括因市场变动引起的交易风险成本和正常交易成本。集团形成之后,集团内酒店间进行交易成为可能,这种交易是稳定的,节约了因竞争带来的附加成本,降低了风险成本。同时,对外的交易规模化,也相应地降低了平均交易成本。

资金成本,主要是企业为了获取保证企业的正常运行和未来的发展所需资金所付出的代价。酒店集团能够通过相互持股、行业并购、系列融资等手段将小额的、分散的、闲散的社会资本转化为巨额的、集中的生产资本,将借入资本转化为永久性资本,从而最大程度上节约了酒店资金成本。

其他营业成本,如酒店的市场推广、营销网络建设、品牌形象塑造和推广成本等,酒店集团通过资源共享、专业化操作及品牌共建等方式,能够降低日常经营成本。

3）科技驱动

科学技术是第一生产力,它对酒店集团的形成与发展起到了巨大的推动作用。尤其是现代科学技术,如通信与网络技术,使酒店集团在管理、交流等方面突破地域限制,在更大的空间范围内成长与发展。从宏观上来说,科学技术促进生产力的发展与生产社会化程度的提高,改善了酒店集团的外部环境。从微观上来说,科学技术与企业的结合,促进了酒店集团的技术变革和产品创新,加速了酒店集团组织结构的革新,提高了企业运作的效率,并且大大降低了酒店集团的交易成本。如酒店预定系统的建立,使集团的成员酒店可以在世界各地分享客源,同时,集团还可以通过信息技术实现一般管理能力和专业管理能力的扩展。

4）体制与政策驱动

体制与政策是企业集团发展的重要影响要素,甚至有着决定性的作用,譬如韩国企业集团的形成模式就是典型的政府作用型。酒店集团作为微观经济组织,必然受到体制与政策的制约与影响。不同体制与不同政策对企业集团的发展有着不同的作用效果。在我国酒店集团的形成和发展过程中,由于体制方面的原因,众多酒店企业在经过了权力与利益在各相关利益者之间重新调整与再分配之后,仍无法完全实现自主决策、自主投资,仍是地区、行业与部门的行政附属物。同时,国家的财政、金融、投资、产业、科技、教育等方面的政策对酒店集团的成长和发展的作用是巨大的,在市场经济规律的基础上,以法律为依据,利用政策导向间接引导酒店的集团化发展,形成良好的法律框架和诚信的商业氛围有助于降低交易成本,是建立股份制酒店集团的基础。可见,体制与政策是酒店集团化的又一重要驱动力。

12.1.3　酒店集团形成的路径

企业集团化路径主要分为两类:内部成长型和外部扩张型。鉴于我国经济体制特征和旅游业的发展阶段,政府在旅游市场中扮演了重要角色,还存在政府干预型的旅游企业集团发展路径。

1）内部成长

通过旅游企业科学的战略经营和自身积累,为了满足企业成长的需求,投资创建分支机构或企业实体,形成企业集团的发展路径。在激烈的市场竞争中,酒店很少单独利用内部成长方式来扩大企业规模、发展旅游酒店集团。但是也有一些酒店通过内部成长路径取得了成功,如美国德鲁里酒店集团,1973年第一家酒店开业,到现在已有5个品牌100多家联号酒店,该公司奉行的就是"保守性扩张"政策,它的特点是所有酒店均由集团自己建造、自己拥有、自己管理。

旅游酒店集团的内部成长路径主要有以下特点:第一,扩张速度较慢,仅依靠自有资金滚动投入,步步为营;第二,资金流动速率高、方向单一。只有通过提高资金的周转速度、缩短资金回收期、提高投资收益率,才能保证集团在规模上的扩张;第三,风险性较高,单方的大量资金投入以及缩短投资回收期都会给来企业集团带来高风险;第四,股权集中,在一定程度上缩短了组织管理的跨度,减少了集团内部的矛盾,但同时也可能带来酒店集团决策的不科学性；第五，母公司、子公司之间的联系更加紧密，有利于酒店集团的专业化发展和产业链的延伸。

2）外部扩张

与企业内部扩张相对应的是外部扩张，即充分利用外部资源和力量，通过资本纽带、兼并收购、管理合同、特许经营、战略联盟等多种方式，来扩大产业规模，形成企业集团的发展路径。外部扩张是现代企业集团扩张的最常见方式，如英国巴斯酿酒集团通过收购假日酒店集团大规模进入了酒店业市场；日本 Saison 集团以 23 亿美元从大都会集团购得洲际酒店集团，巴斯集团又于 1998 年 3 月以 29 亿美元从日本 Saison 集团手中收购了洲际酒店及假日酒店，使集团酒店数目陡增 187 家；希尔顿酒店公司 2001 年利用收购兼并的方法，使客房从 8.5 万间猛增到 29 万间，净增 241%。

旅游酒店集团通过外部扩张路径能在短时间内实现企业集团的规模化，其优点主要体现在：第一，其他企业进入酒店市场时，能在短时间内形成扩张规模，譬如大型的房地产公司通过一次性收购已有一定经营规模的酒店，就能在短时间内进入酒店市场，形成酒店集团；第二，最大限度实现规模经济效益，多方资金来源给酒店集团化发展奠定了基础，通过集团采购、联合营销、联合培训等，可以有效地降低成本，形成规模效应和协同效应；第三，通过发行股票，分散了资金风险，同时通过产业链的上下延伸以及多品牌策略的实施，降低了经营风险；第四，通过兼并和收购等扩张活动显示企业的竞争力，增强现有和潜在投资者的信心，提高市场知名度。同时，外部扩张路径也存在缺点，譬如容易注重数量上的扩张，而忽略了质量上的要求，往往使集团管理混乱、组织结构冗繁和品牌效用被削弱。

3）政府干预

旅游产业所涉及的部门广泛、关系复杂，政府在我国旅游业的发展过程中扮演着重要角色。利用政府干预途径实现旅游酒店的集团化，出发点是在以市场为基础配置资源的前提下，充分而合理地发挥政府的宏观调控能力，积极引导、撮合旅游酒店的集团化整合，以使旅游资源的配置达到或接近最优状态。通过政府干预形成的旅游酒店集团一方面依靠行政命令使集团形成后扩张成本较低，速度较快；但另一方面很容易出现政府职能行使的偏差。通常将某一母公司或上级单位下属的旅游酒店用行政调拨的方式集中在一起，形成旅游酒店集团，无论资产是否优良，统统绑在一起，形成算术式相加的捆绑式结合，这样的行政翻牌集团貌似强大，其实没有对内部存量资产和外部资产进行任何变动，只是一种形式上的酒店集团，其竞争力不可能强。因此，政府干预形式的旅游酒店集团化需要科学利用政府的宏观调控职能，盘活资源存量，进行市场化运作，从而实现中国旅游酒店集团竞争力与规模的同步增长。

以上三种旅游酒店的集团化发展路径，在实际中往往是相互交叉、相互结合运用，是一个综合作用过程。一个旅游酒店集团的成长需要联系自身实力和特点，综合利用多种途径的优势。

12.2　国内外酒店集团发展现状

12.2.1　国内外酒店集团发展现状

1）国外酒店集团发展现状

在国际范围内,酒店业的集团化比较活跃,20 世纪 40 年代末、50 年代初期,出现了一批以美国酒店集团为首的跨国酒店集团,其代表是希尔顿、喜来登、假日集团。20 世纪六七十年代,以东南亚华人为资本主体、以香格里拉为代表的东方跨国酒店集团登上了世界舞台。这些酒店集团都采用集约化手段,迅速地建立起新型的组织结构,扩大了市场占有率,以规模经营的方式获取了高额利润,从而走向企业巨人的行列。

20 世纪八九十年代,全球酒店联号中开始了以收购兼并为主要形式的整合扩张活动,出现了大批规模庞大、拥有完整的品牌系列、从事多样化经营的巨型酒店联号。如美国仅在 1995—1997 年就发生了 350 起酒店收购,最为活跃的是 Starwood 国际酒店集团,先后以 18 亿美元和 146 亿美元兼并和收购了威斯汀和喜来登酒店集团,成为拥有 5 个酒店系列的超级酒店集团。1995 年马里奥特集团投资 2 亿美元收购里兹卡尔顿酒店公司 49% 的股份,到 1998 年,股份额增长到 98%;1996 年花费 600 万美元收购了 Forum 集团;1997 年,花费大约 10 亿美元购买了复兴酒店集团。雅高集团(Accor)是从事旅游服务的大型企业集团,1997 年以 11 亿美元收购了美国经济类连锁酒店集团红顶屋(Red Roof Inns),使雅高集团成为美国最大的经济酒店连锁集团。

进入 20 世纪 90 年代中后期,受供求关系影响而形成的产业利润率差异,使国际酒店集团在地域扩张上将重点从欧洲和美洲转向新兴市场。国际性的酒店集团开始在亚洲、东欧、拉美等地区加速发展,大型酒店联号国际化经营涉及国家的数量不断增加。

同时,智力主导在酒店集团的扩张中体现为管理合同和特许经营模式,这对于酒店集团而言,具有管理低成本和市场低风险优势。采取智力主导策略的酒店集团必须拥有由技术、人才和管理主导的智力优势和无形资产,从而避免了投资所带来的财务约束,使得酒店集团能在短时间内迅速扩张。

此外,还有一些酒店集团通过战略联盟的形式组建松散型集团或通过各种形式进行合作,尤其是单体酒店,为了维持酒店细分市场独特的优势及长期的消费者忠诚,满足消费者对网络技术偏好不断增强的需求,同时为了降低成本,就选择加入一种特殊的酒店联合体——酒店战略联盟,获得预订和营销方面的支持。如大酒店组织(Great Hotels Organisation)、优选酒店集团(Preferred Hotel Group),它们主要为单体酒店提供中央预订系统和营销网络,这种战略联盟的各个成员酒店之间仅仅是通过同一个预订和营销系统联系在一起,而战略联盟本身并不以营利为目的,向成员所收取的费用都用于联盟的各项开支。当然,这种联合体形式的酒店集团相对而言稳定性不强,其成员酒店数量经常呈现波动。

2）国内旅游酒店集团化发展现状

改革开放30几年以来,我国旅游业得到了长足的发展,旅游酒店也得到了迅速发展,1982年中国第一家中外合资酒店——建国酒店开业并首家引进了境外酒店管理公司(香港半岛管理集团),标志着中国酒店集团化管理的开始。过去的30多年间,在政府宏观政策的扶持和业界的努力下,中国的酒店集团从初期的开放引进和吸收模仿,发展到自主创新,已经成功开始了酒店的集团化发展道路。

从旅游酒店集团发展方式看,旅游酒店集团可以分为市场成长型、产业融合型、资本介入型和政府推动型。市场成长型旅游酒店集团主要是在市场竞争机制的作用下,旅游酒店为了获得集团化经营所带来的规模优势、成本优势、品牌优势等,通过自身的经营优势、经济实力和资本营运发展壮大,形成的旅游酒店集团。在市场经济条件下,旅游酒店作为独立的市场主体,它们自主经营、自负盈亏、自我发展,追求自身经济利润,追求高附加值,追求经济效率与成本的降低成为旅游酒店内在的发展动力。旅游酒店在人力、物力、市场等方面必然产生激烈竞争,竞争的结果必然导致联合或兼并。同时,旅游酒店集团通过上市实现超常规发展,如石家庄国际大厦、上海新亚、海南寰岛等都是股票上市后迅速发展成长的。股票上市同时还可以解决企业债务问题,逐渐进入良性发展,如新锦江大酒店等。

产业融合型旅游酒店集团是在国家产业结构调整的大背景下,一些行业全面重组资产结构,新涌现出的一批成体系的旅游酒店。这些行业主要包括外贸系统、烟草系统、商业系统、房产系统、邮电系统等。外贸系统拥有高档酒店比较多,如经贸部的国贸中心、五矿公司的香格里拉、福建的外贸酒店、长春国贸、沈阳商贸等。近年来,外贸各大公司实行战略调整,向实业化方向发展。中粮公司在旅游方面的目的性和市场主动性最强。整个烟草行业都在争取以目前的资金优势介入其他产业,把系统内各级公司的酒店整合起来,如云南省正在实施烟草资金向旅游转移的发展战略。大的商业企业纷纷呈现连锁化、集团化、业务多样化发展,其中投资旅游业比较普遍,如西安旅游服务集团、上海新亚等。房地产业转向旅游的很多,一是将房产改营为酒店、商住楼;二是与各地度假区的开发结合,如宋城集团、海南寰岛等。

资本介入型旅游酒店集团主要是指一些大公司、大集团向多元化和国际化方向发展过程中,对旅游行业的投入,这无疑增加了旅游酒店集团发展的资金动力。如香港招商局集团全资直属的旅游酒店。保利集团将集团资产总额50%投到旅游酒店与商住楼,如北京保利大厦、哈尔滨保利科技大厦、上海证券大厦、武汉白玫瑰宾馆、广州花海大厦、广州中天广场等。中信集团作为我国最大的国际信托投资公司,在旅游业投入大量资金组建酒店管理公司,如西安喜来登、山东蓬莱阁、宁波国际、汕头度假村以及天津喜来登、北京国安、杭州香格里拉、无锡大酒店、石家庄国际大厦、长春国际大厦、湖南华天、沈阳中山、大连海拉尔等。

政府推动型旅游酒店集团的发展在我国的存在比较普遍,是政府通过宏观调控、经济政策、法律手段等方式引导旅游酒店的集团化发展。政府对旅游酒店集团的扶植目的主要是:首先,实施资源的优化配置,实现规模经济效益,提高行业的整体竞争力。其次,利用大型企业集团在行业中的影响力和带动力,加强对旅游酒店的宏观调控。再次,调整产业结构、提高产业效率,通过集团的规模优势进行跨国经营,提升我国旅游行业的国际竞争能力。政府的推动措施主要是国有资产授权经营和行政划拨,依靠政府、企业、市场三方面的力量,迅速推动旅游酒店的集团化、规模化。如采用"资产划拨"方式进行重组的云南云旅集团，就是将云南一部分优势资源，如陕西旅游集团公司是陕西省政府直属的国有独资公司，现有 20 家全资子公司、1 家控股公司、2 家参股公司，集团经营有北京长安大酒店、西安凯悦（阿房宫）酒店、西安宾馆、唐城宾馆、东方大酒店（朱雀酒店）5 家星级酒店，及兵马俑、华山、华清池、秦始皇陵、乾陵、法门寺博物馆、关山草原等 7 个景区（点），还包括西安中国国际旅行社、陕西省中国旅行社、陕西海外旅游公司等旅行社。

从酒店集团的内部联系来看，旅游酒店集团可分为资本纽带型、管理主导型和战略联盟型。资本纽带型旅游酒店集团是酒店集团化发展初期较为普遍采用的一种发展模式，主要是通过资金投入与集团成员酒店建立联系。在该模式下，酒店集团通常会直接投资兴建酒店，或对建成的酒店采用兼并收购、参股控股等手段实现控制，从而扩大酒店集团规模，如凯莱国际酒店有限公司、中旅酒店管理公司、中国银行的东方酒店管理有限公司等。但采用该模式资金成本较大，只能为少数拥有强大资金实力的酒店集团使用。因而资本纽带模式在集团的发展中具有一定的局限性，并且经营风险较大，尤其是在酒店集团的海外扩张上，运用该模式扩大酒店集团规模具有较大难度。

管理主导型旅游酒店集团是酒店集团以其特色化管理作为资产进行输出，集团成员酒店以同质化管理作为联系纽带的集团化发展模式。该模式下酒店集团主要通过合同管理、特许经营等方式对其他单体酒店实行接管，并通过管理再造形成具有统一管理模式的酒店集团，如上海锦江集团、南京金陵集团以及广州白天鹅酒店集团等。管理主导型模式以管理输出为主，对酒店集团的管理品牌化程度要求较高，但经营成本和风险较小，较易实现酒店集团的快速扩张。管理主导型模式将成为中国酒店集团化发展的主导模式。

战略联盟型旅游酒店集团是一种松散型的集团化发展模式。是指酒店集团成员之间通过签署某种协议，在不改变酒店名称、所有权、经营权的条件下互相分享客源、交流管理经验和促销酒店品牌的联合经营行为。这种酒店集团发展模式由于不涉及资产和管理，仅以某种协议为主要连接纽带，酒店集团成员之间缺乏稳定的约束性，只是一种松散联盟，不能算是真正意义上的酒店集团，当集团成员酒店利益发生冲突时，便集而不团了。中国采用该类发展模式的酒店集团主要有中国酒店联谊集团、北京酒店集团、友谊酒店集团等。

3）中国酒店集团与国外的差距与不足

近年来，我国酒店的集团化进程不断加速，在全球酒店集团 300 强中，凯莱、锦江、首旅等国产集团开始榜上有名，但中国酒店业集团化状态和国际酒店集团相比，还存在很大的差距和不足。

从酒店集团的规模上看，我国酒店集团目前还未形成规模化、一体化的集约型经营，相反，酒店集团的经营成本过高、组织结构臃肿、生产力低下，未形成酒店集团所应拥有的成本优势、品牌优势、营销优势。

从管理的输出来看，一方面，目前一些国内酒店集团简单认为管好一座酒店就能输出管理，缺乏成熟的产品开发、市场营销、资本营运模式，对组织制度、企业文化未形成足够的重视，本身管理制度还有待完善。另一方面，绝大多数酒店业主及员工情感上能接受境外酒店管理公司的管理，却难以接受中国公司的管理，形成了对中国酒店集团管理输出的阻碍。

从综合竞争实力来看，中国内资酒店集团在资本经营、产品经营、品牌塑造等方面都还存在较大的差距,导致了酒店集团竞争力比较弱。国外先进的酒店集团采取资本经营与产品经营并举的方式从事战略性发展,以资本雄厚的企业集团为依托,以新建、并购和股权参与方式组合酒店企业,并参与市场交易和运作,使集团内的酒店企业形成有效的管理形式和竞争机制,保持资产的有益性和有效性。另外,国外酒店集团以品牌和规制为先导,对集团的酒店进行高水平的管理,形成多系列不同层次的酒店品牌,结合强大的全球网络化预订系统等高科技技术,形成了强势酒店品牌。

12.2.2 酒店集团经营模式分析

酒店集团在不同的发展阶段其经营模式有不同的特点,联系的纽带也是不断变化,归纳起来包括以下经营模式:全资酒店、特许经营、管理合同、租赁经营、战略联盟等。

1)全资酒店

全资酒店指酒店集团通过独资或者收购途径来拥有和经营数家酒店,各酒店所有权都属于同一个酒店集团,同属一个企业法人。这种形式的长处在于公司拥有全部产权和对子公司的控制权,各种酒店资源可以共享,有利于形成酒店的成本优势和独特的管理风格。

在激烈的市场竞争中,集团仅利用内部资源发展旅游酒店集团有很大的局限性,"自己建造、自己拥有"的酒店很难取得快速的规模增长和效益提升。酒店购并成为酒店集团取得外部经营资源、寻求对外发展的战略选择。一方面,购并能使酒店集团迅速进入新的市场领域,使酒店集团规模迅速得以扩大,优化了整体资产组合和业务关联;另一方面,通过直接购并,酒店企业能拥有被购并酒店的营销网络、市场知名度与商誉等无形资产。

国际酒店集团频繁的并购活动推动了酒店业的快速发展,分析当前国外酒店集团的并购活动,具有以下特点。

①频次多,价值大。

②中高档品牌的酒店并购案多于低档品牌。

③强强联合。大多数购并活动发生在全球酒店集团排行榜的前40名之间。

④并购形式多样化,如现金并购、杠杆并购等。

购并方式虽在全资酒店集团的扩张中扮演着重要角色,能够降低行业进入壁垒,利用旅游酒店集团原有的管理制度和管理人员,在新的市场迅速扩大产品种类,获得销售渠道和营销网络,但是很容易出现原有酒店集团与被购并方整合的困难,导致管理的低效,常常伴随有很高的交易成本。

同时,全资酒店集团内部各酒店隶属于同一法人,在集团的经营过程中,由于资产的联带关系,集团投资经营风险较大,集团运行成本也高。

2)特许经营

特许经营指的是以特定的方式将酒店集团所拥有的具有知识产权性的名称、注册商标、成熟定型技术、客源开发预定系统和物资供应系统等无形资产的使用权,向有需要的其他酒店出售、转让本集团的特许经营权,以此获取经济效益。在这种经营模式中酒店集团有责任对成员酒店,在可行性研究、酒店或餐馆地址选择、资金筹措、建设设计、人员培训、广告宣传、原材料采购、客房预订、管理方法、操作规程和服务质量等方面给予指导和帮助。成员酒店向酒店集团支付特许权让渡费、特许权使用费以及广告推销费等作为报酬。

集团特许经营模式是旅游酒店集团经营中最为普遍的一种形式,美国假日酒店集团在20世纪50年代末期以特许经营方式成为全球最为著名的寄宿品牌,还有希尔顿、喜来登、精品国际、洲际等,也通过特许经营模式获得了快速的发展。一般情况下,酒店集团必须有强大实力及良好的知名度和声誉,才有可能向其他酒店出售特许经营权。对于特许方而言,酒店的优势在于特许者不需要承担开发的成本和打开新市场的风险,但由于不能对受许可酒店的日常管理加以控制,导致质量控制难度大,存在酒店集团品牌受损的风险。对于受许方而言,可以利用特许酒店集团的品牌优势和管理优势,提升知名度和美誉度,获得良好的市场效益。但是特许方主要是向受许酒店提供特许品牌与管理标准,而不提供成功保证。

3)管理合同

管理合同又称经营合同,是指一个酒店企业由于缺乏专门技术人才与管理经验,以合同形式交由酒店管理公司经营管理。其本质是酒店管理公司与酒店所有者之间通过法律约束的手段,明确双方的义务、权利及责任。酒店管理公司一般可分为两种形式:一种是隶属于酒店集团的酒店管理公司;另一种是独立酒店管理公司。

酒店集团接受业主委托经营管理酒店无须对酒店建设投资、只负责酒店经营管理工作,承担合同条款所规定的经营亏损风险,在经营合同期间,酒店使用该集团的名称、标志,加入该集团的市场营销和客房预定网络系统,酒店集团指派包括总经理在内的各部门主要管理人员。合同经营中,酒店集团收取经营管理费。目前的管理合同更加强调共担风险、共同决策,更注重经营者经营业绩。

4)租赁经营

租赁是酒店集团通过签订租约,长期租赁业主的酒店、土地、建筑物及设备等,然后由集团作为法人直接经营。由于酒店集团对其拥有经营权,因而该酒店便成为酒店集团一员,使酒店集团连锁规模不断扩大。

在租赁经营模式中,承租者还须承担房地产税、保险税、使用费等固定费用。酒店集团每年以一笔双方约定的最低限度租金,加上一定比例的年营业收入作为支付给出租者的租赁费用。酒店经营所获得的经营利润则归承租者,即酒店集团。酒店的所有权与经营权分开,酒店的业主和经营者分别属于两个独立的公司,酒店集团只承担经营风险,一旦失败,由于酒店大多数固定资产属于业主,可以受到保护,减少了风险。长期租赁在国际酒店业中通常被视为全资拥有形式的变形,如马里奥特(Marriott)和希尔顿国际(Hilton)的一些酒店就是以长期租赁形式而拥有的。

5)战略联盟

战略联盟是一些独立经营酒店为了达到某种战略目的而自愿地联合起来,采用同一预订系统,进行统一的广告宣传,执行统一的质量标准,相互合作、风险共担、利益共享的联合行动,从而与那些庞大的酒店集团相抗衡。这种联盟是一种动态的、开放式体系,成员之间签订的是一种非约束性协议,目标的实现完全依靠相互之间的协商。战略联盟改变了传统的对抗性极强的竞争方式,开始强调共同做大市场。同时,受反垄断的制约和目标国(地区)

文化与意识形态的影响,发达国家的旅游酒店集团在跨国经营的过程中越来越强调对不同国家酒店战略合作关系的运用。

随着对竞争、合作关系的深入认识,更多的酒店企业明白了建立合作型伙伴关系的重要意义,尤其在营销领域的联盟正得到越来越多的重视。以这种战略联盟的模式形成的集团组织较为松散,它们之间保持独立,各个酒店在经营管理上,财务上互不相关。战略联盟的主要目的是通过酒店企业间在管理技术、技能、营销、品牌等方面的优势互补,降低运营成本,形成规模优势,克服贸易壁垒,避免恶性竞争,从而形成酒店的持续竞争优势。

战略联盟是一种较为成功的集团经营模式,是低成本与低风险的扩张手段,如最佳西方国际酒店集团(Best Western International)通过其全球预订系统,把各个酒店业主独立经营的酒店成员联合起来,现已成为世界上最具影响力的酒店品牌之一。

【知识点滴】

战略联盟

战略联盟的概念最早由美国 DEC 公司总裁简·霍普兰德(J.Hopland)和管理学家罗杰·奈格尔(R.Nigel)提出,他们认为,战略联盟指的是由两个或两个以上有着共同战略利益和对等经营实力的企业,为达到共同拥有市场、共同使用资源等战略目标,通过各种协议、契约而结成的优势互补或优势相长、风险共担、生产要素水平式双向或多向流动的一种松散的合作模式。

因为战略联盟要求共同承担责任,相互协调,精心谋求各类活动的相互合作,因而模糊了公司的界限,使得各个公司为了实现联盟的共同目标而采取一致或协同的行动。但是有一点是清楚的,联盟伙伴保持着既合作又竞争的关系。联盟伙伴虽然在部分领域中进行合作,但在协议之外的领域以及在公司活动的整体态势上仍然保持着经营管理的独立自主,相互间可能是竞争对手的关系。

12.3　中国酒店集团化发展模式与创新

12.3.1　世界著名酒店集团国际化发展特征

1)强势品牌

对于旅游酒店集团来说,强势品牌就意味着具有较高的知晓度、美誉度、效益度和扩张度。知晓度是建立强势品牌的基础,较高的知晓度有助于酒店集团在国际市场上树立良好的市场形象,从而为其赢得良好的市场业绩。国际上著名的酒店集团都是那些人们耳熟能详的品牌酒店集团。因此,较高的知晓度成为酒店集团强势品牌的重要构成要素。

美誉度是指消费者对于酒店集团好感的程度。较高的知晓度并不意味着高度的美誉度。美誉度依赖于酒店集团提供产品和服务的特定优势,如人们交口称赞的假日酒店的

"暖"、喜来登酒店的"值"、希尔顿酒店的"快"和曼谷东方大酒店的"情"。因此美誉度作为打造酒店集团强势品牌的关键因素,是知晓度的提升。

追求经济效益是酒店集团化扩张的最终目标,因此不能给酒店集团带来效益的品牌是没有市场价值的,品牌的效益度是衡量酒店集团品牌竞争力的重要因素。扩张度是指酒店品牌在时间、空间以及市场上能够具备的扩张程度,具有强大扩张能力的品牌能大力促进酒店集团的市场扩张。

当前,各大酒店集团大多数实行多品牌战略,根据不同的细分市场采用不同品牌的多品牌战略,以使不同类别的酒店都有自己独特的品牌和标识,从而在不同细分市场上形成明确的品牌认知,形成固定的顾客群体,同时还可避免出现一荣俱荣、一损俱损的局面。如雅高(Accor)就分几种不同的品牌系列:豪华型(Upscale)的索菲特(Sofitel);中档型(Midscale)的诺富特(Novetel)、套房酒店(Suite Hotel)、美居(Mercure);经济型(Economy)的宜必思(Ibis)、伊塔普(Etap Hotel)、1号方程式(Fomule 1);红屋顶客栈(Red Roof Inns)、公寓6(Studio 6)、汽车旅馆6(Motel 6);度假与休闲型(Vacation and Leisure)。中国酒店集团不仅要追求品牌在酒店数量规模上的扩展,更要加强品牌的自身拓展能力,形成酒店集团产品品牌的多元化发展。

2)适度规模

从酒店集团产生的动机来看,其发展的直接动因源自对规模经济的追求。酒店集团通过集团规模的扩张,在集团内部形成管理、信息和市场共享的内部效益,从而形成内部优势。充分发挥集团优势,实现集团采购和统一配送,并在市场、员工培训等方面资源共享,优势互补,降低经营成本,进行市场垄断,提高酒店盈利能力,并且规避了部分经营风险,其形成的规模效应无疑比单打独斗要强大得多。因此,酒店集团规模的扩张对于集团的发展,尤其是对于集团应对国际旅游酒店市场的激烈竞争具有十分重要的战略意义。

因此,中国酒店的集团化发展必须在现有酒店集团的基础上,立足于全球酒店市场进行规模扩张。但与此同时,酒店集团也必须坚持规模适度的原则,克服一味求快、盲目扩张的心理,严格将集团规模控制在适度的范围内,以期实现其快速、稳定的国际化发展。

3)高效运作

经济的全球化对经济运行效率提出了更高的要求,酒店的集团化发展也要实现高效运作。从全球酒店集团的发展来看,酒店集团国际化发展的高效运作主要指高效发展(品牌)、高效组织(资本)和高效经营(网络)3方面。

高效发展是指酒店集团在规模扩张时速度的高效。高效发展是酒店集团获得规模效益的重要前提,只有实现高效发展才能抓住国际化发展的契机,实现竞争力的提升。成功品牌的有效运用是酒店集团实现快速发展的关键。

高效组织是指酒店集团酒店间实现有效的联系,避免出现"集而不团"的现象。比如,中国目前有许多酒店集团是行政干预的产物,集团成员酒店通过行政命令捆绑在一起,酒店经营没有有效的连接纽带,无法形成合力。资产纽带是酒店集团最紧密的纽带,酒店集团成员必须彼此建立资产连接,酒店集团才具实质意义。

高效经营是指酒店集团内部以及不同的酒店集团之间应构建完善的业务网络,通过集团内部各成员酒店之间共享信息和市场资源实现集团的高效经营。中国酒店集团在高效经营方面与国际知名酒店集团也存在较大差距。根据近几年有关统计资料表明,中国只有20%的酒店略有盈利,而80%的酒店在无利润区间徘徊。这与中国酒店集团不重视业务网络构建有很大关系,使得其与跨国酒店集团之间的差距日益拉大。因此,中国酒店集团要顺应经济全球化的趋势,实现国际化发展必须在经营效率上有所提高。

12.3.2 我国酒店集团发展条件分析与障碍

1)我国酒店集团的发展障碍

（1）理念障碍

我国酒店集团发展的理念障碍主要体现在:一方面对酒店集团化发展的理解还不深刻;另一方面,中国酒店集团化发展的目标不明确。酒店集团的前提是进入该集团范畴里的成员酒店是企业,而且产权交易以及由此而来的资本介入是酒店集团最为根本的特征,其他特征则是派生的。酒店集团拥有属于自身产权的酒店,而酒店管理公司是以其特有的专业技术管理人才向酒店输出管理,不一定有属于自己产权的酒店,因此,通过整理一套管理模式,输出几个管理人员,给单体酒店挂上自己的牌子就可以超常规发展中国的酒店集团的理念是有失偏颇的。从资本运作和产权交易的角度分析,中国酒店业离真正的市场经济和现代企业还有相当大的差距。这种差距需要靠切切实实地以企业视角来经营酒店,做好酒店集团化发展的微观基础性建设工作,尽快转变传统的文化及价值观念。

中国酒店集团发展目标定位不明确也阻碍了酒店集团化的发展进程,现在不少已经在位或即将成立的酒店集团动辄就把自己定位于国际化,定位于上市。而从跨国旅游企业集团的发展规律来看,只有投资主体和客源国高度一致时才能实现国际化。尽管这几年中国的出境旅游市场增长较快,但是还远远未达到支撑起数家跨国酒店集团的程度。因此,中国酒店集团化需在理性务实的基础上,确立切实可行的发展战略目标。

（2）产权障碍

中国酒店集团化过程中存在的产权障碍主要体现在国有酒店的终极所有者及其在位代理者之间的定位不明、体制不顺,以及由此带来的国有酒店与民营、集体、外资等非国有酒店之间的产权流通渠道不畅等问题。

首先,是居于规模主导地位的国有酒店的转型与变革问题,主要表现在政府接待型酒店意识形态和行政附属的色彩浓厚导致政治目标与经济目标交织在一起;酒店的产权都以某一种方式固化在某一政府部门;预算软约束条件下的非理性投资影响了国有酒店的资产与财务结构不合理;各利益主体的寻租行为在相当程度上制约了其市场化进程;体制转型与组织变革的理论支持不够等,这些都严重阻碍了中国酒店集团的发育与成长。要在产权明晰的基础上建立科学有效的企业治理结构,经营权与所有权要明确分离,委托管理机制、激励约束机制要良好地建立,只有企业体制和管理制度完善,才能保证中国酒店业的快速发展。

其次,地方保护主义、行业主管部门和地区行政性条块分割,严重阻碍了大型酒店企业集团跨地区、跨行业、跨所有制发展。酒店集团化过程是一个资产重组的过程,意味着权利在相关主体间的重新调整与再分配,是一个公共选择、制度变迁的过程。在现实中很多地方政府以及部分中央企工委所属的特大型国有企业为了保持控制权和收益权,不顾酒店产业的自身发展规律及自身业务集群之间的内在联系,将自有的酒店整合成自己的酒店集团,阻碍了酒店通过股权的开放实现跨地域、跨所有制的集团化发展。

【知识点滴】

产权与现代企业制度

产权是经济所有制关系的法律表现形式。它包括财产的所有权、占有权、支配权、使用权、收益权和处置权。以法权形式体现所有制关系的科学合理的产权制度,是用来巩固和规范商品经济中财产关系,约束人的经济行为,维护商品经济秩序,保证商品经济顺利运行的法权工具。

现代企业制度(Modern Enterprise System),是指以市场经济为基础,以完善的企业法人制度为主体,以有限责任制度为核心,以公司企业为主要形式,以产权清晰、权责明确、政企分开、管理科学为条件的新型企业制度,其主要内容包括:企业法人制度、企业自负盈亏制度、出资者有限责任制度、科学的领导体制与组织管理制度。

(3)市场障碍

在市场竞争过程当中,无论是对于要素市场还是对于产品市场而言,国际酒店集团以其资金、品牌、管理模式、人力资源、信息技术以及分销网络方面的既有优势,已经在消费者心目中树立了牢固的市场地位。现在我国在单体酒店的管理和模式的建立上已取得了很大的进步,并在局部市场上取得了比较好的效益。但全面的营销和预订网络很不发达,集团采购、融资、培训与财务预算方面的能力较弱,在市场上遭到了国际酒店集团运用投资、管理、特许、分销等多种策略的挤压,而我国酒店的经营又在市场开拓、品牌塑造、网络预订等方面缺乏竞争优势,这极大地影响了核心酒店能力的培养和集团的建立。

与市场经济发达国家相比,当前的中国酒店业市场壁垒呈现出典型的经济体制转轨与旅游市场完善过程中的非常规型壁垒结构。整体酒店市场上的低产业集中度、过度竞争与部分区域市场、细分市场上的高度垄断并存。从 C4 法计算的产业集中度来看,我国酒店业还远远低于垄断竞争的标准,尚处于较为充分的竞争态势,或者说市场静态壁垒较弱。与此同时,中国酒店业在服务、品牌、知识、技术、企业文化等非价格方面的竞争不足,削弱了中国酒店集团的整体竞争力。

(4)资本障碍

酒店集团是以资本联结为前提的,酒店集团的成长必须有强有力的资本要素支持,但我国资本市场与酒店产品市场两者之间存在着高度的信息不对称。一方面酒店产业需要资本融合;另一方面资本市场对于酒店产业的行业背景、运作与盈利模式不清楚,已经上市的一些单体酒店业绩表现欠佳也在一定程度上影响了资本市场对酒店产业的介入力度。同时,我国的股票市场和债券市场还很不完善,银行借贷也存在种种制约,风险基金的发展尚处于萌芽阶段,受经济实力和现行体制的限制,现有的酒店集团除少数几家外,基本上没有经济实力进行直接投资、购买,或通过控股的方式来取得对成员酒店的直接管理权。

（5）管理障碍

中国酒店集团化的管理障碍主要是缺乏一整套科学的、有效的、系统化的管理模式,和一支职业化的、高水平的、经验丰富的专业管理人员队伍。我国现有的酒店企业的管理虽然具有一定的管理经验,但缺乏知名品牌,无固定管理模式,管理水平参差不齐,人员素质偏低,技术实力不足,在经营宗旨、企业文化、经营理念、经营战略、品牌经营等方面尚不成熟。只有当酒店管理的知识固化在科学管理模式这样的制度上,而不是内化在管理者的经验上,酒店管理的层次才能得以提高,才能推动管理转化为生产力。以管理理念、管理制度及其运行机制为核心的酒店管理模式是酒店集团得以有效运作的基本保证。那些成熟的管理公司,不是靠人,而是靠制度来运作的。对于中国酒店集团,特别是那些对管理模式输出比较依赖的集团来说,下大力气研究企业管理制度及其执行机制是十分必要的。

2）我国酒店集团的发展条件

（1）先进的发展理念

我国酒店集团发展理念的落后缘于对旅游业与酒店业经营特点、酒店集团的一体化经营特征的认识不足。首先,旅游业与酒店业的发展处于体验经济时代和休闲经济时代,旅游产品是以设备、设施与环境为道具和舞台,以员工的接待、服务与娱乐活动的介绍及表演为内容,使顾客融入其中,给顾客带来愉悦的体验。体验经济本质上是满足个人心灵与情感需要的一种活动,它的价值是当一位顾客的情绪、体力、智力与精神达到某一状态时,在他的意识中所产生的美好感觉。因此,酒店的经理与员工不仅仅是客房、餐饮、会议厅与健身房的提供者,而且是这种美好感觉的策划者与创造者。我国酒店集团对旅游业与酒店业的认识大多停留在服务业上,酒店集团发展客观上要求酒店集团对酒店产品与服务的管理提升到体验经济的高度,培育全体员工具有一种充满人情味的高雅艺术表演家的服务精神。

其次,需明确我国酒店集团发展的方向和途径,通过学习外国酒店集团在中国的运作方式,学习国外公司采用的不同的管理和商业技术,摆脱行政性公司的痕迹,提高我国酒店集团化经营程度。酒店集团从本质上是产权交易的结果,酒店集团大多以产权交易方式扩大本身的供给能力或使用卖方资源实现酒店企业的增长。中国酒店集团的发展必须在理念上领先,产业界和政府必须树立明确的中国酒店集团化发展理念,综合运用多种手段,加强资源的集约化管理,实现资源的优化整合,实现集团效益最大化。

（2）明晰的产权关系

酒店集团的组建和发展,除了自身形成的客观需要外,还必须有一定的体制条件。明晰的产权关系是每一个酒店存在的先决条件,也是酒店集团产生、运行和发展的首要条件。目前,虽然明确了各级国有资产管理局可以代表国家行使管理国有资产的权力,但却不承担资产经营的盈亏责任,对国有资产经营所得也不行使收回的权力,致使国有资产以各种方式大量流失。可以设想,在单个酒店产权关系不清的情况下,又将其资产加入酒店集团,成为这个酒店集团的母公司或子公司,产权关系更是混乱。可见,国有酒店的体制转型与组织变革是中国酒店集团发展的战略基础和前提。

同时,区域之间的酒店产权交易障碍、国有酒店与非国有酒店之间的产权流通障碍必须移除。因此,发展酒店集团的首要体制条件是,解决成为集团成员的酒店（无论是母公司或子公司）自身的资产责任问题,以保证集团内明晰的产权关系,才能积极探索包括外资、民营资本与法人资本进入国有酒店的多种渠道。

（3）良好的市场环境

积极创造一个有利于酒店集团成长的宽松外部环境，也是中国酒店集团发展的必要条件。首先，要发挥政府的政策导向和运用行政手段的作用，在既保证效率又规避风险的前提下，逐渐建立并有效实施一套相对严密和完善的法律、法规、制度与规范，形成完备的酒店市场监督机制，促进酒店市场竞争有序化。其次，建立良好的网络技术支持环境，促进中国酒店集团化进程。再者，要有一个积极的财政金融环境。如：成立金融资产管理公司，对国有旅游酒店的银行贷款以金融管理公司作为主体实行"债权转股权"。最后，要形成活跃的金融市场环境。宽松的资本市场、货币市场环境，可以解决一部分有潜在经济效益的国有旅游酒店的融资困难，继而创造存量资本的效益。

（4）有效的资本运营

酒店业资本运营是酒店集团发展的必由之路，它可以通过多种方式运作。只有引入资本的要素，中国酒店集团才能从"酒店管理公司""酒店联合体""酒店销售平台"、"酒店品牌特许经营者"等业态的基础上真正成长起来。只有以资金为联系纽带组建的企业集团，才是规范的、典型意义上的企业集团，才具有生命力。有效的资本运营主要包括：一是兼并联合，即将拥有"名牌"的酒店建立为核心企业，然后收购、兼并其他酒店，使之成为酒店集团成员，从而达到壮大优势酒店、带动其他集团成员的目的；二是发展股份制酒店集团，酒店集团是以资本联合为特征，产权主体多元化的复杂经济联合体，股份制的本质内容和基本特征正好科学地处理产权关系及相适应的权益与义务关系，同时，股份制酒店集团还有利于促进不同所有制、不同地域、不同国度间全方位的酒店经济联合。

（5）丰富的管理人才

酒店集团要走向全国、走向世界，必须拥有高素质的企业家阶层和企业家群体。企业家作为企业的法人代表，集企业应享有的权利和应承担的义务于一身，是企业的"核心"人物。企业家是酒店集团经营活动的总设计师，在规划集团的发展规模、发展速度、市场定位、地域分布等重大经营战略方面，必须有超人的眼光和魄力、极强的号召力和感染力。企业家是经营活动的决策者，又是经营活动的组织者。作为一个酒店集团经营活动的决策者和组织者，在对集团的发展方向、经营范围、客源的组织和吸引、集团内各企业经营活动的分工协作、集团及其内部企业管理部门的设置及其职责等日常经营管理工作的组织方面，他必须有过人的胆识和对市场敏锐的反应能力，还必须有能够控制集团及其内部企业各项经营活动的能力及很强的协调和沟通能力。

面对酒店业快速变化的市场环境和制度环境，酒店集团管理者必须考虑超越现在和集团之外的问题，这对企业家队伍的领导能力、决策能力、知识结构、控制能力、协调能力等有更高的要求，酒店集团的管理者不仅是一个出色的策略家，更重要的是一个战略家。因此，要使酒店集团得到发展，使集团走向全国、走向世界，必须培养一支一流的企业家队伍。

12.3.3　我国酒店集团发展模式创新

面对国内、国际日益激烈的市场竞争，中国酒店必须加快集团化发展进程，迎接世界酒店市场的严峻挑战。虽然从目前中国酒店集团发展的现状来看,还少有能真正进行国际化扩展的酒店集团。但迫于国外跨国酒店集团市场拓展的压力,中国酒店集团已经不能等待。因此,中国酒店集团必须寻求一种非常规发展模式,实现创新型发展,从而迅速提升中国酒店集团的国际竞争力。

在此,笔者提出一种中国酒店集团的"三角形"创新性发展模式(triangle development mode),该模式主要针对中国目前酒店集团发展较为滞后的现状,以国际化酒店集团的强势品牌、适度规模和高效运作特征为导向,以快速增强中国酒店集团的国际竞争力为目标,通过一系列策略组合促进中国酒店集团实现国际化扩张。希望通过该创新发展模式,中国能形成一至两个在国际上具有一定影响力,国内结构紧密,国际快速扩张,国际业务一体化的跨国酒店集团。该模式的具体内容可以概括为以下三点。

1)依托资本扩大规模,以规模增强竞争实力

中国酒店集团参与国际酒店市场竞争的首要条件就是要增强竞争力。虽然经过 20 多年的发展,中国酒店数量已具有相当大的规模,但是在酒店的经营效率和盈利率等方面,中国酒店集团较国外大型酒店集团都有很大的差距。因此,中国酒店集团应首先依托资本运作实现规模的扩展,同时借助资本对盈利性的追求促进酒店经营效益的上升,从而提升酒店集团竞争力,为实现国际化发展奠定坚实基础。

在依托资本扩大酒店集团规模方面,中国酒店集团,特别是那些资金实力较为雄厚的酒店集团应充分运用国内逐步完善的资本市场,通过资本营运实现酒店集团资本规模的快速扩张。酒店集团在资本营运时应更新观念,将"大鱼吃小鱼"的观念转化成"强强联合"的观念,即资本营运的对象已不能仅限于国内的一些单兵作战的酒店,而是应瞄准国内外具有一定规模的酒店集团。资本运营通常包括兼并、收购、合同管理、特许经营等形式。其中,兼并和收购是资本营运的核心。目前中国的上海锦江、北京建国等都已发展成为在国内外较有知名度的酒店集团,它们是未来中国酒店集团国际化发展的核心。因此应积极推动这些酒店集团收购、兼并其他酒店或酒店集团,建立以它们为核心并在国际上享有一定声誉的中国酒店集团。

同时,酒店集团实力的增强不仅仅表现在酒店集团数量规模的扩张上,酒店集团的效益度也是酒店集团竞争实力的一个主要衡量指标。只有中国酒店集团在数量规模和经营质量上都有了发展,集团的竞争力才能真正得到提升。通过资本运营组建的酒店集团,由于其在资金联系上的紧密性,酒店集团各成员间在利益上有密切的相关性,这有利于集团成员经营合力的形成与发挥。因此,中国酒店集团应以资本化运作为契机,实现酒店集团规模的扩张和效益的提升。

2)围绕管理塑造品牌,以品牌促进国际扩张

品牌是酒店集团市场形象的重要体现,它代表着酒店服务的个性和消费者的认同感,是酒店消费者区分不同产品并作出相应选择的重要依据。国际一流酒店集团一般都有多个国际知名品牌,甚至在同一档次的市场推出多个品牌系列。相比之下,中国酒店市场品牌意识较为淡薄,大多数酒店市场形象模糊,不利于酒店参与市场竞争,应引起中国酒店集团的重视。从国际酒店集团的发展来看,酒店集团快速扩张最为有效的方式是委托管理与特许经

营,这些方式都要求酒店集团具有较高知名度的品牌。因此,以酒店特色管理为核心塑造酒店集团的管理品牌是中国酒店集团国际化扩张的关键。

目前中国酒店集团管理模式的形成主要通过两种途径:一是利用境外集团管理体系,如希尔顿管理模式、假日管理模式等;二是总结自己在长期经营中积累的服务管理经验。前者面临管理模式本土化的问题,而后者则需要将管理经验上升到理论的高度,创建出真正具有中国特色的管理模式和管理品牌。国际知名酒店集团大多拥有自己科学的管理模式及运作体系,该管理模式和体系也是其获得成功的关键要素。因此,在酒店管理品牌的塑造上,中国现有酒店集团应以管理为核心,通过总结、完善已有的酒店集团管理模式,构建酒店集团国际化发展的坚强内核。

在打造酒店管理知名品牌的基础上,中国酒店集团应放眼世界,依托集团管理品牌,通过对国外酒店输出管理实现中国酒店集团的海外扩张。但是,中国酒店集团在对外输出管理时必须要注意克服中西方文化差异的阻力,通过文化理解和文化融合促进中国酒店集团管理模式的跨文化拓展。中国酒店集团管理模式的跨文化输出是成功实现国际发展的重要前提。只要能成功实现酒店跨文化管理并创造较大收益,中国酒店集团的特色管理模式必将为世界所认同,中国酒店集团的国际化发展也将拥有更加广阔的发展前景。

【案例启迪】

锦江都城——年度最具发展价值品牌酒店集团

2015年世界酒店联盟第七届"世界酒店·五洲钻石奖"颁奖盛典在北京国际饭店隆重举行。经过几个月的严格评选并结合广大媒体读者(网民)投票的综合评价,上海锦江都城酒店管理有限公司(以下简称"锦江都城公司")一举斩获"年度最具发展价值品牌酒店集团"荣誉称号。

据了解,"世界酒店·五洲钻石奖"是由世界酒店联盟所举办的酒店行业评选活动,其旨在通过收集来自资深业界专家、企业家及商务人士的第一手资讯,配合自身行业编辑、记者的现场调查,多角度、全方位地对世界酒店及相关行业进行大规模的专业审视,为世界酒店及相关行业的发展提供权威且具指导性的参考意见。

秉持"品质先行"的发展理念,锦江都城公司通过不断提升酒店产品和服务,重视品牌标准化建设赢得业界及消费者一致肯定,从而保障了旗下酒店的良好稳健发展。依托锦江国际集团完善的旅游服务产业链,加上先进的系统平台以及成熟的连锁管理模式和经验,为广大酒店投资者与加盟合作伙伴打造出持续盈利的服务支持体系。这是公司此次获评"年度最具发展价值品牌酒店集团"的重要原因。

(案例来源:张芸,锦江都城公司荣膺"年度最具发展价值品牌酒店集团"称号[N].长江商报,2015-07-29)

3)构建网络沟通信息、以信息实现一体经营

当今世界正处在信息化、网络化时代,信息在现代企业管理中越来越受到重视。中国酒店集团在国际化发展中也应积极利用现代信息技术,通过管理技术创新,推进酒店集团经营

管理和决策的全球化,实现酒店集团一体化经营。酒店的管理技术创新主要是指在集团内部通过信息网络建设实现酒店集团管理集成,外部则通过加强业务网络建设,促进酒店集团整体竞争实力的提升。

所谓酒店集团集成是指酒店借助先进的 ERP 管理软件,将财务、服务提供、质量管理、销售和人力资源等职能部门紧密连接在一起,以加快酒店经营的响应速度。酒店集成的本质在于改变信息收集、处理和传递的方式,它使酒店所有的经营数据在集成系统中自动生成。酒店集团的经营者、管理决策者和新近加盟者都能在第一时间获得所需信息。

酒店集团的全球化管理要求酒店集团能在短时期内从集团的全球成员处获取大量管理信息,实现管理信息的集团内部自由流动。酒店集团规模的扩大使得酒店经营的个性化对信息的依赖也越来越强烈,没有巨大的管理信息系统,酒店的特色经营也就难以实现。世界著名的里兹·卡尔顿酒店就通过建立顾客信息库储存了近 50 万客人的信息,当客人再次光临该集团成员酒店时,都可以从该信息库中迅速调取客人的资料,满足其个人偏好,使客人产生"宾至如归"的感觉。因此,中国酒店集团应建立通畅的内部信息网络,实现集团信息的自由化流动。

中国酒店集团在国际化发展中,不仅要在集团内部建立完善的信息网络,更要与外部相关行业和部门构建流畅的业务信息网络。中国酒店集团应主动加入全球酒店的分销系统,并与其他旅游企业和航空、海运等行业建立广泛的业务联系网,通过完善的外部业务网络建设增强中国酒店集团的国际竞争力,促进中国酒店集团的国际化发展。

参考文献

[1] 马勇.饭店管理概论[M].北京:清华大学出版社,2006.

[2] 陈福义,生延超.饭店管理学[M].北京:中国旅游出版社,2006.

[3] 何建民.现代酒店管理经典[M].辽宁:辽宁科学技术出版社,1996.

[4] 郑向敏.酒店管理[M].3版.北京:清华大学出版社,2014.

[5] 奥法伦,拉瑟福德.张延,张迅译.酒店管理与经营.[M].5版.辽宁:东北财经大学出版社,2014.

[6] 都大明.现代酒店管理[M].2版.上海:复旦大学出版社,2014.

[7] 冯文昌.酒店管理概论[M].北京:科学出版社,2009.

[8] 陆慧.现代酒店管理概论[M].北京:科学出版社,2013.

[9] 王培来.酒店前厅运行管理实务[M].北京:中国旅游出版社,2013.

[10] 于水华,谌文.酒店前厅与客房管理[M].北京:旅游教育出版社,2011

[11] 李勇平.酒店餐饮运行管理实务[M].北京:中国旅游出版社,2013.

[12] 张树坤,曹艳芬.酒店餐饮部运营与管理[M].2版.重庆:重庆大学出版社,2014.

[13] 朱多生,周敏慧.酒店客房服务与管理[M].成都:电子科技大学出版社,2013.

[14] 罗旭华.酒店人力资源管理[M].北京:机械工业出版社,2012.

[15] 徐锦屏,高谦.酒店人力资源管理[M].武汉:华中科技大学出版社,2015.

[16] 马开良.酒店营销实务[M].北京:清华大学出版社,2015.

[17] 马勇.旅游市场营销[M].武汉:华中科技大学出版社,2015.

[18] 陈雪钧,马勇,李莉.酒店品牌建设与管理[M].重庆:重庆大学出版社,2015.

[19] 王书翠,余杨.酒店服务质量管理[M].北京:中国旅游出版社,2013.

[20] 孙晨阳.饭店质量管理[M].北京:旅游教育出版社,2008.

[21] 王海文,马平.酒店设施与设备[M].北京:清华大学出版社,2013.

[22] 陆均良.酒店管理信息系统[M].北京:清华大学出版社,2015.

[23] 石应平,冷奇君.酒店管理信息系统实务[M].北京:高等教育出版社,2011.

[24] 姚建中.现代酒店管理:理论、实物与案例[M].北京:旅游教育出版社,2015.

[25] 坎达姆普利.服务管理:酒店管理的新模式[M].程尽能,等,译.北京:旅游教育出版社,2006.

[26] 田彩云.酒店管理概论[M].北京:机械工业出版社,2016.